资产评估案例丛书

# 特殊类型资产评估案例

余炳文　编著

Case Teaching Course of Special Category Assets Valuation

经济管理出版社
ECONOMY & MANAGEMENT PUBLISHING HOUSE

**图书在版编目（CIP）数据**

特殊类型资产评估案例／余炳文编著. —北京：经济管理出版社，2016.9

ISBN 978-7-5096-4627-4

Ⅰ. ①特… Ⅱ. ①余… Ⅲ. ①资产评估—案例 Ⅳ. ①F20

中国版本图书馆 CIP 数据核字（2016）第 237844 号

组稿编辑：王光艳

责任编辑：许　兵

责任印制：黄章平

责任校对：赵天宇

出版发行：经济管理出版社

　　　　　（北京市海淀区北蜂窝 8 号中雅大厦 A 座 11 层　100038）

网　　　址：www. E-mp. com. cn

电　　　话：(010) 51915602

印　　　刷：三河市延风印装有限公司

经　　　销：新华书店

开　　　本：720mm×1000mm/16

印　　　张：19

字　　　数：362 千字

版　　　次：2018 年 5 月第 1 版　　2018 年 5 月第 1 次印刷

书　　　号：ISBN 978-7-5096-4627-4

定　　　价：68.00 元

# 序　言

　　中国资产评估行业经过二十多年的发展，已经成为国民经济和社会发展重要的组成部分，它在国有企业改革、上市公司资产重组、知识产权交易、跨国并购以及司法鉴证等经济活动中发挥了越来越重要的作用。近年来，随着市场经济的不断深化，资产评估的专业服务领域也在不断拓展，尤其在财政支出绩效评价和财富管理咨询等方面呈现出因历史沉淀导致的先发优势，并赢得了应有的市场地位。

　　随着市场经济的发展，需要通过强化培训不断提高各级各类资产评估从业人员的专业能力，而案例教学就是该类培训中行之有效的手段。案例不仅可以让学生具有"身临其境"的感觉，准确掌握资产评估专业的知识点和关键点，而且能够引起学生学习的兴趣，提高学习效率，可以起到事半公倍的效果。这本《特殊类型资产评估案例》，就是应包括资产评估专业硕士和资产评估后续教育的需求，由余炳文同志在深入调查和反复推敲之后编撰而成。

　　本书具有以下几个特点：一是案例源于评估实践。每个案例都是评估实践中的真实案例，这样能够使读者了解在评估实践中可能遇到的问题，以及对问题的处理方法，同时本书也选用了不同类型的无形资产作为案例，主要包括广告经营权、高速公路服务区经营权、森林资产、金融不良资产、重大项目并购重组等，这些不同类型的资产评估反映了相应类别资产的评估特点，有益于广大读者从不同的角度去思考评估方法、思路等。二是案例采用的评估方法主要是收益法、市场法和成本法，但各个案例分析的侧重点存在差异，尤其是在运用不同方法进行无形资产价值评估时，强调了收集资料、确定参数和分析逻辑的科学性，为读者全面掌握这几种方法提供了有价值的参考。三是每一个案例都提供了案例说明，说明中列举了本案例的相关背景材料、案例的评估思路、案例分析的关键问题以及案例的知识点和能力点，便于教师把握案例的知识点，加深对案例的理解，掌握案例所阐述的内容和基本事项，厘清案例的评估思路，进而提高教学效率。

希望编者继续做好评估案例研究开发工作，力求以简洁的语言、生动的案例材料体现资产评估的实质，为资产评估专业人才的培养提供更多有价值的案例材料。

汪海粟

2017 年 5 月 10 日

# 前　言

　　资产评估是一门综合性和应用性很强的专业学科，它不仅在国有企业改革、上市公司并购重组、资产投资以及知识产权交易等价值发现和计量领域发挥着非常重要的作用，也在财政支出绩效评价、公司管理咨询等非估值领域产生了越来越广泛的影响。随着市场经济的不断深入和信息技术的发展，对高校资产评估专业学生的能力要求会变得越来越高，采用案例教学方式无疑将会极大地促进学生专业技术和能力的提升，编著资产评估案例教程就显得十分必要。

　　本书在内容上注重教材的适用性，每一个案例除了正文部分外，均附有案例使用说明，正文部分是根据评估案例进行编著，删去了原有案例中与教学无关的部分内容，案例使用说明则是案例教学的辅助材料，包含了案例的教学启发性思考题、关键问题的阐释和知识点的提示，可以帮助教师更好地理解案例，也有助于教师在课堂上的教学，当然仅仅是一种参考，教学时教师完全可以根据自己的教学需要对案例进行取舍。本书编著的案例是真实评估中的案例，为了不影响相关当事方的经济行为，报告中出现的名字都采用了字母或者其他符号代替，请阅读者不要对号入座，本书的编写完全是为了案例教学的需要，没有任何其他的目的。

　　本书共有七个案例，每个案例由案例正文和案例使用说明两部分组成，江西财经大学资产评估专业硕士研究生参与了编写工作，他们是李琛、杜思尘、毛文平、熊佳妮、徐珺和张智强，在此向他们的辛勤劳动表示感谢！本书的完稿，还需要特别感谢中铭国际江西公司胡梅根先生、江西东升资产评估公司的肖勇先生、武汉顺海资产评估有限公司的王同律先生、武汉顺海企业管理咨询有限公司文豪先生，他们为本书提供了较好的案例，也对本书的成稿起到了一定的作用，在此表示感谢！当然案例中的不足和错误责任完全在编著者，与案例的提供者没有关系。本书的出版获得了国家社科基金（15BGL005）和江西省教育厅研究项目（K10092017，J04472029）的资助，在此一并表示感谢！

对本书出版付出辛勤劳动的王光艳编辑和经济管理出版社的其他同志也表示深深的谢意。

　　由于编著者水平有限，加上时间仓促，本书难免会有一些缺陷和不足，恳请各位读者批评指正，以便我们在以后的修订中进一步完善。

编著者

2018 年 3 月 9 日

# 目  录

# 案例一

## 公司拟进行重大资产重组的
## 股权价值评估

  本案例起始于 2013 年 10 月，注册资产评估师按照资产评估准则的要求，与行业专家及 F 公司的相关人员进行了必要沟通和咨询，经过一系列的操作程序和测算，形成了本案例的主体内容。本案例来源于评估实践的真实案例，它反映了医药行业这类特殊类型企业并购重组价值评估的特点，在使用该案例之前，需要先对资产重组、价值评估等基本概念有一个基本的认识，对运用收益法所具备的条件以及企业资产负债表有所了解。案例充分展示了企业重组项目评估的有关问题、知识点以及需要掌握的基本操作技能，选用该案例作为教学案例比较适合。

  F 公司是一家以生物技术、药物的研发与销售为主的医药有限公司，其产品主要有中成药、中药材、中药饮片、化学药制剂、化学原料药、抗生素、生化药品、生物制品批发、化学原料与产品、包装材料、机械设备及配件。产品结构以中成药为主，兼营化学药剂、生物制品批发，经营形式主要为特定代理产品、配送产品和进口及分装产品等，所经营的产品受到市场的广泛欢迎。为了适应市场竞争的发展需要，F 公司将合并另外一家医药企业的优质资产，整合另一家企业规模化、网络化的营销渠道优势，建立符合国际标准的药品质量管理体系，创新商业模式，完善全产业链发展模式，实现重组后企业更快、更好的发展。

  F 公司为了整合资源优势，加快发展速度，需要对现有资产进行重组。为此，F 公司提供了重大评估项目的详细资料，并邀请评估机构对其权益价值进行评估，评估报告构成了本文的主体内容。

# 一、评估的基本事项

## （一）委托方简要介绍

F 公司为一家民营生物医药公司，成立于 2003 年，注册资本是 30000 万元，公司现有职工总人数 400 人，固定资产 120874 万元。公司与 JL 大学联合成立了新产品研发中心，并与多家研发机构建立了新药研发合作关系，公司力求用现代植物药的理念开发生产中药新品种。F 公司具有独特的企业文化，积极倡导"管理即服务"的理念，在多年的发展过程中，形成了独具特色的企业文化。F 公司已经与海南 HL 化学制药有限公司、沈阳 JL 药业有限公司、河北 ZT 生物制药有限公司、江苏 CP 药业集团股份有限公司有良好的合作关系。

## （二）评估目的

根据 F 公司的委托，本次评估的目的是对 F 公司所拥有的股权权益价值进行评估，为并购重组提供价值参考意见。

## （三）价值类型

根据本案例特定的评估目的，本次评估所选用的价值类型为市场价值。市场价值是指自愿买方和自愿卖方在各自理性行事且未受任何强迫的情况下，评估对象在评估基准日进行正常公平交易的价值估计数额。

之所以采用市场价值类型，是因为市场价值类型与其他价值类型相比，更能反映交易资产价值的公平性和合理性，使评估结论能满足本次评估目的的需要。

## （四）评估对象和范围

本次评估的对象是 F 公司在评估基准日的全部股东权益价值，资产的评估范围是 F 公司在评估基准日资产账面反映的全部资产和负债。

根据 F 公司向评估方提供的资产评估清单，可以将评估清单所列示的资产

（负债）分为流动资产、非流动资产以及负债。其中，流动资产又可细分为货币资金、应收票据、应收账款、预付账款、其他应收款、存货；非流动资产又可以分为长期股权、房屋建筑物、机器设备、无形资产。负债可分为应付票据、应付账款、预收账款、应付职工薪酬、应交税费、应付股利以及其他应付款、其他流动负债。需要特别说明的是，在无形资产清单中，原本属于 F 公司的专利与注册商标由于资料不齐全，出于谨慎性考虑，本次资产基础法评估没有计入评估范围，即评估结果不包含无形资产专利与注册商标的价值。①

## （五）评估基准日

根据委托方的意见，并综合考虑委托方实现经济行为的时间，经过评估机构与委托方协商，最终确定本次评估的评估基准日定为 2013 年 12 月 31 日。

# 二、资产清查简要说明

列入本次清查范围的资产是 F 公司在评估基准日所拥有的全部资产或者负债，接受评估委托后，评估人员进驻 F 公司，做了以下两项工作：

其一，指导企业财务和资产管理人员填写资产评估申报明细表，按评估资料清单要求准备相关的产权证明、历史成本支出明细、资产质量状况、其他财务和经济技术指标等相关评估资料，并听取企业相关人员介绍评估对象所涉及的资产和负债有关状况。

其二，按评估申报明细表对各项资产进行现场清查核实，验证相关的评估资料。视各类具体资产或者负债的情况分别选择全面清查法、分类清查法、账目核对法和函证询问法进行核实、查验：对房屋建筑物、机器设备、在建工程、土地使用权的权证资料逐项核实；对银行存款、应收票据、应交税费等项目进行总账、明细账与原始凭证的核对；对应收账款、预付账款、其他应收款、借款、应付账款、其他应付款等采用发询证函并结合抽查会计凭证的方式进行核实。在本次资产清查中，F 公司没有提供与专利权或商标权相关的具体法律文件，因此，在本次评估中未将专利和商标列在本次资产评估范围之内。

---

① 本案例的评估对象为全部股东权益价值，如果采用资产基础法，应该计入无形资产价值。

# 三、评估思路

本案例的评估目的是为 F 公司的重大资产重组项目提供价值参考意见，评估对象为 F 公司的全部股东权益，属于企业价值评估。在企业价值评估中，一般先将企业的资产分为经营性资产、非经营性资产以及溢余资产，并分别测算各类资产的价值。经营性资产是按照近几年企业的经营状况和经营成果预测企业未来产生的净现金流量，再结合折现率和收益期，对现金流进行折现，以此来评估出企业经营性资产的价值。经营性资产的价值分为两部分：一部分是先预测前 3 年或者前 5 年每一年的预期现金流，并测算出合理的折现率，折现后的现金流即为这部分的价值；另一部分为后续年限的经营性资产的价值，通常是将前面预测年份的最后一年的现金流作为后续年份各年的现金流，假设后续年限为无限年，将后续年份各年的现金流进行折现，求取这部分的价值，最后将两部分的企业价值求和，具体公式可表达如下：

$$P = \sum_{t=1}^{n} \frac{R_t}{(1+i)^t} + \frac{P_n}{(1+i)^n}$$

式中，P 为经营性资产的价值；i 为折现率；t 为预测年期；$R_t$ 为第 t 年现金流量；$P_n$ 为第 n 年终值；n 为预测期限。

非经营性资产和溢余资产的价值则根据资产的状况，可以采用成本法、市场法等方法进行评估。最后将三类资产的价值相加，可以得出企业股东权益价值，具体计算公式如下：

股东全部权益价值=经营性资产价值+溢余资产价值+非经营性资产价值-有息负债价值

从资产负债表的角度来看，可以将 F 公司的资产分为流动资产、非流动资产及负债。其中，流动资产又可细分为货币资金、应收票据、应收账款、预付账款、其他应收款、存货；非流动资产又可以分为长期股权、房屋建筑物、机器设备、无形资产，负债可分为应付票据、应付账款、预收账款、应付职工薪酬、应交税费、应付股利以及其他应付款、其他流动负债。可以将各项资产的价值相加，再减去负债价值，即可得到 F 公司股东权益价值。由于在资产清查过程中，无法确认 F 公司提供的专利和商标，所以在资产基础法中不计这类无形资产，导致资产基础法得到的评估结果可能偏低。故在本次评估中，资产基础法只作为一种辅助方法，从资产再取得的角度帮助分析收益法评估结果的合理性。

# 四、评估技术说明

## （一）评估方法的选择

资产评估的基本方法包括市场法、资产基础法和收益法。

1. 市场法

市场法是指利用市场上同样或类似资产的近期交易价格，经过直接比较或类比分析以估算专利资产价值的评估方法。市场法评估专利技术，需要两个基本前提：一是要有一个活跃的公开市场；二是公开市场上要有可比的专利资产及其交易活动。本次评估的目的是为 F 公司的重大资产重组提供服务，制药企业的重大资产重组在我国可列举的案例有限，较难找到可以作为比较的资产重组案例，加上各类企业的性质、规模、产权关系等存在较大的差异，公开资产属于企业价值评估范围。对于市场法，由于没有一个公开交易的市场，故很难找到相同类型的可比案例，因此市场法不适用于本次评估。

2. 资产基础法

资产基础法是评估企业价值较常用的方法，特别是并购重组企业和破产清算企业的价值评估，原因是这类企业很可能不再按照原有的计划持续生产经营，就可以将企业的资产和负债按照会计科目分拆，按照每一项分别单独测算，再进行加总，就可以测算出企业的资产价值和负债价值。采用资产基础法评估企业价值的前提条件有两个：一是企业应当具备资产或者负债可利用的历史资料；二是形成资产或者负债价值必要的耗费可以测算。本案例是一家生产经营性企业，管理制度较为完善，历史资料也可以获得，因此本次评估将资产基础法作为其中的评估方法之一。

3. 收益法

收益法是指通过估算被评估专利未来预期收益的现值来判断实用新型资产价

值的评估方法，采用资本化和折现的思路来判断和估算资产价值。应用收益法评估专利资产价值时需要具备三个条件：一是被评估专利的未来预期收益可以预测，并可以用货币来衡量；二是专利权拥有者获得预期收益所承担的风险也可以预测并可以用货币衡量；三是被评估专利预期获利年限可以预测。收益法是企业评估中使用最广泛的一种方法，由于本次评估的 F 公司为持续生产经营性的企业，可以提供详细的企业历史报表和企业的详细信息，并能预测出收益法所需要的现金流、折现率、收益周期等参数，因此本次评估也将收益法作为其中的评估方法之一。

## （二）评估假设

评估假设是评估结论成立的前提和基础，本案例的假设主要包括以下几个部分：

一是公开市场假设。公开市场假设是对资产拟进入的市场以及资产在这样的市场条件下接受何种影响的一种假定说明或限定，假设被评估资产处于公开市场环境中。

二是持续使用假设。该假设设定被评估资产处于持续发挥效用状态，并根据有关数据和信息，推断 F 公司的资产在未来还将继续使用下去。

三是持续经营假设。该假设是指被审计单位在编制财务报表时，假定其经营活动在可预见的将来会继续下去，不拟也不必终止经营或破产清算，可以在正常的经营过程中变现资产、清偿债务。

四是假设国家对被评估单位所处行业的有关法律法规和政策在预测期无重大变化。

五是假设社会经济环境及经济发展除社会公众已知变化外，在预测期无其他重大变化。

六是假设国家目前的税收制度除社会公众已知变化外，在预测期无其他重大变化。

七是假设本次评估测算各项参数取值均未考虑通货膨胀因素。

八是假设被评估企业的经营模式、盈利模式没有发生重大变化。

九是假设被评估单位提供的与评估相关的财务报表、会计凭证、资产清单及其他相关资料真实、完整。

十是假设被评估单位会计政策与核算方法在评估基准日后无重大变化等内容。

## （三）评估程序实施过程

按照资产评估业务约定书的要求，评估人员实施了必要的程序，具体的评估程序有以下五个阶段：

1. 接受委托阶段

接受委托阶段是了解被评估单位组织架构、机构分布和经营业务特点，明确评估目的、评估对象及范围和评估基准日。

2. 清查核实阶段

首先根据项目要求指导被评估单位清查资产，填报资产评估申报表、准备评估资料。然后在企业如实申报资产并对委估资产进行全面自查的基础上，对纳入评估范围内的资产和负债进行抽查核实，包括评估对象真实性和合法性的查证、账面价值构成的调查、评估资料的收集以及了解并分析企业的生产、管理和经营情况等。

3. 评定估算阶段

依据评估各项准则及国家相关的法律法规，结合委估资产情况及评估资料收集情况确定评估方法，根据各类资产的作价方案，明确评估参数和价格标准，收集相关作价资料，进行评定估算工作。

4. 汇总并审核阶段

项目组完成初稿，最终汇总确定评估结果，并对项目组提供的评估明细表、评估说明、评估报告及相关的工作底稿进行全面审核，并提出具体的审核修改意见和建议，完善后将评估报告征求意见稿提供给委托方交换意见。

5. 出具报告阶段

在将评估结果与委托方沟通后于 2014 年 1 月 8 日正式出具评估报告。

# 五、评估测算过程

## （一）收益法的计算

### 1. 基本思路

根据本次评估尽职调查情况以及评估对象资产构成和主营业务特点，本次评估的基本思路是以评估对象经审计的会计报表为基础，根据公司过去的经营成果，并结合公司的经营计划对未来的经营成果进行测算，以未来的获利能力为基础来评估企业价值，即先按收益途径采用现金流折现方法，估算评估对象的经营性资产价值，加上评估基准日的非经营性资产、溢余资产的价值，进而得到企业全部资产价值，再减去付息负债的价值得到评估对象股东的全部权益价值。

### 2. 行业发展分析

随着世界经济的不断发展、生活环境的变化、人口总量的持续增长、人类健康观念的变化以及全球人口老龄化进程的加快，导致对相关医药需求呈上升趋势，与人类生活质量密切相关的医药行业近年来一直保持持续增长的趋势，全球医药市场近年来持续、较快增长。

（1）全球医药市场概况。生物医药产业自 20 世纪 70 年代中期开始，逐步从依附于化学工业的传统中独立出来，成为一个产业体系。在人口预期寿命、医保政策、科技进步和国家战略定位的推动下，生物医药产业规模迅速扩大，由 70 年代中期的 400 亿美元到 2012 年的 9590 亿美元，其增长速度远高于同期全球经济增长速度，已经成为全球经济的支柱性产业。

（2）我国医药行业概况。2012 年药品流通市场规模仍维持较快增长，但增速趋缓。全年药品流通行业销售总额达 11174 亿元，首次突破万亿元，同比增长 18.5%，增幅比 2011 年回落 4.5 个百分点，其中，药品零售市场销售总额 2225 亿元，同比增长 16%，增幅回落 4 个百分点。

1）医药产业快速发展。医药行业是我国国民经济的重要组成部分，是传统产业和现代产业相结合，第一产业、第二产业、第三产业为一体的产业。医药行业对于保护和增进人民健康、提高生活质量，对于计划生育、救灾防疫、军需战备以及促进经济发展和社会进步均具有十分重要的作用。改革开放以来，随着人民生活水平的提高和对医疗保健需求的不断增长，我国医药行业越来越受到公众和政府的关注，在国民经济中占据重要位置。

2）医药工业总产值保持快速增长。2002～2011 年，我国七大类医药工业总产值保持快速增长，从 2002 年的 2419 亿元增长到 2011 年的 15707 亿元，复合年增长率为 23.10%。2011 年增长率达 27.19%。从各大子行业的产值增长情况来看，"十一五"期间，我国七大类医药工业总产值的复合年增长率为 23.32%。受原料药出口价格下降、抗菌素分级使用、环保压力等因素影响，化学原料药和化学药品制剂工业总产值增幅低于全行业平均水平，"十一五"的产值复合增长率分别为 17.21% 和 23.34%；2011 年化学原料药工业总产值为 3082 亿元，同比增长 25.0%。由于医药内需保持稳定，2011 年化学制剂工业总产值达 4231 亿元，同比增长 24.1%。

受国家实施中药现代化等因素拉动，我国中成药工业取得了长足进展，"十一五"期间的复合年增长率为 20.79%，2011 年中成药工业总产值达到 3500 亿元，同比增长 33.7%。而生物制药行业是我国医药工业快速发展的生力军，"十一五"期间的复合年增长率为 33.61%，发展到 2011 年，实现产值 1592 亿元，同比增长 23.5%。

3）医药工业销售收入快速增长。我国七大类医药工业销售收入从 2002 年的 2365 亿元增长到 2011 年的 15178 亿元，这十年的复合年增长率为 22.94%。"十一五"期间，我国七大类医药工业销售收入保持快速增长，复合年增长率为 24.40%，2011 年同比增长 28.90%。2012 年全年医药制造业实现利润总额 1731.68 亿元，同比增长 19.84%，增速比 2011 年同期下降 3.66 个百分点。

4）医药工业盈利水平稳步提高。21 世纪初，我国医药工业的销售利润率仅为 8.65%，此后的 7 年间，医药工业销售利润率一直徘徊在 8%～10%，在 2006 年滑落到这十年的低点。经过四年的规范化发展，尤其是 2007 年之后新医改的酝酿实施，医药工业的利润水平稳步提高。2008 年，医药工业利润率回升到 10% 以上，2009 年为 11.03%，2010 年为 11.67%。然而进入 2011 年，在成本与价格的双重压力下，医药工业平均利润率降至 10.34%。"十一五"期间，我国七大类医药工业利润总额的复合年增长率为 36.70%。2011 年，受上游生产成本上涨和下游终端价格下降双重挤压，我国医药工业的盈利增速有所回落，实现利润总额 1569 亿元，同比增长 23.19%。其中，生物制剂工业累计实现利润 206.69 亿元，增幅再次回落，仅为 6.45%，不仅是各子行业中最低的，同时也是生物制剂工业近年的盈利低点。化学原料药和化学药品制剂工业的利润增幅也有所下滑，分别同比增长 20.99% 和 12.80%，实现利润 248 亿元和 442 亿元。中成药利润总额略有提高，为

372 亿元，同比增长 40.42%。在国家政策调控下，中药饮片价格有所回落，利润空间开始缩小，2011 年实现利润 64 亿元，同比增长 65.34%。

5) 医药商业购销保持活跃。我国医药商业七大类商品总销售额从 2002 年的 1925 亿元，增长到 2011 年的 9426 亿元，十年的复合年增长率为 19.3%，其中药品类总销售额 2011 年为 7181 亿元，同比增长 29.9%。"十一五"期间，我国医药商业七大类商品总销售额从 2006 年的 3360 亿元，增长到 2010 年的 7084 亿元，复合年增长率为 20.5%。2011 年，药品流通行业销售总值达到 9426 亿元，扣除不可比因素后，同比增长 23.0%。其中，药品类占销售总额的 76.2%；其次为中成药类，占 15.2%；中药材类占 2.9%；医疗器械类占 2.7%。商业购销的活跃从一个侧面反映出医药需求增长较快。

6) 受益于人口、市场和政策等因素，我国医药产业未来仍将保持较快增长。根据南方医药经济研究所预测，未来十年中国医药工业总产值将以复合年增长率 22% 的速度增长，到"十二五"期末医药工业总产值有望接近 4 万亿元，并于 2020 年有望成为全球第二大药品市场。可见，相对于其他新兴产业的周期性和波动性，医药行业将平稳增长，抗周期性特征较明显。受益于我国医疗体制改革等因素，医药行业未来依然保持较快发展。

7) 医药制造业发展预测。2013 年医药制造业产销增速有望进一步回升，全年医药制造业产品销售收入约为 20841.6 亿元，同比增长 22% 左右；全年中成药产量约为 346.8 万吨，同比增长 8% 左右；全年化学原料药产量约为 306.3 万吨，同比增长 7% 左右。

2013 年 3 月，新版基本药物目录出台，将有力拉动基本药物的市场需求。该版本包含 500 种以上药物，在原来 307 种的基础上，新增品种接近 200 个。新目录面向的市场向各级医院扩大，将有力拉动基本药物市场需求。

另外，新医改稳步推进、大病保险陆续开展，有利于扩大有效市场需求。从新医改来看，未来的主要工作是由扩大覆盖面向提升质量转变，重点是巩固基层医疗机构运行新机制，加快推进县立医院试点和公立医院改革步伐，逐步建立覆盖城乡居民的基本医疗卫生制度，这些将有效减轻个人就医负担，有效提升患者的购买力，进而刺激相关药品市场需求。

3. 未来净收益的确定

(1) 营业收入的预测。F 公司属于医药流通行业，生产经营稳定，营销渠道多样，各业务模式及经营业绩情况如下：

1) 特定代理。F 公司现有的特定代理产品共有 5 个，分别为注射用头孢他啶、注射用长春西汀、阿奇霉素颗粒（Ⅱ）、吡拉西坦氯化钠注射液和硝苯地平缓释片（Ⅲ）。2011 年、2012 年和 2013 年 F 公司特定代理的收入分别为 11897.08 万元、28555.02 万元和 54255.38 万元，占当期主营业务收入的比重分别为 23.68%、36.35% 和 54.03%，呈现逐年上升的趋势。

2）国产药品代理。F 公司目前拥有全国代理权的国产药品共有 7 个品种，分别为注射用门冬氨酸洛美沙星、克林霉素磷酸酯、五维赖氨酸颗粒、虚汗停胶囊、跌打活血胶囊、酒石酸美托洛尔控释片、依达拉奉注射液。除上述 7 个药品的全国代理权外，F 公司还拥有多个国产药品的区域代理权。2011 年、2012 年和 2013 年 F 公司国产药品代理收入分别为 438.79 万元、4404.83 万元和 13066.61 万元，占当期主营业务收入的比重为 0.87%、5.61% 和 13.01%，呈现逐步上升的趋势。

3）药品配送。经过与医院多年良好的合作，F 公司目前配送的药品主要有八大类，近千个品种。近年，F 公司的药品配送收入稳步增加，2011 年、2012 年和 2013 年的药品配送收入分别为 37841.30 万元、45562.18 万元和 33073.03 万元。但随着国产药品代理、特定代理收入的快速增长，其收入占比却逐年下降，2011 年、2012 年和 2013 年的药品配送收入占当期主营业务收入的比重分别为 75.33%、58.00% 和 32.94%。

4）进口及分装产品。目前，F 公司已获得 LG 生命科学研制的尤得盼注射用重组人生长激素、奥地利费森尤斯卡比公司的乳果糖（2014 年新增）的国内总经销权；并且已签订了多个进口药品的合作协议，这些进口药品尚处在临床试验阶段，F 公司将在试验成功后负责这些进口药品在国内市场准入批件的申请工作，并在这些进口药品获准在国内分装生产或销售许可后成为该药品的独家经销商。鉴于上述情况，进口及分装产品的年销售收入也会呈现逐步上升的趋势。

综上所述，F 公司的未来收益是可预测的，并且可以保持一定的规模持续经营，具体收入预测如表 1-1 所示。

表 1-1 F 公司未来收益预测　　　　　　　　　单位：万元

| 项目 \ 年度 | 2014 年 | 2015 年 | 2016 年 | 2017 年 | 2018 年 | 永续年 |
|---|---|---|---|---|---|---|
| 特定代理产品 | 66991.03 | 80873.32 | 97328.04 | 111850.74 | 123095.15 | 123095.15 |
| 进口及分装产品 | 1129.68 | 2259.36 | 3389.04 | 4405.74 | 5727.48 | 5727.48 |
| 代理产品 | 24068.67 | 27918.86 | 33176.86 | 38509.10 | 44308.30 | 44308.30 |
| 配送产品 | 33165.00 | 33841.00 | 32149.00 | 32149.00 | 32149.00 | 32149.00 |
| 营业收入合计 | 125354.38 | 144892.54 | 166042.94 | 186914.58 | 205279.93 | 205279.93 |

（2）主营业务成本预测。F公司未来各年的主营业务成本预测主要是根据以前年度的经营成果，测算其营业收入，对利润情况进行综合判断。本次评估是以F公司的正常经营管理为基础，不考虑非正常因素对其成本产生的影响，按各种产品的毛利润率对此进行分析测算。未来主营业务成本预测情况如表1-2所示。

表1-2　F公司主营业务成本预测　　　　　　　　　　单位：万元

| 项目＼年度 | 2014年 | 2015年 | 2016年 | 2017年 | 2018年 | 永续年 |
|---|---|---|---|---|---|---|
| 特定代理产品 | 42953.41 | 53574.66 | 66432.57 | 77716.38 | 86265.20 | 86265.20 |
| 进口及分装产品 | 753.12 | 1506.24 | 2259.36 | 2937.16 | 3818.32 | 3818.32 |
| 代理产品 | 14758.64 | 17556.32 | 21581.49 | 25736.65 | 30513.76 | 30513.76 |
| 配送产品 | 32110.00 | 32800.00 | 31160.00 | 31160.00 | 31160.00 | 31160.00 |
| 营业成本合计 | 90575.17 | 105437.22 | 121433.42 | 137550.19 | 151757.28 | 151757.28 |
| 毛利润率（％） | 27.74 | 27.23 | 26.87 | 26.41 | 26.07 | 26.07 |

（3）营业税金及附加的预测。F公司营业税金及附加包括企业应缴纳城市维护建设税、教育费附加、地方教育费附加和水利建设基金。城市维护建设税、教育费附加、地方教育费附加分别按照增值税应纳流转税额的5％、3％和2％缴纳，水利建设基金按照营业收入的0.06％缴纳，本次评估毛利润视同增值，按17％测算应缴纳的增值税额。未来营业税金及附加预测情况如表1-3所示。

表1-3　F公司的营业税金及附加的预测　　　　　　　　单位：万元

| 项目＼年度 | 2014年 | 2015年 | 2016年 | 2017年 | 2018年 | 永续年 |
|---|---|---|---|---|---|---|
| 应交增值税 | 5912.47 | 6707.40 | 7583.62 | 8391.95 | 9098.85 | 9098.85 |
| 城市维护建设税 | 295.62 | 335.37 | 379.18 | 419.60 | 454.94 | 454.94 |
| 教育费附加 | 177.37 | 201.22 | 227.51 | 251.76 | 272.97 | 272.97 |
| 地方教育费附加 | 118.25 | 134.15 | 151.67 | 167.84 | 181.98 | 181.98 |
| 水利建设基金 | 75.21 | 86.94 | 99.63 | 112.15 | 123.17 | 123.17 |
| 营业税金及附加合计 | 666.46 | 757.68 | 857.99 | 951.34 | 1033.05 | 1033.05 |

（4）营业费用、管理费用的预测。营业费用主要包括办公费、工资及社保

福利费、差旅费、业务招待费、交通费、运杂费、汽油费、汽车修理保险费、咨询费、市场推广费、办公会务费、宣传广告费、专利使用费等。管理费用主要包括办公费、工资及社保福利费、汽油费、差旅费、折旧费、印花税、无形资产摊销、土地使用税、研发费用等。

营业费用是根据公司历史发生额的占比关系确定，主要是考察公司该项费用占收入的比例，并结合公司的销售政策，采用不同的方式进行预测；管理费用主要考察公司历史发生额，根据管理费用不同项目发生明细进行分类，对不同分类费用采用不同的方式进行测算。

1）职工薪酬。职工薪酬以公司目前的职工总数及工资水平为基础，结合对未来的发展规划，确定职工薪酬的预期增长比例，进而计算预测期职工薪酬发生额。

2）折旧及摊销。固定资产折旧采用公司上年度固定资产折旧额，加上本年度新增固定资产而增加的折旧额，减去因固定资产折旧年度到期及减少固定资产而减少的固定资产折旧额。无形资产摊销根据企业的无形资产的使用年限平均摊销。

3）其他费用。其他费用一般与公司营业收入存在一定的比例关系，但又不如销售费用相关性强度高，故以历史发生金额为基础，考虑一定的增长比例进行预测。

4）研发费用。研发费用主要为公司进行新药研制及原有药品升级所发生的咨询、临床等费用，以历史发生金额为基础，按照公司的发展规划及拟引进的品种进行预测。

综上所述，未来营业费用、管理费用预测如表1-4所示。

表1-4　F公司的营业费用、管理费用的预测　　　　单位：万元

| 项目＼年度 | 2014 年 | 2015 年 | 2016 年 | 2017 年 | 2018 年 | 永续年 |
|---|---|---|---|---|---|---|
| 营业费用 | 15572.55 | 16674.52 | 18413.28 | 19286.41 | 19746.81 | 19746.81 |
| 占收入比例（%） | 12.42 | 11.51 | 11.09 | 10.32 | 9.62 | 9.62 |
| 管理费用 | 2078.11 | 2174.50 | 2248.75 | 2303.39 | 2359.48 | 2359.48 |
| 占收入比例（%） | 1.66 | 1.50 | 1.35 | 1.23 | 1.15 | 1.15 |

（5）资产减值损失的预测。资产减值损失预测主要是指根据会计准则对应收款项产生坏账损失的预测，本次评估按照历史年度销售收入的一定比例进行预

测。根据企业的历史经营情况，实际产生坏账损失的金额很小，故在后面测算权益自由现金流时，再将此项资产减值损失（扣除所得税影响）加回。

（6）财务费用的预测。因公司目前现金流比较充足，无须借款，除2014年1~3月公司实际已发生的利息收入外，本次评估对财务费用不予预测。

（7）营业外收入、营业外支出的预测。营业外收支属企业偶发性的收入和支出，除2014年1~3月公司实际已发生的金额外，本次评估不予预测。

（8）所得税的预测。根据国家相关文件规定，该公司2014年至以后年度所得税税率按应纳企业所得额的25%缴纳，所得税按照25%进行测算。

（9）折旧及摊销的预测。本次评估按照公司现有资产规模和会计政策，对固定资产、无形资产未来几年的折旧、摊销进行预测。折旧和摊销的预测结果如表1-5所示。

表1-5　F公司的折旧及摊销的预测　　　　　　　单位：万元

| 项目＼年度 | 2014年 | 2015年 | 2016年 | 2017年 | 2018年 | 永续年 |
|---|---|---|---|---|---|---|
| 折旧及摊销 | 257.11 | 260.78 | 260.78 | 260.78 | 260.78 | 260.78 |

（10）资本性支出的预测。资本性支出包括维持原有的正常生产经营及新建项目的资金支出。F公司于2014年投资建设新的物流配送中心，故不仅考虑维持原有的正常生产经营所需的更新资本性支出，还要考虑预测期内新建项目的资金支出。

根据企业目前及后期的固定资产规模、经济使用年限并结合折旧政策测算未来年度的资本支出规模。企业未来的资本性支出预测结果如表1-6所示。

表1-6　F公司的资本性支出的预测　　　　　　　单位：万元

| 项目＼年度 | 2014年 | 2015年 | 2016年 | 2017年 | 2018年 | 永续年 |
|---|---|---|---|---|---|---|
| 资本性支出 | 2646.00 | 229.00 | 229.00 | 229.00 | 229.00 | 250.87 |

（11）营运资金的增加额。营运资金增加额是指企业在不改变当前主营业务条件下，为维持正常经营而需新增投入的营运性资金，即为保持企业持续经营能力所需的新增资金。如正常经营所需保持的现金、产品存货购置、代客户垫付购货款（应收款项）等所需的基本资金以及应付的款项等。营运资金的增加是指

随着企业经营活动的变化，获取他人的商业信用而占用的现金，正常经营所需保持的现金、存货等；同时，在经济活动中，提供商业信用可以相应减少现金的即时支付。因此估算营运资金需考虑正常经营所需保持的现金（最低现金保有量）、存货、应收款项和应付款项等因素。营运资金增加额估算一般采用下面的公式：

营运资金增加额＝当期营运资金－上期营运资金

根据 F 公司经营情况以及历史经营的资产和损益、收入和成本费用的统计分析，按照对未来经营期内各年度收入与成本的估算结果，可得到未来经营期内各年度的最低现金保有量（经营性现金）、存货、应收款项以及应付款项等，再根据上面的公式可以测算出营运资金增加额。

本次评估主要结合 F 公司现金、应收账款、预付款项、存货、应付款项、预收款项的周转天数和次数对各年的营运资金进行预测，进而测算出营运资金的增加额，结果如表 1-7 所示。

表 1-7　F 公司的营运资金的增加额　　　　　　单位：万元

| 项目 ＼ 年度 | 2014 年 | 2015 年 | 2016 年 | 2017 年 | 2018 年 | 永续年 |
|---|---|---|---|---|---|---|
| 营运资金增加额 | 643.70 | 2731.71 | 2972.32 | 2878.54 | 2528.66 | — |

综上所述，预测 F 公司的未来收益如表 1-8 所示。

表 1-8　F 公司的未来收益预测　　　　　　单位：万元

| 项目 ＼ 年度 | 2014 年 | 2015 年 | 2016 年 | 2017 年 | 2018 年 | 永续年 |
|---|---|---|---|---|---|---|
| 净利润 | 11905.80 | 14559.67 | 16962.04 | 19763.46 | 22468.84 | 22748.00 |
| 加：折旧及摊销 | 257.11 | 260.78 | 260.78 | 260.78 | 260.78 | 260.78 |
| 加：资产减值损失（扣除所得税影响） | 373.15 | 222.74 | 241.11 | 237.94 | 209.36 | — |
| 减：资本性支出 | 2646.00 | 229.00 | 229.00 | 229.00 | 229.00 | 250.87 |
| 减：营运资金增加额 | 643.70 | 2731.71 | 2972.32 | 2878.54 | 2528.66 | — |
| 权益现金流量 | 9246.36 | 12082.47 | 14262.61 | 17154.63 | 20181.33 | 22757.90 |

4. 折现率的确定

按照收益额与折现率口径一致的原则，本次评估收益额口径为权益现金流量，则按资本资产定价模型（CAPM）确定折现率。

$$r = r_f + \beta \times (r_m - r_f) + r_u$$

式中，$r_f$ 为无风险报酬率；$r_m$ 为市场期望报酬率；$r_u$ 为评估对象的特定风险调整系数；$\beta$ 为评估对象权益资本的预期市场风险系数。

（1）无风险报酬率 $r_f$。参照国家在评估基准日已发行的中长期国库券利率，选取国债市场上到期日距评估基准日十年以上交易品种的平均到期收益率 4.2230%，作为无风险报酬率的近似值，即 $r_f = 4.2230\%$。

（2）市场风险溢价 $r_m - r_f$。以沪深 300 近十年的年度指数作为股票投资收益的指标，计算各年度的收益几何平均值，再结合各年的无风险报酬率，取近十年平均市场超额收益率 6.27% 作为市场风险溢价的近似值，即 $r_m - r_f = 6.27\%$。

（3）权益的风险系数 $\beta$。$\beta$ 系数是用来衡量上市公司相对市场投资组合的风险参数。如果上市公司相对市场投资组合的风险较大，那么其 $\beta$ 系数就大于 1；如果上市公司相对市场投资组合的风险较小，那么其 $\beta$ 系数就小于 1。

通过对沪、深两市上市公司与委估企业主营业务的对比，评估人员选取沪、深两市 7 家医药流通行业可比上市公司（见表 1-9），根据 Wind 资讯平台，可获得这 7 家医药流通上市公司的 $\beta_i$（具有财务杠杆的 $\beta$ 系数），然后根据以下公式计算可比公司的 $\beta_u$：

$$\beta_u = \frac{\beta}{1 + \dfrac{D}{E} \times (1-T)}$$

式中，$\beta_u$（$\beta_{u1}$，$\beta_{u2}$，…，$\beta_{u7}$）为参照企业的无财务杠杆 $\beta$ 值；$\beta$（$\beta_1$，$\beta_2$，…，$\beta_7$）为参照企业（100 周）的有财务杠杆 $\beta$ 值；$D$（$D_1$，$D_2$，…，$D_7$）为各参照企业的有息负债；$E$（$E_1$，$E_2$，…，$E_7$）为各参照企业的所有者权益；$T$（$T_1$，$T_2$，…，$T_7$）为各参照企业的所得税税率。

$$\beta_u（平均）= 1/7 \times (\beta_{u1} + \beta_{u2} + \cdots + \beta_{u7})$$

根据上式，7 家上市公司的 $\beta_u$ 平均值为 0.7920，将平均值作为 F 公司的风险系数 $\beta_u$，即所要求的 F 公司风险系数 $\beta_u$ 为 0.7920。其计算过程如表 1-9 所示。

表 1-9 参照公司评估基准日前 100 周 β 值及基本财务数据

| 序号 | 可比公司 | 股票代码 | $\beta_i$ | 所得税税率 T（%） | 可比公司 D/E（%） | $\beta_u$ |
|---|---|---|---|---|---|---|
| 1 | 九州通 | 600998.SH | 0.7431 | 25.00 | 39.00 | 0.5749 |
| 2 | 国药一致 | 000028.SZ | 0.9050 | 25.00 | 35.00 | 0.7168 |
| 3 | 国药股份 | 600511.SH | 1.0002 | 25.00 | 8.00 | 0.9436 |
| 4 | 英特集团 | 000411.SZ | 1.0528 | 25.00 | 55.00 | 0.7453 |
| 5 | 瑞康医药 | 002589.SZ | 0.9019 | 25.00 | 20.00 | 0.7843 |
| 6 | 嘉事堂 | 002462.SZ | 1.0043 | 25.00 | 7.00 | 0.9542 |
| 7 | 浙江震元 | 000705.SZ | 0.8558 | 25.00 | 5.00 | 0.8249 |
| | 平均值 | | 0.9233 | 25.00 | 24.14 | 0.7920 |

（4）特定风险调整系数 $r_u$。根据国内外相关机构及专家研究分析，公司超额收益率与公司规模和盈利能力存在一定的关系，将公司超额收益率作为被解释变量，将公司规模、资产报酬率作为解释变量进行回归，可以得到如下结果方程：

$$R_s = 3.73\% - 0.717\% \times in(S) - 0.267\% \times ROA$$

式中，$R_s$ 为公司超额收益率；in（S）为公司总资产账面值的自然对数；ROA 为总资产报酬率。

根据以上结论，我们将 F 公司的总资产账面价值、息税前利润以及按此计算的被评估企业的总资产报酬率，分别代入上述回归方程即可计算得出超额收益率为 1.3%。

本次评估我们以被评估企业的超额收益率作为参考，考虑到 F 公司与上市公司、其他同行的区别以及自身特点等因素，再考虑一定的市场风险调整系数，并确定这个市场风险调整系数为 2%。最终我们以被评估企业的超额收益率加上市场风险调整系数，作为企业特定的风险调整系数，即 $r_u$ 确定为 3.30%。

（5）折现率的确定。本次评估折现率 r = 4.2230% + 6.27% × 0.7920 + 3.30% = 12.49%（取百分比小数点后两位）。

5. 收益期限的确定

根据宏观经济形势、市场现状以及 F 公司核心竞争力的分析认为，F 公司可以持续经营，收益期按永续确定，即收益期限为持续经营假设前提下的无限经营年期。

本次评估采用分段法对公司的现金流进行预测，即将企业未来现金流分为明确预测期间的现金流和明确预测期之后的现金流。明确预测期为 5 年，预测到 2018 年 12 月 31 日。

6. 股东权益价值的确定

（1）经营性资产价值。对权益现金流进行折现，即可测算出企业价值中经营性资产的价值，将权益现金流、折现率及收益期限代入公式 $P = \sum_{t=1}^{n} \frac{R_t}{(1+i)^t} + \frac{P_n}{(1+i)^n}$ 中，可测算出 F 公司经营性资产价值为 150878.55 万元。具体数据见表1-21。

（2）溢余资产。溢余资产是指与企业经营收益无直接关系的，超过企业经营所需的多余资产，采用成本法确定评估值。

F 公司的溢余资产主要为溢余货币资金，经计算，F 公司的最低现金保有量为 8368.95 万元，评估基准日企业的账面货币资金评估价值为 13461.73 万元，则溢余货币资金为 5092.78 万元。

（3）非经营性资产、负债。非经营性资产是指与企业正常经营活动无直接关系的资产，包括不产生效益的资产以及与本次评估预测收益无关联的资产，主要包括长期股权投资、其他应收款中与主营业务无关的款项等。

非经营性负债是指与企业经营活动无直接关系的负债，主要包括应付股利、其他应付款中与主营业务无关的负债。根据本次评估对象的特点和资产状况，长期股权投资采用收益法确定评估值，其他资产、负债采用资产基础法确定评估值。

为了简化本案例的评估过程，这里仅列示出各项非经营性资产、非经营性负债的种类以及产生的原因，采用的评估方法和评估值、具体的评估过程可参阅本案例后半部分的资产基础法相关内容，F 公司非经营性资产、负债具体评估结果如表 1-10 所示。

表 1-10  F 公司非经营性资产、负债测算　　　　　　　单位：万元

| 序号 | 具体项目 | 原因及评估方法 | 评估价值 |
|---|---|---|---|
| 一 | **非经营性资产** | | **6322.92** |
| 1 | 长期股权投资 | 收益法 | 558.00 |

续表

| 序号 | 具体项目 | 原因及评估方法 | 评估价值 |
|------|----------|----------------|----------|
| 2 | 其他应收款 | 资金拆借，成本法 | 1762.40 |
| 3 | 其他流动资产 | 理财产品，成本法 | 4000.00 |
| 4 | 在建工程 | 成本法 | 2.32 |
| 5 | 递延所得税资产 | 应收款项评估减值，成本法 | 0.20 |
| 二 | **非经营性负债** | | **1215.73** |
| 1 | 应交税费 | 个人所得税，成本法 | 205.73 |
| 2 | 其他应付款 | 资金拆借，成本法 | 210.00 |
| 3 | 应付股利 | 成本法 | 800.00 |
| 三 | **非经营性资产、负债净值** | | **5107.19** |

（4）股东全部权益价值的确定。根据以上评估技术思路、方法和测算，得出 F 公司股东全部权益价值如下：

股东全部权益价值＝经营性资产价值＋溢余资产价值＋

非经营性资产、负债净值

＝150878.55＋5092.78＋5107.19

＝161080.00（万元）（取整）

综上所述，用收益法评估 F 公司股东的全部权益价值为 161080.00 万元。

## （二）资产基础法评估

### 1. 基本思路

资产基础法也是本案例的评估方法，它是根据纳入本次评估的资产及负债情况，参考经审计之后的资产负债表，结合评估过程中尽职调查情况以及 F 公司的主营业务特点，来评估 F 公司的权益价值。因此，本次评估的基本思路是以评估对象经审计的会计报表为基础，以流动资产、非流动资产以及负债为大类，对其下的资产采用不同的方法进行核算和评估，并将这些资产的价值进行加总再减去负债的价值，得到 F 公司的股东权益价值。

股东权益价值＝资产价值－负债价值

2. 流动资产评估说明

（1）货币资金评估。经清查核实，货币资金评估基准日账面值为 1345617287.22 元，其中：现金账面值为 111122331.50 元；银行存款账面值为 1150794955.72 元，共涉及工商银行汇通支行、交通银行南七支行、安徽银行经开支行以及中国银行 AH 省分行等 10 家金融机构的 10 个账户存款，币种为人民币；其他货币资金账面值为 83700000.00 元，为银行承兑汇票保证金。

1）现金评估。

其一，评估方法。现金按实盘数确定评估值。

其二，评估程序。首先对待估现金进行核查，做到账证、账账、账表相符。其次对现金进行实地盘点，核对盘点日与评估基准日间的现金日记账，记录盘点日与评估基准日间现金日记账的借方发生额与贷方发生额，用盘点日实盘现金数加评估基准日至盘点日贷方发生额再扣减评估基准日至盘点日借方发生额，倒推出评估基准日现金应存数，并与评估基准日现金账面数进行比较，核对无误后将账面值作为评估值。最后得出评估结论并进行增减值因素分析。

经评定估算，现金评估值为 111122331.50 元，与账面值一致。

2）银行存款评估。

其一，评估方法。银行存款按核对无误后的账面值确定评估值。

其二，评估程序。一是对待估银行存款进行核查，做到账证、账账、账表相符。二是取得评估基准日各账户的银行对账单和由公司提供的银行存款余额调节表。三是检查公司银行存款记录与银行对账单评估基准日余额的差距，复核银行存款余额调节表的编制。四是对银行存款账户全部进行函证，根据回函情况核查企业账面数真实性，从而确定银行存款的评估值。

其三，评估结论及增减值因素分析。经评定估算，银行存款评估值为 1150794955.72 元，与账面值一致。

3）其他货币资金评估。其他货币资金为向银行缴存的银行承兑汇票保证金。保证金共涉及交通银行南七支行、工商银行汇通支行、安徽银行经开支行、华夏银行分行 4 家金融机构。

其一，评估方法。其他货币资金按核对无误后的账面值确定评估值。一是对待估其他货币资金进行核查，做到账证、账账、账表相符。二是取得评估基准日各账户的对账单和由公司提供的余额调节表。三是检查公司其他货币资金记录与对账单评估基准日余额的差距，复核其他货币资金余额调节表的编制。四是对其他货币资金全部进行函证，根据回函情况核查企业账面数真实性，从而确定其他货币资金的评估值。

其二，评估结论及增减值因素分析。经评定估算，其他货币资金评估值为83700000.00元，与账面值一致。

货币资金的评估值＝现金评估值＋银行存款评估值＋其他货币资金评估值
　　　　　　　　＝1345617287.22（元）

（2）应收票据评估。经清查核实，应收票据评估基准日账面值为6783455.60元，系销售商品所形成的债权（银行承兑汇票，无息）。

其一，评估方法。在核实无误的基础上，根据每张票据的数额确定应收票据的评估值。

其二，评估程序。一是对待估应收票据进行核查，做到账证、账账、账表相符；二是查阅票据凭证，了解票据种类，并与有关文件核对；三是对应收票据发生时间、形成原因、账龄等进行调查，在此基础上确定评估值；四是实地对库存票据进行盘点，并编制应收票据盘点表。

其三，评估结论及增减值因素分析。经评定估算，应收票据评估值为6783455.60元，与账面值一致。

（3）应收账款评估。经清查核实，应收账款评估基准日账面余额为166647617.09元，坏账准备为14078551.07元，应收账款净额账面值为152569066.02元，为应收销货款，共涉及往来单位1746户。

1）评估方法。首先是对于有充分理由相信全部能收回的，按全部应收款额计算评估值；其次是对账龄较长的外部单位往来款项，考虑其收回账款尚需发生费用及回收的难度，参考公司以往收回逾期账款的实际成本比例，对账龄较长的款项按账面价值一定比例作为评估值；最后是坏账准备，按评估相关规定评估值为零。

2）评估程序。一是对待估应收账款进行核查，做到账证、账账、账表相符；二是核查账款发生时间、原因及评估基准日后偿付情况，并进行账龄分析；三是核查大额应收账款评估基准日至核查日期间清理情况，并进行分析性调整，在此基础上发询证函，对未回函的账户进行替代性审核；四是对应收账款发生时间、形成原因、账龄、债务人的资信情况及企业清欠情况等进行调查，对应收账款收回的可能性进行判断，在此基础上确定评估值。

3）账龄分析。1年以内的1396户，账面值为157904369.56元，占总金额的94.75%；1~2年以内的220户，账面值为4421565.23元，占总金额的2.65%；2~3年的99户，账面值为3043548.39元，占总金额的1.83%；3~4年的16户，账面值为569113.00元，占总金额的0.34%；4~5年的12户，账面值为633493.35元，占总金额的0.38%；5年以上的3户，账面值为75527.56元，占总金额的 0.05%。

4）评估结论及增减值因素分析。经评定估算，应收账款评估值为 166644705.09 元，评估增值 14075639.07 元，增值率为 9.23%。评估增值原因为评估时按预计可收回金额确认评估值，企业账面计提的坏账准备评估为零所致。

5）特别事项说明。本次应收账款有 57 户的账面金额为负数，合计金额为 -5640086.29 元。根据 AH 省政府财政厅会同卫生厅颁布的《AH 省基层医疗卫生机构药品采购货款支付管理暂行办法》规定，基层医疗卫生机构（乡镇卫生院等）药品货款是采购药品后通过向各市、县（市、区）财政局提交付款申请，批准后由各财政局统一进行支付的。因各财政局所打款项未细分注明各采购基层卫生机构明细，故 F 公司直接挂各财政局应收款（负数），实际应冲减各基层卫生机构已挂账应收款，冲减后应收账款实际不存在负值，所以根据公司实际情况和款项性质不应进行重分类。

（4）预付账款评估。经清查核实，预付账款评估基准日账面值为 72299908.16 元，主要为预付的货款、咨询费等，共涉及往来单位 173 户。

1）评估方法。预付账款根据所能形成资产或权利的价值确定评估值。

2）评估程序。一是对待估预付账款进行核查，做到账证、账账、账表相符；二是核查账款发生时间、原因及评估基准日后偿付情况，并进行账龄分析；三是核查大额预付账款评估基准日至核查日期间清理情况，并进行分析性调整，在此基础上发询证函，对未回函的账户进行替代性审核；四是对预付账款发生时间、形成原因、账龄、债务人的资信情况等进行调查，对预付账款所能形成资产或权利的可能性大小进行判断，在此基础上确定评估值。

3）账龄分析。1 年以内的 135 户，账面值为 70052082.30 元，占总金额的 96.89%；1～2 年以内的 13 户，账面值为 567131.76 元，占总金额的 0.78%；2～3 年的 16 户，账面值为 1508064.10 元，占总金额的 2.09%；3～4 年的 8 户，账面值为 164830.00 元，占总金额的 0.23%；4～5 年的 1 户，账面值为 7800.00 元，占总金额的 0.01%。

4）评估结论及增减值因素分析。经评定估算，预付账款评估值为 72299908.16 元，与账面值一致。

（5）其他应收款评估。经清查核实，其他应收款评估基准日账面余额合计为 50073162.65 元，坏账准备为 4873752.75 元，其他应收款账面净额为 45199409.90 元，主要为资金拆借、个人借款、保证金等，共涉及往来单位 227 户。

1）评估方法。首先是对于有充分理由相信全部能收回的，按全部应收款额计算评估值；其次是对账龄较长的外部单位往来款项，考虑其收回账款尚需发生费用及回收的难度，参考企业以往收回逾期账款的实际成本比例，对账龄较长的款项按账面价值一定比例作为评估值；最后是坏账准备按评估相关规定评估值为零。

2）评估程序。一是对待估其他应收款进行核查，做到账证、账账、账表相符；二是核查账款发生时间、原因及评估基准日后偿付情况，并进行账龄分析；三是核查大额其他应收款评估基准日至核查日期间清理情况，并进行分析性调整，在此基础上发询证函，对未回函的账户进行替代性审核；四是对其他应收款发生时间、形成原因、账龄、债务人的资信情况等进行调查，对应收账款收回的可能性进行判断，在此基础上确定评估值。

3）账龄分析。1 年以内的 118 户，账面值为 41289352.27 元，占总金额的82.45%；1~2 年以内的 44 户，账面值为 401854.29 元，占总金额的 0.80%；2~3 年的 21 户，账面值为 6697330.00 元，占总金额的 13.38%；3~4 年的 22 户，账面值为 1245086.09 元，占总金额的 2.49%；4~5 年的 22 户，账面值为439540.00 元，占总金额的 0.88%。

4）评估结论及增减值因素分析。经评定估算，其他应收款评估值为50068122.65 元，评估增值 4868712.75 元，增值率为 10.77%，评估增值原因为评估时按预计可收回金额确认评估值，企业账面计提的坏账准备评估为零所致。

（6）库存商品评估。经清查核实，存货评估基准日账面余额为 40489843.56元，跌价准备为 1507023.65 元，账面净额为 39982819.91 元，包括库存商品和委托加工物资。库存商品账面余额为 40489843.56 元，跌价准备为 1507023.65元，账面净额为 38982819.91 元，共 4 大类（配送产品、国产药品代理产品、特定代理产品、进口产品）：配送产品主要有不同规格的注射用奥美拉唑钠、甘露聚糖肽注射液、托拉塞米注射液、辛伐他汀分散片、克林霉素磷酸酯胶囊、接骨七厘片等产品；国产药品代理产品主要有不同规格的注射用头孢他啶、甲磺酸左氧氟沙星注射液、注射用盐酸头孢替安、紫杉醇注射液、注射用头孢他啶、注射用奥沙利铂等产品；特定代理产品主要为不同规格的注射用长春西汀和吡拉西坦氯化钠注射液；进口产品主要是注射用重组人生长激素，规格为 4IU（1.33mg）/瓶。委托加工物资主要为委托海南 HL 化学制药有限公司生产的头孢他啶原料，规格为 10 千克/桶，共计 23000.00 千克，存放在海南 HL 化学制药有限公司专门仓库里，保管良好，委托加工物资为委托单位所有，故评估值为零元。跌价准备的评估值为零元。

1）评估方法。对于十分畅销的产品，根据其出厂销售价格减去销售费用、管理费用、全部税金后确定评估值；对正常销售的产品在扣除销售费用、管理费用、全部税金和适当税后利润后，将完全成本和一定税后利润作为评估值；对于滞销、积压导致快过期的商品，评估为零。

2）计算公式。

库存商品评估价值＝库存商品数量×评估单价

评估单价＝库存商品评估基准日不含税销售单价−销售税金及附加−营业费用−管理费用−所得税费用

不含税销售单价：按照评估基准日前后的市场价格确定。

销售税金及附加：包括企业应缴纳城市维护建设税、教育费附加、地方教育费附加和水利建设基金。城市维护建设税、教育费附加、地方教育费附加分别按照增值税应纳流转税额的 5%、3% 和 2% 缴纳，水利建设基金按照营业收入的 0.06% 缴纳，本次评估，毛利润视同增值，按 17% 测算应缴纳的增值税额。

营业费用和管理费用：根据企业历史经营状况及各品种毛利润水平，对各个品种的营业费用和管理费用分别进行计算。

评估扣除净利：由于产品未来销售存在一定的市场风险，具有一定的不确定性，根据基准日调查情况及基准日后的销售情况确定其风险，扣除适当的净利。

3）评估结论。经评定估算，库存商品评估价值为 44457027.79 元，评估增值 5474204.88 元，增值率为 14.04%；评估增值原因一方面是由于企业计提的存货跌价准备评估为零，另一方面是由于评估时考虑了存货的部分未实现利润，上述两方面因素相抵后，存货评估总体增值。

（7）其他流动资产评估。经清查核实，其他流动资产评估基准日账面值为 40000000.00 元，系公司 2013 年 12 月向华夏银行分行购买的 2000.00 万"蕴通财富·日增利"短期理财产品和向交通银行南七支行购买的 2000.00 万短期理财产品。

1）评估方法。其他流动资产于 2013 年 12 月底购买，期限较短，按核对无误后的账面值确定评估值。

2）评估程序。首先是查阅相关会计原始凭证以及与银行签订的短期理财协议，了解其他流动资产的性质及可回收性等情况；然后是向银行发函，对理财产品的金额、期限等相关信息进行函证；最后是根据查阅的资料确认其他流动资产的存在性，并评估其价值。

3）评估结论及增减值因素分析。经评定估算，其他流动资产评估值为 40000000.00 元，与账面值一致。

3. 非流动资产评估

（1）长期股权投资评估。截至评估基准日，F 公司投资了一家全资子公司，为 Y 医疗设备有限公司，账面价值为 5080000.00 元。经过对 Y 医疗设备公司整体评估，其资产基础法的评估结果为 5317277.97 元，则 F 公司持有 Y 医疗设备公司 100%股权的评估值为 5317277.97 元。

（2）房屋建筑物评估①。根据委托方提供的房屋建造合同、工程决算审计资料，位于 TH 工业园 JX 大道与 QL 大道交叉路口的 F 公司厂区内的厂房大楼，建筑面积为 3453.97 平方米，于 2011 年 8 月建成，建筑物共 6 层。该建筑采用钢筋混凝土桩基和筏板基础，砖混结构，外墙真石漆、局部粉刷涂料，铝合金窗。1~6 层为 800×800 地砖，通风、电照、动力、消防等设施齐全。

房屋建筑物采用成本法进行评估（不含土地使用权价值），即在持续使用的前提下，以重新建造该项资产的现行市值为基础确定重置成本，同时通过现场勘察和综合技术分析确定成新率，据此计算评估值，计算公式如下：

评估值 = 重置成本 × 成新率

重置成本 = 建安工程造价 + 前期及其他费用 + 资金成本

1）重置成本的确定方法。

A. 建安工程造价的确定

房屋建安工程造价的计算主要采用预决算调整法和类比推算法。预决算调整法是评估人员根据预决算工程量、定额和评估基准日适用的价格文件，重新测算该工程的建筑安装工程造价。类比推算法是采用将其他同类结构形式的建筑物造价与用预算编制法计算的该类建筑物重置建安工程造价相比较，调整其与该建筑物结构、装修、配套专业标准等差异造成的对建安工程造价的影响，以此来确定该建筑物重置建安工程造价的方法。

B. 前期及其他费用的确定

前期及其他费用由政府政策性收费和建设单位管理性成本支出两部分组成。政府政策性收费系指政府为社会基本建设管理而收取的各项规费，一般以工程结算造价的百分比或单位建筑面积费率向建设单位收取。建设单位管理性成本支出，是建设单位必须支出的工程造价以外的成本费用，如管理人员的各项开支、各种手续费等。

C. 资金成本的确定

对于工程造价较大的、建设期在三个月以上的项目计算其资金成本，按评估基准日中国人民银行公布的半年期贷款利率、一年期贷款利率分别为 5.60% 和 6% 计算，资金投入方式按照均匀投入考虑，计息期取正常工期的一半。

---

① F 公司的房屋建筑物较多，建成年份较复杂，案例没有具体列示，由于评估过程较为类似，本案例对房屋建筑物的评估进行了编辑，将房屋建筑物的价值都折算成一栋厂房大楼的价值，这样既可以简化案例，也可以使读者较易了解评估过程。

资金成本＝（建安工程造价+前期及其他费用）×年利率×合理工期×1/2

2）重置成本的具体测算说明。

A. 建安工程造价的测算

建安工程造价一般由建筑工程和安装工程的造价加上必要的规费支出等构成。本案例的建筑物建造时间与评估基准日时间相差不远，且采用的是固定总价合同形式，可以依据固定总价合同所包含的范围，进行适当的调整得到评估值，具体为对总价合同所包含的范围则直接以总价合同作为评估值，对未包含在总价合同范围内的则采用预决算调整法或者类比推算法进行测算。根据建筑物的实际情况，评估人员确定其价值由固定总价、工程签证价、装修部分价值构成，即建筑物的建安工程造价=固定总价+工程签证价+装修部分价值。

其一，固定总价合同。案例中建筑物土建合同价值类型为固定总价合同，即工程结算价（不含工程签证）采用合同价，故本次评估签证外造价取合同总价2750000.00元。

其二，工程签证价。根据合同规定，工程签证的费用按照实际工程量结算。根据分部分项工程量清单、措施项目清单、材料费调整、人工费调整的项目资料，经过评估测算，本次签证内造价汇总为324034.06元，具体评估结果如表1-11所示。

表1-11　土建工程造价汇总　　　　　　　　　单位：元

| 序号 | 项目名称 | 计算公式或基数 | 费率 | 金额 |
|---|---|---|---|---|
| 1 | 分部分项工程量清单计价合计 | — | — | 122552.50 |
| 2 | 措施项目清单计价合计 | | | 3006.65 |
| 3 | 材料费调整 | — | — | 187133.64 |
| 4 | 工日 | | 17.2 | — |
| 5 | 人工费调整 | 工日×人工费单价价差 | 26.7 | 459.24 |
| 6 | 税金 | (1+2+3+5)×规定费率 | 3.475% | 10882.03 |
| 合　计 | | | | 324034.06 |

故土建工程造价合计为 2750000.00+ 324034.06＝3074034.06（元）

其三，装修部分价值。装修部分价值包含装修过程中土建部分的价值、安装部分的价值、装饰部分的价值以及2013年建筑物新增的装修价值。

装修土建部分的价值是在原有工程量决算的基础上，采用定额加调整的方式进行测算，具体测算过程如表1-12所示，最后测算的结果为72450.53元。

表1-12 （装修部分）土建工程取费计算

| 序号 | 费用名称 | 计算公式或基数 | 费率 | 金额（元） |
|---|---|---|---|---|
| 1 | 定额综合价格 | 定额综合价格合计 | | 53055.26 |
| 2 | 类别差额调整后综合价格 | 定额综合价格合计×调整系数 | 0.9 | 47749.73 |
| 3 | 乘地区调整系数后综合价格 | 类别差额调整后综合价格×0.99 | 0.99 | 47272.24 |
| 4 | 材料价差 | 材料价差合计 | | 22730.17 |
| 5 | 工日 | | 323.13 | |
| 6 | 2008年人工费调整 | 定额工日×人工费单价价差 | 16.7 | 5396.27 |
| 7 | 不含税造价 | | | 71473.14 |
| 8 | 税金 | （材料价差+人工价差）×税率 | 3.475% | 977.39 |
| 9 | 合　计 | | | **72450.53** |

　　装修安装部分的价值也是在原有工程量决算的基础上，采用定额加调整的方式进行测算，测算时采用工程造价的方法，具体测算过程如表1-13所示。最后测算结果为447383.57元。

表1-13 （装修部分）安装工程取费计算

| 序号 | 变量 | 费用名称 | 计算公式或基数 | 费率 | 金额（元） |
|---|---|---|---|---|---|
| 1 | $a_1$ | 卫生间安装费合计 | | | 48139.60 |
| 2 | $b_1$ | 定额人工费 | | | 2602.28 |
| 3 | $c_1$ | 工日 | | 91.57 | |
| 4 | $d_1$ | 2012年人工费调整 | 工日×人工费单价价差 | 26.7 | 2444.92 |
| 5 | $e_1$ | 税金 | $[a_1+b_1+d_1]$×规定费率 | 3.475% | 1848.24 |
| 6 | $a_2$ | 空调管道安装费合计 | | | 75504.60 |
| 7 | $b_2$ | 定额人工费 | | | 3988.16 |
| 8 | $c_2$ | 工日 | | 140.34 | |
| 9 | $d_2$ | 2012年人工费调整 | 工日×人工费单价价差 | 26.7 | 3746.95 |
| 10 | $e_2$ | 税金 | $[a_2+b_2+d_2]$×规定费率 | 3.475% | 2892.58 |
| $11_2$ | f | 更改KBG管及墙上开槽 | | | 1640.00 |
| 12 | $g_2$ | 一楼增加电梯口监控管 | | | 315.20 |
| 13 | $a_3$ | PVC管道安装工程费 | | | 4499.93 |
| 14 | $b_3$ | 定额人工费 | | | 1092.49 |

续表

| 序号 | 变量 | 费用名称 | 计算公式或基数 | 费率 | 金额（元） |
|---|---|---|---|---|---|
| 15 | $c_3$ | 工日 | | 38.44 | |
| 16 | $d_3$ | 2012年人工费调整 | 工日×人工费单价价差 | 26.7 | 1026.41 |
| 17 | $e_3$ | 税金 | $[a_3+b_3+d_3]×$规定费率 | 3.475% | 230.00 |
| 18 | $f_3$ | 一楼增加强电、弱电 | | | 510.00 |
| 19 | $a_4$ | 电气设备安装费合计 | | | 219650.57 |
| 20 | $b_4$ | 定额人工费 | | | 34689.43 |
| 21 | $c_4$ | 工日 | | 1220.64 | |
| 22 | $d_4$ | 2012年人工费调整 | 工日×人工费单价价差 | 26.7 | 32591.34 |
| 23 | $e_4$ | 税金 | $[a_4+b_4+d_4]×$规定费率 | 3.475% | 9970.86 |
| 24 | | 合　计 | | | 447383.57 |

　　装修装饰部分的价值测算与土建工程、安装工程类似，也是在原有工程量决算的基础上，采用定额加调整的方式进行测算，测算时采用工程造价方法，并增加了原工程量中没有包含的部分，具体测算过程如表1-14所示。最后测算的结果为2333163.31元。

表1-14 （装修部分）装饰工程取费计算

| 序号 | 变量 | 费用名称 | 计算公式或基数 | 费率 | 金额（元） |
|---|---|---|---|---|---|
| 1 | A | | 定额人工费 | | 140291.04 |
| 2 | B | | 定额材料费 | | 849891.76 |
| 3 | C | | 定额机具费 | | 17924.52 |
| 4 | 一 | | A+B+C | | 1008107.32 |
| 5 | 二 | | A×综合费用结算系数 | 163.12% | 228842.74 |
| 6 | 三 | 定额人工费 | 材料差价 | | 401924.30 |
| 7 | 四 | | | | 418815.14 |
| 8 | | | | | |
| 9 | 五 | | 定额工日×人工费单价价差 | 26.7元/日 | 139111.01 |
| 10 | 六 | | $[(一)+(二)+(三)+(四)+(五)+(七)]×$规定费率 | 3.475% | 78354.60 |
| 11 | 七 | | | | 58008.20 |
| 12 | | 合　计 | (一)+(二)+(三)+(四)+(五)+(六)+(七) | | 2333163.31 |

建筑物新增的装修价值是 2013 年新增加的装修部分，由于价值较大，所以这里单独列示出来，评估人员对新增部分的工程预决算表进行了重新核算，发现与评估基准日的实际工程价值价差几乎没有差异，这里将实际发生的工程决算价作为评估值，即 2013 年新增装修部分的评估值为 462730.00 元。

所以装修部分价值=装修土建部分价值+装修安装部分价值+

装修装饰部分价值+2013 年新增装修部分价值

=72450.53+447383.57+2333163.31+462730

=3315727.41（元）

综上所述，建筑物的建安工程造价=固定总价+工程签证价+装修部分价值

=2750000+ 324034.06 +3315727.41

=6389800（元）（百位取整）

B. 前期费用及其他费用的测算

前期及其他费用是指为了工程建设而发生各项应支付或应交纳的有关费用，一般按建安工程造价的一定比例或者按照建筑面积收取。经过对与建筑物建设有关的各项政策性收费和管理成本支出整理，得出了与本案例有关的费用名称、计价基数、比例或金额以及文件根据等资料，前期费用主要包括可行性研究费、勘察设计费、建设工程监理费、环境影响评价费、建设单位管理费及建设工程施工图审查费，各项费用的费率可以按照建安工程总造价的一定比例测算，其他费用主要包括白蚁防治费、防雷减灾收费、新型墙体材料专项费及规划技术服务费，各项费用按照建筑面积的简化形式测算，明细如表 1-15 所示。

**表 1-15　前期及其他费用**

| 序号 | 费用名称 | 计价基数 | 比例或金额 | 文件根据 |
|---|---|---|---|---|
| 1 | 可行性研究费 | 工程造价 | 0.36% | 国家计委计价格〔1999〕1283 号 |
| 2 | 勘察设计费 | 工程造价 | 3.50% | 国家计委、建设部计价格〔2002〕10 号 |
| 3 | 建设工程监理费 | 工程造价 | 2.00% | AH 省物价局、建设厅价服〔2007〕124 号 |
| 4 | 环境影响评价费 | 工程造价 | 0.50% | AH 省物价局、环保局价服〔2009〕90 号 |
| 5 | 建设单位管理费 | 工程造价 | 2.50% | AH 省财建〔2002〕394 号 |
| 6 | 建设工程施工图审查费 | 工程造价 | 0.18% | AH 省物价局、建设厅价房〔2005〕109 号 |
| | 合计 | | **9.04%** | |
| 1 | 白蚁防治费 | 建筑面积 | 2.00 元/平方米 | AH 省物价局、财政厅价费〔2006〕240 号 |
| 2 | 防雷减灾收费 | 建筑面积 | 0.95 元/平方米 | AH 省物价局价服〔2009〕89 号 |

续表

| 序号 | 费用名称 | 计价基数 | 比例或金额 | 文件根据 |
|---|---|---|---|---|
| 3 | 新型墙体材料专项费 | 建筑面积 | 8.00 元/平方米 | AH 省政府令〔2003〕第 159 号 |
| 4 | 规划技术服务费 | 建筑面积 | 0.80 元/平方米 | AH 省物价局价服〔2008〕210 号 |
| 合计 | | | **11.75 元/平方米** | |

前期费用按照建安工程总造价的 9.04%测算，其他费用按照每平方米 11.75 元测算，这样从表 1-15 中可以得出前期费用及其他费用合计为：

6389800×9.04%+11.75×3453.97=618222（元）

C. 资金成本的测算

假设估价对象的建安工程造价、前期及其他费用在定额建设工期内是均匀投入的，按单利计息。根据工期定额，该项工程建设期约为 1 年，利率按照评估基准日执行的 1 年期银行贷款率6%，则资金成本计算如下：

资金成本=（6389800+618222）×6%×1/2＝210241（元）

综上重置价值=6389800+618222+210241=7218263（元）

3）成新率的确定。

采用理论成新率和技术鉴定成新率相结合的方法综合确定成新率。采用理论成新率法时，按房屋建筑物已使用年限和经济耐用年限进行计算；采用技术鉴定成新率法时，根据房屋建筑物结构、装饰、设备的实际使用、维修、保养状况评定各部分的鉴定分值，得出技术鉴定成新率。最终成新率按照理论成新率×40%+技术鉴定成新率×60%确定。

A. 理论成新率

理论成新率=尚可使用年限÷（已使用年限+尚可使用年限）×100%

根据中华人民共和国建设部《房地产估价规范》之规定，该房屋为砖混结构，结合土地使用年限①，确定该估价对象的经济耐用年限为 50 年。估价对象建成于 2011 年 8 月，至评估基准日已使用 2.36 年，尚可使用年限为 47.64 年。委估对象所坐落的土地为工业出让土地，土地使用权年限至 2060 年 3 月，则土地剩余使用年限为 46.19 年。则该委评对象的尚可使用年限应为 46.19 年。

---

① 理论上建筑物的经济寿命一般采用建筑物到期剩余年限与土地使用权到期剩余年限孰短的原则确定。

$$理论成新率=尚可使用年限÷(已使用年限+尚可使用年限)×100\%$$
$$=46.19÷(2.36+46.19)×100\%$$
$$=95.14\%$$

B. 技术鉴定成新率

将影响房屋建筑物成新率的主要因素按结构（基础、承重构件、非承重构件、屋面、楼地面）、装饰（门窗、外墙、内墙、顶棚）、设备（水卫、电气、通信、其他）等分项，通过计算建筑造价中待估房屋各项所占的比重确定各项标准分值，参考《房屋完损等级评定标准》的规定，结合现场勘察实际确定分项评估完好值。

$$技术鉴定成新率 = \sum 各部位权重 × 该部位打分法成新率$$

权重系数根据建筑物结构、装饰、设备三部分占总造价的比例，结合现场勘察、建筑物使用强度等因素确定。

根据现场勘察情况，鉴定房屋建筑物的新旧程度，并根据建筑物的建成时间、维护保养、使用情况等确定打分法成新率；同时考虑其功能性或经济性贬值的影响。

根据《房屋完损等级评定标准》，分别对估价对象的结构、装修、设备三部分的现状进行勘察，结构部分可分为基础、承重构件、非承重墙、楼地面和屋面五个部分，装修部分可分为门窗、内粉饰、外粉饰、顶棚、楼地面及其他六个部分，设备部分可分为水卫、电照、通风、通信、供配电及其他五个部分，分别对各个部分进行评分，根据评分值测算其成新率。这里结构部分的权重取 0.80，装修部分、设备部分的权重分别取 0.10，具体测算过程详见表1-16。

表1-16　技术鉴定成新率测算

| 项　目 | | 标准分数 | 评定分数 |
|---|---|---|---|
| 结构部分 G（权重 0.80） | 1. 基础 | 25 | 25 |
| | 2. 承重构件 | 25 | 25 |
| | 3. 非承重墙 | 15 | 13 |
| | 4. 屋面 | 20 | 18 |
| | 5. 楼地面 | 15 | 13 |
| | 合计 | **100** | **94** |
| 小计：（1+2+3+4+5）×权重=94×0.80=75.2 | | | |

续表

| 项　目 | | 标准分数 | 评定分数 |
|---|---|---|---|
| 装饰部分 S<br>（权重 0.10） | 6. 门窗 | 25 | 24 |
| | 7. 内粉饰 | 20 | 18 |
| | 8. 外粉饰 | 20 | 18 |
| | 9. 顶棚 | 15 | 13 |
| | 10. 楼地面 | 10 | 8 |
| | 11. 其他 | 10 | 9 |
| | 合计 | **100** | **90** |
| 小计：（6+7+8+9+10+11）×权重=90×0.1=9 | | | |
| 设备部分 B<br>（权重 0.10） | 12. 水卫 | 25 | 23 |
| | 13. 电照 | 25 | 22 |
| | 14. 通风 | 15 | 11 |
| | 15. 通信 | 10 | 8 |
| | 16. 供配电及其他 | 25 | 21 |
| | 合计 | **100** | **85** |
| 小计：（12+13+14+15+16+17）×权重=85×0.1=8.5 | | | |

技术鉴定成新率=（G+S+B）÷100×100%=92.7%

C. 综合成新率的确定

综合成新率=理论成新率×40%+技术鉴定成新率×60%

　　　　　=95.14%×40%+92.7%×60%

　　　　　≈94%

4）房屋建筑物评估结果。

评估价值=重置价值×综合成新率

　　　　=7218260×94%

　　　　=6785200（元）（百位取整）

经评定估算，房屋建筑物重置价值为 7218260 元，评估值为 6785200 元。

（3）机器设备的评估。本次设备类资产评估采用成本法，即在持续使用的前提下，以重新购置该项资产的现行市值为基础确定重置成本，同时通过现场勘察和综合技术分析确定成新率，采用两者的乘积作为评估值。其计算公式为：

评估值=重置成本×综合成新率

经过测算，本次评估机器设备的价值为 21161090 元。本案例以叉车为例，说明机器设备的评估过程，其他设备的评估是按照叉车的评估思路测算得出的结果，这里没有再列示出来。

1）机器设备——合力叉车。在本次资产清查中，发现 F 公司有一辆合力叉车，其概况及主要技术参数如表 1-17 所示。

**表 1-17　合力叉车概况及主要参数**

| | |
|---|---|
| 设备名称：合力叉车 | |
| 车　　型：CPD15 | 配置号：FJ1 |
| 厂　　商：AH 合力股份有限公司 | |
| 账面原值：67521.37 元 | 账面净值：40794.16 元 |
| 数　　量：1 台 | |
| 购置日期：2012 年 9 月 | 启用日期：2012 年 9 月 |
| 额定起重量：1500 千克 | 额定电压：48V |
| 出厂编号：050150S0662 | 制造许可证号：TS2510341-2016 |
| 自重：2900 千克 | 自重（不含电池）：2000 千克 |
| 蓄电池重（最大）：900 千克 | 蓄电池重（最小）：650 千克 |

2）重置成本的确定。根据机器设备的生产、安装直至使用的过程，一般认为其成本由购置价、基础费、运杂费、安装调试费等构成，如果在此过程中经过的时间比较长，涉及的资金量比较大，往往还需要考虑资金的时间成本，其计算公式可以表示为：

重置价值=购置价+基础费+运杂费+安装调试费+资金成本

A. 购置价的确定

经向生产该设备的生产厂家安徽合力叉车股份有限公司及查询中国叉车网①询价得知，目前该型号叉车报价为 81800.00 元（含增值税；含随车充电机的价格，其中充电机价格约为 7000.00 元），不含税价格为 70000.00 元，该报价中包含了运输费、保险费等相关费用。根据对厂家及叉车网相关经销商的电话询价得

---

知，可在报价的基础上优惠5%左右的折扣。这里采用不含税价格测算，故该型号设备价格为：

$$70000×(1-5\%)=66500（元）$$

B. 基础费的确定

该设备安装无须设备基础，故设备基础费率取0%，则：

$$基础费=66500×0\%=0（元）$$

C. 运杂费和安装调试费的确定

根据双方的买卖合同，设备的价款中包括了运杂费、安装调试费及卖方技术人员的交通费用及食宿费用，则：

$$运杂费及安装调试费=66500×0\%=0（元）$$

D. 资金成本

根据合同，该设备安装调试时间较短，不计入资金成本。

E. 重置价值$=66500×(1+0\%+0\%+0\%)=66500（元）$

3）成新率的确定。

成新率分为理论成新率和技术成新率，与房屋建筑物类似，这里成新率按照理论成新率×40% + 技术鉴定成新率×60%确定。

A. 理论成新率

根据评估基准日设备技术状况、利用率、使用环境及维护保养情况，经查阅《资产评估常用数据与参数手册》，该类设备经济使用年限为12年，该设备自2012年9月正式投入使用，至评估基准日已使用约1.28年，故：

$$
\begin{aligned}
年限法成新率 &= (经济使用年限-已使用年限)÷经济使用年限×100\% \\
&= (12-1.28)÷12×100\% \\
&\approx 89.33\%
\end{aligned}
$$

B. 技术成新率

技术成新率一般需要根据设备的实际利用状况和保养情况确定，这里采用观测法确定，其测算公式为：

$$技术成新率 = \sum 部件权重 × 成新率$$

这里将叉车的构成分为电气控制系统、电池组系统、液压系统、车辆底盘、车身钢架铲盘等、胶胎及其他六个部分，分别对每一个部分进行鉴定和评分，并采用车辆各部件在整车中的价值比例确定其权重，通过现场勘察对各部件状况评估分析，得出如表 1-18 所示的技术鉴定结果。

**表 1-18 技术成新率测算**

| 序号 | 部件名称 | 鉴定结果 | 权重数 | 单元成新率（%） | 综合成新率（%） |
|---|---|---|---|---|---|
| 1 | 电气控制系统 | 叉车正常使用，控制系统正常 | 10 | 95 | 9.5 |
| 2 | 电池组系统 | 电池原厂配件，正常使用保养 | 20 | 90 | 18 |
| 3 | 液压系统 | 液压系统工作正常 | 20 | 95 | 19 |
| 4 | 车辆底盘 | 正常使用，无损坏 | 20 | 95 | 19 |
| 5 | 车身、钢架、铲盘 | 外表无掉漆、钢架完整、铲盘正常使用 | 20 | 92 | 18.4 |
| 6 | 胶胎及其他 | 胎压正常，轻微磨损 | 10 | 91 | 9.1 |
| 7 | 合　计 | | 100 | — | 93 |

根据表 1-18 结果，确定其技术鉴定成新率：

$93 \div 100 \times 100\% = 93\%$

C. 综合成新率

综合成新率＝理论成新率×40%+现场勘察成新率×60%
$\qquad = 89.33\% \times 40\% + 93\% \times 60\% \approx 92\%$

D. 评估价值的确定

评估价值＝重置价值×成新率
$\qquad = 66500 \times 92\% = 61180$（元）

经评定估算，本次评估的固定资产机器设备重置成本为 66500 元，评估净值为 61180 元。

（4）土地使用权的评估。

1）评估对象描述。待估宗地的土地使用权人为 F 医药有限公司，宗地位于 TH 工业园 JX 大道与 QL 路交叉路口，宗地面积为 12926.89 平方米，土地使用权证书编号为国用（2013）第 2679 号，为历史遗留问题解决后重新办理的土地使用权证，土地的东面为 QL 路，南接 TH 垃圾处理站，西面紧邻 PY 能源公司，北面为 JX 大道。宗地的权属性质为出让，批准用途、基准日实际用途与评估设定的用途一致，均为工业用地，使用权的使用年限为 50 年，终止日期为 2060 年 3

月 11 日，距离到期日还有 46.22 年。宗地的登记状况如表 1-19 所示。

表 1-19　土地登记情况

| 宗地名称 | 土地证号 | 性质 | 用途 | 使用年限 | 面积（平方米） | 四至范围 |
|---|---|---|---|---|---|---|
| F 公司用地 | 国用（2013）第 2679 号 | 出让 | 工业 | 50 年 | 12926.89 | 东至 QL 路，南至 TH 垃圾处理站，西临 PY 能源公司，北至 JX 大道 |

2）土地使用权的测算过程。根据《城镇土地估价规程》以及委估宗地的具体条件、用地性质及评估目的，结合评估人员收集的有关资料，考虑到当地地产市场发育程度，对委估宗地采用成本逼近法进行地价测算。

成本逼近法也称为成本法，它是以开发土地所耗费的各项费用之和为主要依据，再加上一定的利润、利息、应缴纳的税金和土地增值收益来确定土地价格的评估方法。其基本公式如下：

土地价格 = 土地取得费及有关税费 + 土地开发费 + 投资利息 + 投资利润 + 土地增值收益

A. 土地取得费及有关税费

一是土地取得费。土地取得费是指委评宗地所在区域征用同类土地所支付的平均费用，包括土地补偿费、安置补助费等。根据《AH 省人民政府关于调整 AH 省征地补偿标准的通知》（西政〔2012〕67 号）中的有关规定，并结合 TH 工业园实际处于经济开发区内，故征地补偿费按 63300.00 元/亩的标准收取，即土地取得费合计为 94.95 元/平方米。

二是有关税费。首先是农田水利基金，根据西政〔2000〕3 号文件规定：新征用的各项建设用地，每亩征收 500 元农田水利基金，即 0.75 元/平方米；其次是耕地占用税，按照 AH 省人民政府关于贯彻执行新修订的《〈中华人民共和国耕地占用税暂行条例〉有关问题的通知》（西政〔2008〕36 号），待估宗地位于经济开发区 TH 工业园，耕地占用税标准为 37.5 元/平方米；再次是耕地开垦费，AH 省财政厅、国土资源厅、物价局《关于印发〈AH 省耕地开垦费征收和使用管理实施细则〉的通知》（财综〔2001〕1061 号），经济开发区 TH 工业园属于一等，耕地开垦费标准为 9.00 元/平方米；最后是征地管理费，根据国家物价局、财政部《关于发布土地管理系统部分收费项目与标准的通知》〔（1992）价字费 597 号〕征地管理费按征地费（含耕地开垦费）总额的 4%征收，则：

征地管理费＝（94.95+9）×4%＝4.16（元/平方米）

土地取得费及有关税费合计为146.36元/平方米。

B. 土地开发费

此次评估为宗地红线外"五通一平"（即通路、通电、通水、通气、通信及土地平整）及宗地红线内"五通一平"，根据委托方提供的土地开发决算资料和评估人员实地勘察，确定此次评估土地开发费用按照100.00元/平方米。

C. 投资利息

根据土地开发程度及规模，假设宗地开发周期为一年，投资利息率取评估基准日一年期贷款利率为6.00%，土地开发费视为均匀投入，计息期按一半计算，则：

投资利息＝土地取得费及有关税费×$[(1+一年期贷款利率)^{开发周期}-1]$+土地开发费×$[(1+一年期贷款利率)^{开发周期/2}-1]$

$$=146.36×[(1+6\%)^1-1]+100×[(1+6\%)^{0.5}-1]$$
$$=11.74（元/平方米）$$

D. 投资利润

投资利润是指把土地作为一种生产要素投入，以固定资产形式投入发挥作用。工业项目用地的土地开发利润率不同于住宅房地产开发项目的利润率，一般认为相当于投资的生产行业的投资利润，考虑到医药行业几年来经济效益指标，结合经济开发区企业的实际经营成果资料，认为该地区工业土地开发项目的平均利润率为20%~30%，根据宗地位置及实际情况确定本次评估取得土地开发的年投资利润率为25%，则投资利润：

投资利润＝（土地取得费及有关税费+土地开发费）×25%
$$=（146.36+100）×25\%＝61.59（元/平方米）$$

E. 土地增值收益

根据土地管理部门的有关资料，参照财政部、国土资源部《关于印发用于农业开发的土地出让金收入管理办法的通知》（财综〔2004〕49号），土地增值收益按成本价格（土地取得费及有关税费、土地开发费、投资利息、投资利润四项之和）相应比例计算，考虑到宗地所在区域为经济技术开发区，本次评估中土地增值收益率按照30%计算。

土地增值收益＝（土地取得费及有关税费+土地开发费+投资利息+投资利润）×30%
$$=（146.36+100+11.74+61.59）×30\%＝95.91（元/平方米）$$

F. 无限年期土地使用权价格

无限年期土地使用权价格 = 土地取得费及有关税费 + 土地开发费 + 投资利息 +

投资利润 + 土地增值收益

= 146.36 + 100.00 + 11.74 + 61.59 + 95.91

= 415.60（元/平方米）

G. 委估宗地剩余年期土地使用权价格

剩余年期土地使用权价格是在完全年期土地使用权价格基础上推算，即需要根据无限年期土地价格通过年限折算，换算成 46.22 年的价格，其测算公式为：

$$土地使用权价格 = 无限年期价格 × [1 - 1/(1+r)^{46.22}]$$

式中，r 为土地还原利率，取 1 年期银行存款利率 3% 加风险调整值 4% 之和，即土地还原利率为 7%。

委估宗地剩余年期土地使用权价格 = $415.60 × [1 - 1/(1+7\%)^{46.22}]$ = 397.38 元/平方米

H. 土地使用权价格的确定

采用成本逼近法得出委估宗地的单价 397.38 元/平方米。即委估工业用地在评估基准日 2013 年 12 月 31 日的土地使用权价格为 397.38 元/平方米。

总地价 = 397.38 元/平方米 × 12926.89 平方米 = 5137000（元）（百位取整）

因此，资产的价值总额 = 流动资产评估价值 + 非流动资产价值 = 货币资金评估价值 + 应收票据评估价值 + 应收账款评估价值 + 预付账款评估价值 + 其他应收款评估价值 + 库存商品评估价值 + 其他流动资产评估价值 + 长期股权投资评估价值 + 房屋建筑物评估价值 + 机器设备的评估价值 + 土地使用权的评估价值

= 1345617287.22 + 6783455.60 + 166644705.09 + 72299908.16 + 50068122.65 + 44457027.79 + 40000000 + 5317277.97 + 6785200 + 21161090 + 5137000

= 1764271074.48（元）

4. 负债的评估

（1）应付票据的评估。经清查核实，应付票据系银行承兑汇票，其在评估基准日账面值为 111450000.00 元，系采购商品所形成的债务。

1）评估方法。对不带息票据按票据面值确定评估值。

2）评估程序。一是对待估应付票据进行核查，做到账证、账账、账表相符。二是查阅票据凭证，了解票据种类，并与有关文件核对。三是对应付票据发生时间、形成原因、账龄等进行调查，在此基础上确定评估值。四是对应付票据承兑银行进行函证，根据函证回函情况，确认评估值。

3）评估结论及增减值因素分析。经评定估算，应付票据评估值为

111450000.00元，与账面值一致。

（2）应付账款评估。经清查核实，应付账款评估在基准日的账面价值为59292130.18元，主要为应付的货款、咨询费等，共涉及往来单位97户。

1）评估方法。按核实后的账面值确定评估值。

2）评估程序。一是对待估应付账款进行核查，做到账证、账账、账表相符；二是核查账款发生时间、原因及评估基准日后偿付情况，并进行账龄分析；三是核查大额应付账款购货合同及评估基准日至核查日期间清理情况，并进行分析性调整；四是对应付账款的真实性进行验证，确认应付账款属实，在此基础上确定评估值；五是抽取大额应付账款进行函证，对未回函的账户进行替代性审核，对应付账款的真实性进行验证，确认应付账款属实，在此基础上确定评估值。

3）评估结论及增减值因素分析。经评定估算，应付账款评估值为59292130.18元，与账面值一致。

（3）预收款项评估。经清查核实，预收款项在评估基准日账面值为34246284.61元，主要为预收的货款，共涉及往来单位642户。

1）评估方法。按核实后的账面值确定评估值。

2）评估程序。一是对待估预收款项进行核查，做到账证、账账、账表相符；二是核查款项发生时间、原因及评估基准日后偿付情况，并进行账龄分析；三是对大额预收款项发询证函，对未回函的账户进行替代性审核，对预收账款的真实性进行验证，确认预收账款属实，在此基础上确定评估值。

3）评估结论及增减值因素分析。经评定估算，预收账款评估值为34246284.61元，与账面值一致。

（4）应付职工薪酬评估。经清查核实，应付职工薪酬在评估基准日账面值为2978154.61元，主要是职工工资及社保费用。

1）评估方法。按核实后的账面值确定评估值。

2）评估程序。一是对待估应付职工薪酬进行核查，做到账证、账账、账表相符。二是了解应付职工薪酬具体内容，调查被评估单位的工资政策；同时获取公司最近月份的工资发放表。三是检查职工薪酬计提是否正确、使用是否符合国家有关规定。四是核实企业是否存在欠发职工薪酬的情况；对职工薪酬的真实性进行验证，在此基础上确定评估值。

3）评估结论及增减值因素分析。经评定估算，应付职工薪酬评估值为2978154.61元，与账面值一致。

（5）应交税费评估。经清查核实，应交税费在评估基准日账面值为20208922.31元，明细如表1-20所示。

表1-20　F公司应交税费测算

| 税种 | 税率（%） | 计税基数 | 账面价值 |
|---|---|---|---|
| 增值税 | 17 | 按应纳税增值额计算 | 2989566.72 |
| 企业所得税 | 25 | 按应纳税所得额计算 | 14027494.86 |
| 城建税 | 5 | 按实际缴纳的流转税税额 | 153351.20 |
| 教育费附加 | 3 | 按实际缴纳的流转税额计算 | 92010.72 |
| 地方教育费附加 | 2 | 按实际缴纳的流转税额计算 | 61340.47 |
| 水利基金 | 0.06 | 按应纳税收入额计算 | 635880.03 |
| 个人所得税 | 20 | 按应纳税收入额计算 | 2057300.13 |
| 印花税 | 0.03 | 按应税合同额计算 | 82816.60 |
| 其他 | — | — | 109161.58 |
| 合　计 | — | — | **20208922.31** |

1）评估方法。按核实后的账面值确定评估值。

2）评估程序。一是对待估应交税费进行核查，做到账证、账账、账表相符；二是查阅资产占有单位纳税鉴定或纳税通知及行政减免税的批准文件；三是了解其适用的税种、计税基础、税率、征减免税的范围与期限；四是检查应交税费计提是否正确、缴纳是否及时；五是按核实后账面值确定评估值。

3）评估结论及增减值因素分析。

经评定估算，应交税费评估值为20208922.31元，与账面值一致。

（6）应付股利。经清查核实，应付股利在评估基准日账面值为8000000.00元，为公司尚未支付给股东的2012年度分红款。

1）评估方法。按核实后的账面值确定评估值。

2）评估程序。一是对待估应付股利进行核查，做到账证、账账、账表相符；二是核查账款发生时间、原因及评估基准日后偿付情况，并进行账龄分析；三是了解分析应付股利的形成依据和具体过程，收集有关合同、协议、决议、利润分配方案等重要资料，并抽查有关会计凭证，做好相应清查核实记录。

3）评估结论及增减值因素分析。经评定估算，应付股利评估值为8000000.00元，与账面值一致。

（7）其他应付款。经清查核实，其他应付款在评估基准日账面值为17857696.62元，主要为应付的保证金、个人借款及业务往来款项等，共涉及往来单位548户。

1）评估方法。按核实后的账面值确定评估值。

2）评估程序。一是对待估其他应付款进行核查，做到账证、账账、账表相符；二是核查账款发生时间、原因及评估基准日后偿付情况，并进行分析；三是核查大额其他应付款评估基准日至核查日期间清理情况，并进行分析性调整；四是对大额其他应付款发询证函，对未回函的账户进行替代性审核，对其他应付款的真实性进行验证，确认应付账款属实，在此基础上确定评估值。

3）评估结论及增减值因素分析。经评定估算，其他应付款评估值为17857696.62元，与账面值一致。

（8）其他流动负债。经清查核实，其他流动负债在基准日账面值为4914529.90元，主要为特定代理模式下向 HNLH 制药有限公司提供原材料加工，未实现的销售利润形成的递延收益。

1）评估方法。按核实后的账面值确定评估值。

2）评估程序。一是对待估其他流动负债进行核查，做到账证、账账、账表相符；二是核查其他流动负债发生时间、原因，获取相关文件并进行分析。

3）评估结论及增减值因素分析。经评定估算，其他流动负债评估值为4914529.90元，与账面值一致。

所以负债的评估值=应付票据评估值+应付账款评估值+预收账款评估值+应付职工薪酬评估值+应交税费评估值+应付股利评估值+其他应付款评估值+其他流动负债评估值

= 111450000 + 59292130.18 + 34246284.61 + 2978154.61 + 20208922.31 + 8000000+17857696.62+4914529.90

=258947718.23（元）

### 5. 股东权益价值的确定

整理上述资产和负债的评估值，根据股东权益价值=资产价值−负债负债，可以得到 F 公司的股东权益价值：

股东权益价值=资产价值−负债负债
　　　　　=1764271074.48−258947718.23
　　　　　=1505323356.25（元）

即利用资产基础法得到 F 公司的权益价值为 150532 万元（取整数万元），具体数据如表 1-22 所示。

### （三）评估结果

根据上述评估工作，在满足评估假设前提下，截至评估基准日 2013 年 12 月 31 日，对 F 公司的股东权益采用收益法的评估结果为 161080 万元，用于验证的资产基础法的评估结果为 150532 万元，比收益法的结果低 10548 万元，两者之间有一定的出入，评估人员认为，资产基础法的评估结果没有包含专利、商标等无形资产的价值，而收益法的评估结果包含了上述无形资产的价值，如果在资产基础法评估结果的基础上加上专利、商标等无形资产的价值，则两者之间的差距会缩小，故认为本次采用收益法所得到的评估结果作为最终的结果，并认为是合理和有效的。

## 六、评估结论

本次评估的 F 公司重大重组项目在评估基准日 2013 年 12 月 31 日的权益价值为 161080.00 万元。

表 1-21　F 公司的经营性资产现值测算　　　　　单位：万元

| 项目 \ 年度 | 年度 | 预测数据 | | | | | |
|---|---|---|---|---|---|---|---|
| | | 2014 年 | 2015 年 | 2016 年 | 2017 年 | 2018 年 | 永续年 |
| 一、营业收入 | 1 | 125354.38 | 144892.54 | 166042.94 | 186914.58 | 205279.93 | 205279.93 |
| 减：营业成本 | 2 | 90575.17 | 105437.22 | 121433.42 | 137550.19 | 151757.28 | 151757.28 |
| 营业税金及附加 | 3 | 666.46 | 757.68 | 857.99 | 951.34 | 1033.05 | 1033.05 |
| 营业费用 | 4 | 15572.55 | 16674.52 | 18413.28 | 19286.41 | 19746.81 | 19746.81 |
| 管理费用 | 5 | 2078.11 | 2174.50 | 2248.75 | 2303.39 | 2359.48 | 2359.48 |
| 财务费用 | 6 | −74.99 | —— | —— | —— | —— | —— |
| 资产减值损失 | 7 | 497.53 | 296.98 | 321.49 | 317.25 | 279.15 | —— |
| 加：投资收益 | 8 | 38.73 | | | | | |

续表

| 项目 ＼ 年度 | | 预测数据 | | | | | |
|---|---|---|---|---|---|---|---|
| | | 2014 年 | 2015 年 | 2016 年 | 2017 年 | 2018 年 | 永续年 |
| 二、营业利润 | 9 | 16078.28 | 19551.64 | 22768.01 | 26506.00 | 30104.15 | 30383.31 |
| 加：营业外收支净额 | 10 | -2.69 | — | — | — | — | — |
| 三、利润总额 | 11 | 16075.59 | 19551.64 | 22768.01 | 26506.00 | 30104.15 | 30383.31 |
| 减：所得税费用 | 12 | 4169.79 | 4991.98 | 5805.97 | 6742.54 | 7635.31 | 7635.31 |
| 四、净利润 | 13 | 11905.80 | 14559.67 | 16962.04 | 19763.46 | 22468.84 | 22748.00 |
| 加：利息支出（扣除所得税影响） | 14 | — | — | — | — | — | — |
| 折旧与摊销 | 15 | 257.11 | 260.78 | 260.78 | 260.78 | 260.78 | 260.78 |
| 资产减值损失（扣除所得税影响） | 16 | 373.15 | 222.74 | 241.11 | 237.94 | 209.36 | — |
| 五、毛现金流量 | 17 | 12536.07 | 15043.18 | 17463.93 | 20262.17 | 22938.99 | 23008.77 |
| 减：资本性支出（资本金追加） | 18 | 2646.00 | 229.00 | 229.00 | 229.00 | 229.00 | 250.87 |
| 减：营运资金增加 | 19 | 643.70 | 2731.71 | 2972.32 | 2878.54 | 2528.66 | — |
| 六、净现金流量 | 20 | 9246.36 | 12082.47 | 14262.61 | 17154.63 | 20181.33 | 22757.90 |
| 折现年限 | 21 | 1.00 | 2.00 | 3.00 | 4.00 | 5.00 | — |
| 折现率 | 22 | 12.49% | 12.49% | 12.49% | 12.49% | 12.49% | 12.49% |
| 折现系数 | 23 | 0.8890 | 0.7903 | 0.7025 | 0.6245 | 0.5552 | 4.4452 |
| 七、净现金流量现值 | 24 | 8220.02 | 9548.78 | 10019.48 | 10713.07 | 11204.67 | 101172.54 |
| 八、净现金流现值之和 | 25 | 150878.55 | | | | | |

表1-22  资产基础法F公司权益价值测算          单位：元

| | | 项目 | | 评估方法 | 评估价值 | 备注 |
|---|---|---|---|---|---|---|
| 资产价值 | | 现金 | 1 | 盘点核对 | 111122331.50 | |
| | | 银行存款 | 2 | 盘点核对 | 1150794955.72 | |
| | | 其他货币资金 | 3 | 盘点核对 | 83700000.00 | |
| | | 应收票据 | 4 | 盘点核对 | 6783455.60 | |
| | | 应收账款 | 5 | 盘点核对 | 166644705.09 | 评估时按预计可收回金额确认评估值，企业账面计提的坏账准备评估为零 |
| | | 预付账款 | 6 | 盘点核对 | 72299908.16 | |
| | | 其他应收款 | 7 | 盘点核对 | 50068122.65 | 评估时按预计可收回金额确认评估值，企业账面计提的坏账准备评估为零 |
| | | 存货 | 8 | 只核算畅销或正常存货 | 44457027.79 | 企业计提的存货跌价准备评估为零，且考虑了存货的部分未实现利润 |
| | | 其他流动资产 | 9 | 清查核实 | 40000000.00 | |
| | | 长期股权 | 10 | 资产基础法 | 5317277.97 | |
| | | 房屋建筑物 | 11 | 重置成本法 | 6785200.00 | |
| | | 机器设备 | 12 | 重置成本法 | 21161090.00 | |
| | | 无形资产 | 13 | 重置成本法 | 5137000.00 | |
| 负债价值 | | 应付票据 | 14 | 盘点核对 | 111450000.00 | |
| | | 应付账款 | 15 | 盘点核对 | 59292130.18 | |
| | | 预收款项 | 16 | 盘点核对 | 34246284.61 | |
| | | 应付职工薪酬 | 17 | 盘点核对 | 2978154.61 | 主要是职工工资及社保费用 |
| | | 应交税费 | 18 | 盘点核对 | 20208922.31 | |
| | | 应付股利 | 19 | 盘点核对 | 8000000.00 | |
| | | 其他应付款 | 20 | 盘点核对 | 17857696.62 | |
| | | 其他流动负债 | 21 | 盘点核对 | 4914529.90 | |
| 权益价值 | | | | | 1505323356.25 | |

# 附录 1　案例使用说明

## 一、教学目的与用途

1. 适用的课程

本案例主要适用于资产评估案例分析课程，也适用于企业价值评估、无形资产评估课程。

2. 适用对象

资产评估专业学位硕士研究生、普通本科生及高年级专科生，同时也可应用于社会培训中的并购重组评估的相关课程。

3. 教学目的

通过此案例的教学，使学生对运用收益法评估企业价值有一个基本的了解，特别是掌握如何区分能为企业带来收益的资产以及如何预测企业资产未来的收益。同时对评估目的、价值类型、评估对象和范围、评估基准日、评估方法、评估假设等评估基本事项有一个比较全面的了解，懂得在具体情况下如何确定这些基本评估事项；同时对收益法在企业价值评估中的具体运用有较深入的认识，较好地掌握各类参数的选取和确定，提高学生在评估特殊资产（权益）时需要具备的具体问题具体分析、具体解决能力。

## 二、启发思考题

（1）什么是并购重组？什么情况下的资产重组构成了重大资产重组？资产重组的价值评估与一般企业的价值评估存在差异吗？请予以说明。

（2）企业价值评估一般采用什么方法进行，试说明三大基本方法在企业价值评估中需要具备的条件，并对照案例说明这些条件是否具备。

（3）医药企业的价值评估具有哪些特点，这些特点对企业资产重组的评估会产生哪些影响？

（4）企业价值评估可以分为企业实体价值评估和企业股权价值评估，试分析说明这两种类型企业价值评估的差异性，并说明本案例是指哪种类型的企业价值评估。

## 三、分析思路

本案例的评估对象是企业股权价值，对于企业价值的评估一般选用收益法，本案例也不例外。收益法的关键参数分别是净现金流、收益年限以及折现率，案例将围绕三个参数的测算进行展开。其中净现金流的测算、折现率的测算较为关键，本案例是基于 F 公司提供的历史财务报表分别对经营性资产、溢余资产、非经营性资产的未来收益作出科学合理的分析判断，其中，对于未来 5 年收益进行逐年预测，5 年之后每年的收益认为与第 5 年的收益持平并将永远持续，折现率采用 CAPM 模型确定，最后采用折现的方法对股权现金流进行折现，求取股东权益价值。

同时，本案例也采用了资产基础法进行评估，资产基础法的评估思路是根据企业审计后的资产负债表，分别列出 F 公司的所有资产或者负债，并对各类资产或者负债进行现场清查、勘察、函证等事项，逐一采用不同方法评估出各类资产或者负债的价值，用资产的价值减去负债的价值，即可得出 F 公司股东权益价值。

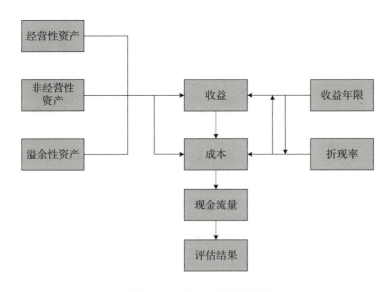

附图 1-1　收益法的评估思路

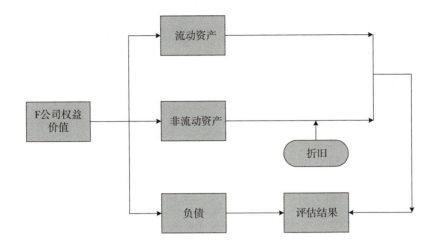

附图 1-2 资产基础法的评估思路

## 四、理论分析与依据

1. 收益法预期收益原则

预期收益原则是指资产的价值不是取决于其过去的生产成本和销售价格，而是决定于在评估基准日后能够带来的预期收益额，即预期的获利能力。资产价值的高低主要取决于它能够为其所有者或控制者带来的预期收益量多少。

本案例依据预期收益原则，采用收益法对 F 公司的股东权益进行价值评估，即以评估基准日后若干年度内的企业经营现金流量作为依据，采用适当折现率折现后加总计算得出企业的未来现金流现值，再对该现金流进行折现，得出经营性资产的价值，再加上非经营性资产价值和溢余资产价值，最后扣减付息债务价值，得出 F 公司在评估基准日的股东权益价值。

2. 资产基础法的理论基础

资产基础法是根据组成企业的各类资产和负债的状况，分别评估出每一项资产或者负债的价值，用资产价值减去负债价值得出股东权益价值。这种方法是依据资产负债表，对每一项资产或者负债进行清查、勘察、核实，分别采用不同的方法评估出每一项资产或者负债的价值，因此资产基础法本质上是一种合成的方法。资产基础法认为，企业的价值是不同资产价值累加而成，也可以看作是债权人或者股权人价值之和，用资产价值之和减去负债价值之和，即可得到股权人价值。

资产基础法类似成本法，但成本法通常是指单项资产的评估，如房地产的成本法就是求取估价对象在评估基准日的重新构建成本，再减去折旧，以此估算评估对象的客观合理价值的方法。重新构建成本是指假设在评估基准日重新取得全新状况的估价对象的必要支出，或者重新开发全新状况的估价对象的必要支出。折旧不是通常意义上的会计折旧，而是指价值贬损，是由于市场环境、自然条件、技术落后、使用等因素导致的价值减损的金额。而资产基础法是指对由多项资产组合而成的资产进行评估，每一项资产评估时，可以采用不同的评估方法。

3. 企业资产划分的分析

企业资产按照不同的视角，可以划分为不同的构成部分。按照财务报表的格式可以分为流动资产和非流动资产，流动资产包括货币资金、短期投资、应收票据、应收账款和存货等，非流动资产主要包括持有至到期投资、长期应收款、长期股权投资、工程物资、投资性房地产、固定资产、在建工程、无形资产、长期待摊费用、可供出售金融资产等。按照资产的性质和管理需要可以分为金融性资产、无形资产和实体性资产，金融性资产主要包括库存现金、银行存款、应收账款、应收票据、其他应收款、股权投资、债权投资和衍生金融工具形成的资产等，无形资产主要包括土地使用权、专利、商标、著作权、商誉等，实体性资产主要包括机器设备、房地产、在建工程等。

本案例根据 F 公司的具体情况，将资产分为经营性资产、非经营性资产和溢余资产，而经营性资产又分为流动资产和非流动资产，这些资产的划分既易于与会计中的财务报表相对应，也符合企业的实际情况，满足了资产评估的需要。

## 五、案例分析的关键要点

### 1. 评估方法的选择

市场法、收益法、资产基础法这三种资产评估方法有各自的适用范围和应用条件，在进行评估时要根据待估资产的特点来选择合适的评估方法。对于企业价值评估，在运用市场法时存在两个障碍：一是企业的个体差异，除行业、规模等可确认因素不同，还有无法直接度量的无形资产因素影响，因此很难找到类似的可比案例。二是在我国，医药企业的资产交易案例信息极度不对称，不存在一个可以共享的企业交易信息数据库，使市场法的使用受到极大限制。

（1）资产基础法。在运用资产基础法时，对以下资产要特别注意：

其一，现金。除了对现金进行点钞核数外，还要通过对现金及企业运营的分析，判断企业的资金流动和短期流动能力。

其二，存货。要区分畅销产品、正常销售产品、滞销产品和积压商品，这直接反映企业在市场中的竞争地位，为企业的预期收益提供基础。同时不同种类的存货确认方式可以不同。

其三，机器设备与建筑物。设备的新旧程度、技术含量、维修保养情况、利用率等，不仅影响机器设备本身价值，也会对企业未来的营业能力造成影响。建筑物也存在类似的情况，也需要根据建筑物建成年份、保养情况、装饰装修情况以及土地使用权年限等情况判断其价值。

由于资产基础法以企业单项资产的价值为出发点，忽视了企业的获利能力，而且在评估中不考虑未在财务报表上出现的项目，忽略了资产之间的协同效应，所以运用资产基础法评估企业的资产价值会使评估结果偏低。如本案例用于验证收益法合理性时，由于专利、商标资料的缺失，导致用资产基础法评估时这两项资产的价值缺失，而收益法却体现了这两项资产的价值。

（2）收益法。收益法是企业价值评估中最常用的方法，《企业价值评估指导意见（试行）》将其归纳为收益资本化法和未来收益折现法。在本次评估中采用了未来收益折现法，这种方法的优点在于直观地反映了企业作为一种资产为其所有者带来的收益，能被委托方和市场广泛地接受。在本次评估中，选择收益法为主要评估方法，同时，采用资产基础法作为一种辅助方法对收益法的评估结果进行验证，并采用收益法的评估结果为最终评估结果。

其一，对纳入财务报表范围的资产和经营业务，按照最近几年的历史经营状况和业务类型等估算预期净现金流量，并折现得到经营性资产的价值。

其二，对纳入财务报表范围，但在预期净现金流量估算中未予考虑的，诸如评估基准日存在的货币资金、其他应收款（与企业日常经营无关的）、长期股权投资、递延所得税资产、其他应付款（与企业日常经营无关的）、应付股利等资产和负债，定义其为评估基准日存在的溢余性或非经营性资产（负债），单独测算其价值；具体来说，本次需要预测的项目包括营业收入、资产减值损失、财务费用、营业外收入、营业外支出、所得税、折旧及摊销、资本性支出、职工薪酬、研发费用、主营业务成本、营业税金及附加。

2. 评估范围和对象

本次评估的对象是 F 公司的股东权益价值，本次评估的范围涉及 F 公司所有者权益的全部资产和负债，具体来说，评估范围所涉及的资产和负债有现金、银行存款、其他货币资金、应收票据、应收账款、预付账款、其他应收款、存货、其他流动资产、长期股权、房屋建筑物、机器设备、无形资产、应付票据、应付账款、预收账款、应付职工薪酬、应交税费、应付股利、其他应付款。

3. 评估基本事项的确定

能够根据本案例分析出评估目的、评估对象、评估方法、评估基准日、价值类型、评估结果的确定等，并用准确的语言表达上述基本事项。

4. 评估其他事项的确定

本案例的关键除了以上问题外，还涉及收益法参数如股权现金流、折现率、收益期限的求取，资产基础法中的建筑物评估、机器设备评估、成新率测算等相关问题，有兴趣的读者可以参阅《企业价值评估案例》和《不动产价值评估案例》等书籍。

## 六、建议课堂计划

1. 课时安排

本案例总共安排6课时。第1课时、第2课时进行案例介绍讲解，第3课时、第4课时、第5课时进行小组讨论，第6课时进行发言总结。

2. 黑板板书布置

黑板板书分三部分，左边是提出的问题，包括评估思路、评估方法、参数选择、评估基本事项确定等。中间是小组讨论的针对上述问题的结果。右边是对小组讨论结果的点评。

3. 案例背景了解

案例背景了解在开始案例教学时就需要学生掌握，有关的材料可以在第1课时、第2课时让学生熟悉，边讲解边解答学生的疑问。

4. 小组分组

本案例以20人班级为宜，分为4个小组，每小组5人。

5. 小组讨论内容

（1）市场法、资产基础法、收益法各自的特点，对于本案例适用的评估方法。

（2）本案例评估的目的、价值类型、评估对象和范围、假设条件、评估基准日如何确定及理由。

（3）经济、市场、行业分析的内容。

（4）企业资产的分类。

（5）收益法中折现率的确定。

（6）F公司的收益期限及其理由。

（7）F公司权益价值的内涵。

6. 案例开场白和结束总结

（1）开场白。本案例是评估实务中的真实案例，是关于F公司股权价值的评估，其评估的目的是为该公司并购重组提供价值参考。F公司是一家医药企业，为了提高公司市场竞争力和占有率，拟对另外一家医药企业进行合并，经过股东充分讨论后，现打算将这项企业合并改革付诸实践。故委托评估师对其所拥有的资产进行评估。

对资产进行评估，首先需要对评估对象有一个清晰的认识，在了解了相关的背景资料后，依据资产评估准则的相关要求，明确评估目的、评估基准日及评估方法和假设条件等基本事项。其次确定评估的技术路线。采用收益法测算企业资产的价值时，需要关注收益法的使用条件、参数求取、各项数据的来源及依据以及折现率的求取等。同时，将资产基础法也列为评估的方法之一，这就需要对F公司的各项资产有清晰的分类，能够灵活采用不同的方法分别对各类资产进行评估，求出评估值。最后是评估报告书的撰写，这里要求每个小组的评估报告按照完整的评估报告书规范撰写，基本事项按先后顺序排列，确定依据要清晰、完整、有据可查，在此基础上提交评估报告。

（2）结束总结。本案例主要介绍了采用收益法评估企业的权益价值，即通过收益法测算企业未来产生的股权净现金流，通过CAPM模型测算折现率，并在此基础上对F公司的股权价值进行评估。同时，资产基础法作为一种辅助方法，虽然存在缺失专利商标资产价值的问题，其评估结果可以作为对收益法的验证，有一定的作用，但在实务中，不建议出具此类报告。根据各小组案例撰写的情况，就其主要思路和测算过程进行评价，内容包括评估目的、评估对象、价值类型、评估假设、评估基准日、评估方法和参数选择确定依据以及整个报告的撰写规范、文字表述、用词规范、逻辑结构等方面，并指出其合理的地方以及存在的不足，以后在实务当中应该关注的问题等。

7. 案例的组织引导

在开场白和相关资料介绍之后，可以组织每个小组对案例的背景进行讨论，明确评估需要关注的问题，并提出各个小组的评估技术路线，这是案例评估的关键。然后对案例的具体材料进行分析，确定可采用的评估方法以及如何选择评估方法，通过小组讨论的形式确定评估方法，并要求比较各种方法的适用条件。再就评估的有关事项进行小组讨论，如评估步骤、评估基准日、评估对象和范围、假设和限制条件、评估参数确定等，对于像评估参数确定这样的关键点可以让学生充分讨论，提出自己的观点，再综合比较点评。接下来是宏观经济分析、行业分析和收入等有关问题的预测，根据时间和学生水平的高低，可以让学生分组，既可以让每个小组讨论一两个问题，也可以让每个小组讨论整个案例的问题。最后是按照标准评估报告要求，要求每个小组撰写一份完整的评估报告。

小组讨论可以将讨论内容分给不同的小组，各小组内容可互不相同，也可以每个小组完成整个报告的内容，具体视人数和学生水平高低来确定。

## 七、案例的后续进展

案例在课堂进行讨论后，各小组可以单独完成评估报告内容，也可以每个小组完成评估报告的一部分，规定在一定时期内上交，然后进行课后点评，并在下一届学生上案例课程时进行改进。

本案例虽然是真实的评估案例，但也有不足之处，如重要技术参数的确定过于简单、行业分析还需要进一步加强等，这样可以更好地理解案例。我们将在后面的教学过程中，针对案例的不足之处做进一步完善。

## 八、其他教学支持材料

1. 计算机支持

计算机能够接通互联网，具备供至少 6 个小组同时上网的接线工具。

2. 技术支持

参与案例小组的学生能够熟练使用 Word、Excel 等常用办公软件，能够熟练掌握查询各类资源的方法。

3. 查询功能支持

教学单位具备上网查阅 Wind 金融数据库或者是巨灵金融服务平台有关信息的条件。

4. 多媒体教学设施设备支持

可以通过 PPT 等形式播放案例的背景资料、启发性问题等内容，增进学生对案例材料的理解。

# 案例二

## 地铁部分广告
## 经营权价值评估

本案例开始于 2014 年 10 月 14 日，XA 地铁集团有限公司欲对其所拥有的地铁 1 号线 10 年广告经营权进行拍卖，以增加地铁集团的业务收入。XA 市 2009 年就获得了国务院批准的《XA 市城市快速地铁建设规划》（2009~2016），并逐步落实了路线规划、站点选址、工程招投标等事项，地铁的建设进展顺利，2015 年底通车，为了对地铁广告经营权的价值进行摸底，为广告经营权的拍卖提供价值参考意见，XA 地铁集团有限公司委托 SH 资产评估公司对地铁广告经营权做出评估。在评估机构和委托方共同努力下，在委托方 DT 大厦会议室召开了评估专题会议，就评估项目涉及的相关问题进行了讨论，并就主要问题达成一致意见。评估小组根据会议意见就评估技术路线的确定、评估方法的选择、评估对象和范围的认识等基本事项进行了充分的讨论，认为地铁广告经营权属于无形资产，但该广告经营权尚没有进入营运状态，没有经营的历史数据做预测，完全采用收益法评估有一定的局限性，经过讨论分析，最终采用剩余价值法进行评估。该案例有一定的典型性和代表性，为广告经营权的评估提供了一个有价值的参考案例，反映了广告经营权特殊无形资产评估中可能遇到的问题，选用该案例作为教学案例比较适合。

本案例的评估委托方为 XA 地铁集团有限公司，该公司经营范围主要包括地铁工程投资、建设、工程咨询、设计、地铁的营运；地铁的通信及其他特许经营权的经营，地铁项目周边相关资产经营管理；地铁项目的投资业务、融资业务；设计制作代理发布国内各类广告；房地产开发、房地产经纪；物业管理；房屋租赁；负责国内贸易；自营或代理各类商品和技术的进出口。由于 XA 地铁集团有限公司在地铁的承建、运营方面的经验和持有的资质，XA 地铁由该地铁集团有限公司建设和营运，XA 地铁集团有限公司也因此获得了地铁广告的经营权利。

# 一、评估的基本事项

## （一）委托方简要介绍

XA 地铁集团有限公司作为承担地铁融资、建设、运营、管理和开发五位一体职能的企业，成立于 2008 年 10 月，为 XA 市政府出资的特大国有独资企业。集团内设 11 个部门，下设 4 个子公司和 1 个股份制设计研究院。该集团有限公司发展的定位是打造地铁经济带，培育地铁生活族，经营理念是资源变资产，资产变资本，资本变资金，发展遵循"地铁+社区"综合一体化经营模式，XA 市地铁发展目标是"十二五"期间，建成地铁 1 号线，开工建设地铁 2 号线、3 号线，完成投资 300 亿元，企业总资产突破 500 亿元，净资产突破 200 亿元。至 2016 年，总公司资产规模达到 600 亿元，净资产达到 300 亿元，到 2020 年，打造成资产超千亿元的地铁综合服务型集团。在地铁线路的建设方面，该集团建设目标是 XA 地铁 1 号线 2015 年底建成通车；2013 年 2 号线全面开工建设，力争 2012 年后每年开工一条线，2015 年后每年建成一条线，2020 年前基本完成 5 条线网工程建设。

## （二）评估目的

本次评估的目的是 XA 地铁集团有限公司将 XA 地铁 1 号线灯箱、梯牌、车厢内看板 10 年期的广告经营权对外拍卖，为合理确定灯箱、梯牌、车厢内看板广告经营权的市场价值提供参考意见。

## （三）价值类型

根据评估目的和评估对象的特点，本次评估是为 XA 市地铁 1 号线灯箱、梯牌、车厢内看板 10 年期广告经营权的拍卖底价提供价值参考，根据本次经济行为确定本次评估的价值类型为市场价值。

市场价值是指自愿买方和自愿卖方在各自理性行事且未受任何强迫压制的情况下，资产在评估基准日进行正常公平交易的价值估计数额。

## （四）评估对象和范围

评估对象为 XA 地铁 1 号线灯箱、梯牌、车厢内看板广告经营权价值，委托方明确了广告经营权包括广告灯箱、梯眉灯箱、梯牌、车厢内看板四个方面，评估范围为 XA 地铁 1 号线 24 个车站站内及地铁运行列车内 10 年的广告经营权，广告经营权的载体具体为灯箱、梯眉、梯牌以及车厢内看板。

## （五）评估基准日

评估基准日是资产评估价值所对应的时间点，评估值就是在评估基准日时的资产价值，一般采用年月日的时间点来表示。一般而言，评估基准日的确定应该有利于经济行为的发生或者实现，有利于减少资产评估的事项调整，该日期的确定可以由委托方和评估机构共同协商确定。

根据委托方意见，并综合考虑委托方实现经济行为的时间，经过评估机构与委托方协商，最终确定本次评估的评估基准日为 2014 年 12 月 31 日。

# 二、资产清查简要说明

## （一）资产清查的组织

接受评估委托后，评估人员进驻 XA 地铁集团有限公司，指导企业财务和资产管理人员填写资产评估申报明细表及准备资产评估的相关资料；然后由企业财务部门对评估范围的资产和负债按资产评估申报明细表的内容进行全面清查核实，并填写资产评估申报明细表，同时按评估资料清单要求准备相关的产权证明、资产质量状况、其他财务和经济技术指标等相关评估资料，并听取企业相关人员介绍待评估资产的建设和经营现状；对企业提供的资产评估申报明细表进行核对，对申报评估明细表中资产构成不明确的内容进行确定，以实际勘察结果调整评估申报明细表；最后按评估申报明细表对地铁营运的各项资产进行现场清查核实，并验证相关评估资料。

## （二）清查核实的方法

针对地铁资产具体情况选择实地清查法和访谈法。对地铁出站口、周边环境状况、人流量等进行实地清查，对列车营运的时间、速度和列车运行的数量等进行确认。对隧道的建筑构造主要是访谈的方式，对建设单位和施工单位的人员进行走访，了解建设的状况，并查阅建筑工程资料，施工进度表以及竣工验收资料等，进一步了解地铁营运的保障设施状况。

## （三）资产清查结论

通过以上资产清查核实程序，评定委估的各项资产及负债产权清晰、数量正确，地铁及其相关资产使用和运行正常，满足了"账表相符、账实相符"的评估要求，委估广告经营权及其相关资产符合国家有关营运规定。

# 三、评估思路

广告经营权之所以有价值，是因为其能为持有者带来新的客户资源，从而带来超额收益。在本次评估中，由于 XA 市地铁尚未开通试运行，因此采用历史数据预测的方法来评估受到一定的限制。同时由于无形资产成本的弱对称性和虚拟性，这里也不宜采用成本法，需要采用其他非常规方法进行评估。

由于地铁广告经营权是出售给广告公司，由广告公司再对外发布招商广告，因此可以将地铁广告经营权的花费看作是广告公司的成本。广告公司从事生产经营活动，是为了获取期望的利润。可以设想存在一个广告公司，其目的是获得该地铁 1 号线的广告经营权，在经营过程中，该公司获得该行业的合理报酬率，可以根据设想的广告公司经营收入，再剔除各项成本和广告经营权的费用后，获得期望的利润，如果能够测算出经营收入、各项成本和预期的利润，采用倒算的方法可以测算出广告经营权的价值，我们将这种方法称为剩余价值法。具体测算公式如下：

期望净利润＝(广告销售收入−设置及维护成本费用−销售费用−管理费用−营业税金及附加−利息−广告经营权价值)×(1−税率)

在具体评估过程中，广告的销售收入采用同类城市地铁广告市场销售收入，再根据一定的可比因素如 GDP 比例关系进行调整，得出广告公司的销售收入。设置及维护成本、销售费用、管理费用等根据广告公司合理的花费以及正常的经营费用测算，营业税金及附加、利息采用正常广告公司经营的税金及贷款利息测算。

同时，本次评估的广告经营权年限为 10 年，需要考虑物价因素的影响，广告收入相应发生变化，这里可以将收益期划分为两个 5 年，以体现地铁运营期限较长导致的收益逐步增长的过程，也便于理解上刊率发生的变化。

具体可以以消费者价格指数为依据，测算价格上涨的因素，根据基准年的价值推算出以后各年的价值，即利用第一阶段基准收益期（2016 年）的广告经营权价值 $P_1$ 推算整个收益期价值 $P_{总}$ 的价值，具体测算公式如下：

$$P_{总} = \sum_{n=1}^{5} P_1 \cdot CPI^{(n-1)} + \sum_{n-1}^{5} P_1 \cdot \frac{第二阶段上刊率}{第一阶段上刊率} \cdot CPI^{(4+n)}$$

式中，$P_{总}$ 为 10 年期广告经营权的价值，$P_1$ 为第一年广告经营权的价值，CPI 为消费者价格指数。

按此方法求出 10 年期内各年广告经营权价值折现求和，求出 10 年灯箱、梯牌、车厢内看板广告经营权总价值。

# 四、评估技术说明

## (一) 评估方法的选择

本次评估的对象是地铁广告经营权，属于无形资产范围，无形资产评估方法一般可以采用成本法、市场法和收益法。成本法在无形资产评估中一般用于计算机软件价值的评估，对广告经营权评估而言，由于广告经营权成本的虚拟性和弱对称性，其价值难以通过成本构建获得，所以成本法并不适用该类资产的评估。同时，广告经营权对广告公司而言，是具有核心竞争力的资源，地铁广告由于受众群体的特殊性、流量性，通常情况下市场交易量很少，所以市场法也并不适用该类资产的评估。

本次评估可以采用剩余价值法对广告经营权进行评估，剩余价值法首先根据同类城市各类地铁广告的销售收入，经过调整后测算出需要评估的地铁广告收入；其次评估出各类广告设计制作成本、经营管理以及利息等费用，并将取得广告经营权的成本作为一项费用予以扣除；再次根据广告公司正常经营时获得的净利润率，测算出广告公司的利润水平；最后采用倒算的方法测算出广告经营权的价值。

综合分析后认为，本次评估主要采用剩余价值法评估，相对于成本法、市场法和收益法，采用剩余价值法进行评估体现了广告公司、地铁集团和广告用户三者之间合理的利益关系，比较合理地反映出了地铁广告经营权的价值。同时，鉴于广告经营权经营的期限较长，这里将经营期限分为前后各五年分别进行测算，并采用静态和动态两种方式表示结果，可以更好地反映出评估对象的合理价值。

## （二）评估假设

一是被评估单位管理团队能够合理经营地铁公司，都能尽职尽责按照同类地铁公司正常经营方式和经营计划持续经营。

二是地铁运行正常，委托评估广告经营权能在评估考虑的收益期内继续使用。

三是 XA 地铁 1 号线当时尚在建设过程中，委估的 1 号线广告资源情况由委托单位提供，假设地铁 1 号线建成通车后广告资源状况未发生变化。

四是评估中预测的广告经营销售及盈利，在预计的经济受益年限内，各项经济数据及取得的经济收益与预期效果没有较大的差异。

五是委托方和相关当事方提供的资料具有真实性、合法性、完整性。委估资产法律权属清晰，不存在产权纠纷。

六是评估时所考虑的社会经济环境，所遵循的我国法律、法规、政策在涉及评估价值的后续时期内无重大变化。

## （三）评估程序实施过程

根据资产评估的有关规定，按照资产评估业务约定书，评估人员已实施了对被评估单位提供的法律性文件、文件记录以及相关资料要求的核对，对资产进行了实地查看，并取得了相关的产权证明文件复印件。资产评估的过程如下：

1. 接受委托阶段

了解被评估单位组织架构、机构分布和经营业务特点，明确了评估目的、评估对象、范围和评估基准日。

2. 清查核实阶段

根据项目要求清查核实被评估单位的资质、资产情况，对纳入评估范围内的地铁口周边环境、人流量、地理位置以及分布区域进行走访、勘察，对列车运行的时间、站点、播报时间等进行实地调研，分析了解被评估单位纳入评估的资产状况，包括评估对象真实性和合法性的查证、账面价值构成的调查、评估资料的收集以及了解并分析企业的管理和经营情况等。

3. 评定估算阶段

依据评估各项准则及国家相关的法律法规，结合委估资产情况及评估资料收集情况确定评估方法，明确评估参数和价格标准，收集相关资料，进行评定估算工作。

4. 汇总并审核阶段

项目组完成初稿，确定评估结果，并对项目组提供的评估明细表、评估说明、评估报告及相关的工作底稿进行了全面审核，并提出具体的审核修改意见和建议，完善后将评估报告征求意见稿提供给委托方交换意见。

5. 出具报告阶段

在将评估结果与委托方沟通后正式出具评估报告。

# 五、评估测算过程

## （一）广告行业市场分析及地铁 1 号线沿线站点分析

1. 广告行业市场分析

2013 年普华永道发布的《2013～2017 年全球娱乐及媒体行业展望》预计未来 5 年全球娱乐及媒体行业收入将以 5.6% 的复合年均增长率增长，将从 2012 年的 1.6 万亿美元增长到 2017 年的 2.2 万亿美元。其中，增长率最为显著的 8 个国家或地区分别是中国、巴西、印度、俄罗斯、中东和北非地区、墨西哥、印度尼西亚和阿根廷，中国娱乐及媒体行业 2013～2017 年的复合年均增长率在 12% 左右，路边广告牌是最为流行和普遍的户外广告类型。普华永道预期，数字户外广告将成为户外广告市场的关键增长领域，未来 5 年户外广告细分行业将保持 5% 的复合年均增长率，从 2012 年的 338 亿美元增长到 2017 年的 428 亿美元。普华永道认为，随着全球城镇化进程的不断加快，户外广告市场将进入一个可观的增长期。

地铁广告市场空间广阔。参考其他城市的户外广告规模，以南京市为例，地铁广告投放规模预计 4 亿元，占南京市户外广告投放总规模的 30%，成都市市场的比例则约为 24%，广州市由于地铁交通发达，户外广告牌位较少，地铁广告占比高达 60% 左右；2010 年全国地铁广告投放净值为 60.85 亿元，同比增长 21%，为户外广告媒体增速最快的细分媒体，这都表明随着地铁网络的发展，地铁广告市场空间将非常广阔。近年来，XX 省出台《XX 省人民政府关于全力支持 XA 市发展的若干意见》指出，到 2015 年，XA 市集聚功能进一步增强，主要经济指标占全省比重超过 1/4；城市建成面积达到 350 平方千米，城镇人口达到 350 万人，城镇化率为 72%。到 2020 年，XA 市增长极效应全面凸显，主要经济指标占全省比重力争达到 1/3，制造业达到全国先进水平，产业竞争力明显提升，城市建成面积达到 500 平方千米，城镇人口达到 500 万人，城镇化率达到 80%。该文件要求，加速推进地铁 1 号线、2 号线和 CY 大桥等重点工程建设，争取提前建设地铁 3 号线，形成城市立体交通体系。大力发展多式联运，促进铁路、公路、港口、机场、城市公共交通的有效衔接，形成 XA 市到省内主要城市 2 小时、到周边省会城市 3 小时的交通格局。

地铁是城市开创新格局的原动力，以地铁为经济线，人流、物流、信息流、资金流的整合，让地铁广告成为户外媒体新的主导者。随着 XA 市全面整治户外广告牌市场的深入，届时，地铁广告将凭借资源的稀缺性，填补 XA 市户外广告的空白，成为户外广告投放的绝佳选择。可以预见，随着全国城市地铁的快速发展及其承载的客流越来越大，地铁广告行业有望迎来新的发展机遇。

2. 地铁沿线站点区位分析

评估人员于 2014 年 9 月 16～19 日在委估方的协助下，对申报评估的"XA 地铁 1 号线广告经营权"所涉及的 24 个车站进行了现场查勘和调查。主要考察每个车站所处的地段、进出口数量、位置、周边环境、车站及周边的人流量等受众因素、广告经营权的广告视野、视角等客观条件，拍摄了全部站点及周边环境的照片，进行了亲身观察和体验。XA 地铁 1 号线设 24 个站点，现针对每个站点客流量及周边辐射情况进行具体分析，从广告设置的角度分出等级。具体说明如下：

（1）SG站和JQ站。SG站和JQ站相距不远，均地处郊区，周围学校繁多，以大学为主，有XX财经大学、XX理工学院、XX水电学院、XX机电学院、XX交通学院等。学生数量较多，同时有大量小型商店，如小型超市、小型餐馆、理发店等遍布于学校周围。SG站位于XX财经大学连接道路的中段是1号线的起点站，有四个出口，东西方向各两个。JQ站靠近XX交通学院和XX机电学院，该站西南侧有大片潜力用地尚待开发，以高品质居住用地、教育科研设计用地为主。这两个站乘客应该是以学生、教职工以及附近居民为主，学生客流量相对较大。定级为A级。

（2）CJ路站和ZJ路站。CJ路站设于FHB大道、CJ路交叉口，ZJ路站设于FHB大道、ZJ路交叉口，两站距离较近，且其周边规划、定位较为接近，主要为大型居民区及其配套商业、学校、市政设施、医疗卫生等用地，主要包括FH花园、FH家园、LDWT公馆、FH商贸城、XBY大厦及SD附中。由于属于HGT新区，尚处于持续开发阶段，因此该阶段人流量主要为附近居民及学生。随着新区及两个站点发展不断成熟，GJ沿江开发不断推进，途经这两个站点和经过这两个站点出行的人流量将会有较大增长。定级为A+级。

（3）BY桥西站。BY桥西站斜跨LSN大道、FH东大道交叉口，设置为地下二层岛式车站，车站拟与东北侧的TLW地块开发结合。车站周边主要有XXHST制衣厂、市公安局、LJYY有限公司、公交HGT停车场、市人民检察院等。定级为A++级。

（4）LY路站。LY路站设于LY路、FH东大道交叉口，为地下二层岛式车站。车站四周以居民小区为主，西侧有HGT新区管委会、XA市第一医院、新育学校等，东侧有HKL超市、吃名堂酒店等，已建成较齐全的配套设施，客流条件较好。定级为A级。

（5）HZ路站。HZ路站设于FH东大道、HZ路交叉口，为地下二层岛式车站。车站东北为FH花园小区，周边规划以商业金融用地为主，并有少量文化设施用地及行政办公用地，站点将带动周围高密度商业开发，同时也为地铁带来良好的客流。定级为A++级。

（6）DT大厦站。DT大厦站位于HGT新区FH大道以西与SM路口交会处，是XA市地铁1号线和2号线"十字"交叉换乘站，为地下二层岛式车站。在站台西端设一条单渡线，与2号线"T"形换乘，2号线车站与1号线同步设计、同步施工。DT大厦将作为XA市规划五条线地铁线网共用的指挥控制中心。该站位于CBD的核心，周边建筑大多是规划或在建的住宅小区及配套商业，南侧为 JX 国际花园，北侧为规划的 CBD 地标性建筑——LD 中央广场，中央广场地块以东即 XA 市行政中心，并与金融大厦、ZJ 国际大厦相隔不远，可吸引大量的商务、办公、居住客流和换乘客流，客流量很大。定级为 S 级。

（7）QS 广场站。QS 广场站位于 HGT 新区之滨，紧邻行政中心广场，为地下三层岛式车站，1 号出入口直达 QS 广场，QS 广场与 TWG 隔江相望，是一座以喷泉为主题，集旅游、购物、观光为一体的大型休闲广场。该站周围主要有市政单位（XA 市政府、XA 市政协办公厅、XA 市人大）、五星级酒店（XGLL 大酒店、TLK 国际大酒店）、大型写字楼以及居住楼。乘客主要为商业、办公、居住以及旅游观光人员，客流量很大。定位 A++级。

（8）ZS 西路站。ZS 西路站位于 XHT 路以东、HZ 路以西、ZS 西路以北，呈东西走向，是地铁 1 号线从 QS 广场站过江后的首站。本站西临 GJ，东临 FH，周边以住宅区为主，周边交通设施比较便利，有 TWG、省博物馆、省科技馆、省图书馆等，住宅区有 LWBD 花园，酒店有 HTE 大酒店，是文物古迹、历史文化观光纪念点，乘客以居住、旅游、办公为主，客流量一般。定级为 A+级。

（9）ZG 路站。该站位于 ZS 路、ZG 路交叉口东侧，为地下二层岛式车站，站台东端设有停车场。车站北侧有 XA 市采茶剧团、糖烟酒副食品批发公司宿舍、华夏证券有限公司 XX 业务部、工行 XX 省分行宿舍等，南侧有 XABY 商场、中国人民银行 XX 省分行宿舍、市再生资源公司宿舍、市医药公司宿舍、市农业生产资料总公司、XA 市学校等，车站周边建筑密集。定级为 A+级。

（10）BY 馆站。该站位于 ZS 路、XS 北路交叉口东侧，与规划 3 号线十字换乘。车站地处 XA 市商业中心，东北侧有 BS 购物中心、市商业银行、市电子器材公司、XXCF 房地产开发有限公司等，西北侧有市医药公司、HQR 药店、利达旅社、市中医院、市商业城市信用合作社等商业楼，南侧有 TH 百货、XH 商厦、XA 房地产开发公司等，将吸引大量的商业、办公居住客流及换乘客流。ZS 路站周边是 XA 市中心最具活力、最时尚的商业广场，集购物、休闲、娱乐、文化、旅游于一体，客流量很大。定级为 S 级。

（11）BY 广场站。该站位于 BY 大道与 ZS 路交叉口，为地下三层岛式车站，与 2 号线呈斜"T"形换乘，2 号线车站与 1 号线同步设计、同步施工，为地下二层岛式车站。车站地处 XA 市核心区域，西北为 XA 百货大楼，东北为 WRM 购物广场，分别是 XA 传统和新兴的购物中心；西南有省展览中心；BY 广场则是 XA 的窗口和市民活动中心；将吸引大量的商业客流、广场客流、办公客流及换乘客流，客流量很大。定级为 S 级。

（12）DG 路北站。该站设于 BJ 西路、GY 南路交叉口西侧，为地下二层岛式车站。车站西北为省民政厅，北面沿街依次为一排 9~16 层的高楼、5 层或者 6

层的居民楼，东北有 JL 大厦等，西南为省地质局、省人民医院 BJ 西路门诊部等，东南为 HC 大厦、工行 BJ 西路支行、省建筑工程总公司等。客流以办公、居住、商业为主。定级为 A+级。

（13）SD 南路站和 PJ 桥站。SD 南路站和 PJ 桥站分别位于 BJ 西路东段和 BJ 东路西段，距离较近。SD 南路站位于 BJ 西路、SD 南路交叉口，为地下二层岛式车站。车站西北侧为 PJ 桥街道办、PJ 桥派出所、XX 师范大学等，东北侧为省食品公司、影剧院等，南侧为 XX 师范大学附属中学、农行 SD 分理处、SD 南院宿舍等。PJ 桥站位于 BJ 东路、SF 路交叉口东侧，与规划 4 号线换乘。车站西南临近 YD 河，南侧沿河地块内为 PJ 村大片待改造的老建筑；北侧为省设计院、BJ 宾馆、农行湖区支行等。两站属于市区范围，周边环境和定位类似，主要为大中专院校和成熟居民区及各类附属商业。主要包括 BJ 西路社区、WJ 路社区、XW 路社区、半边街社区、XX 省广电局及家属区、HG 社区、JHWS 社区、煤炭大院、XA 工程学院、XX 师范大学。出行人流主要为附近居民和大中专院校师生，对于地铁出行需求较大。定级为 A+级。

（14）XJ 村站。该站设于 BJ 东路、SH 路交叉口。呈东西走向，为地下二层岛式车站。周边建有大型综合体项目 HM 时代广场、CD 百货、东村居民建筑及 XA 大学校区，该站将是城东板块中心区。客流以商业、办公、居住、高校为主。有着丰富的教育资源，为城东商业集聚区。定级为 A++级。

（15）QS 湖大道站。QS 湖大道站设于 BJ 东路和 QS 湖大道交叉口，为地下二层岛式车站。QS 湖大道站的最大特点就是附近社区多，靠近 XX 省第二人民医院，紧邻几所学校，如 XA 大学新校区、XA 技术学院、XA 市城东学校等，站点周边用地规划将适当提高商业办公开发强度，建成以商业功能为主的片区中心站，乘坐地铁的需求量大。定级为 A+级。

（16）GX 大道站。该站设于 BJ 东路、GX 大道交叉口转盘下，为地下二层岛式车站。GX 大道站是 XA 地铁 5 号线换乘站，当时 5 号线尚未开建，但前景较好。车站周边现状主要为住宅，并有商业金融和少量配套设施用地，西北有 TS 工业区、JY 住宅小区等，东北为美食城、JD 城市建设管理委员会筹备处、NY 花园小区等，西南为 SD 大道住宅小区、LZY 住宅小区等，东南为 JD 安居小区，吸引客流条件较好。定级为 A++级。

（17）AX 湖西站。AX 湖西站设于 BJ 东路、YH 大道交叉口，BJ 东路北侧，为地下二层岛式车站。车站西北侧为 TH 村委会、省电信公司 XA 分公司等，东北紧邻 QX 湖，道路南侧有市中级人民法院等。站点设置将与城中村用地和部分荒地的改造开发结合。定级为 A 级。

（18）AX 湖东站。AX 湖东站设于 ZY 大道与 CX 一路交叉口，为地下二层岛式车站，是 XJ 路折返站和 YH 定点修理接轨站。该站紧邻 AX 森林湿地中心，车站周边大多为城市待建区和村庄用地，有少量学校、仓库等，规划该区域以商住、行政办公用地开发为主。定级为 A+级。

（19）TZ 站。该站设于 ZY 大道、YA 公路交叉口，呈东西走向，为地下二层岛式车站。该站除 ZJ 国际广场外，多为空地，无重要建筑物，有待改造和开发，该站客流以商业居住为主，拟规划建成以交通功能为主的片区中心站。因此定级为 A 级。

（20）TX 大道站。该站位于 ZY 大道、TX 大道交叉口，为地下二层岛式车站。车站西北侧有新建高层住宅小区、HY 商住楼、LT 学院等，西南侧有住宅区，东北侧为 XX 师范大学，东南侧为在建 XX 省奥体中心，本站兼顾了路口四个象限的客流，功能较好。定级为 A 级。

（21）AT 中心站。该站位于 YH 西侧的 ZY 大道、XY 路交叉口，为地下二层岛式车站，一期工程线路终点站，西端设一组交叉渡线，东端线路预留将来继续向东延伸的条件。车站周边主要有 XX 师范大学、在建的省奥林匹克体育中心、YH 水上运动中心、YH 风景区等。该站的设置有利于与 TX 大道站共同疏散 AT 中心的突发客流，同时有力支持 YH 风景区的规划和发展，带动 XA 市最大的湖泊——YH 风景区的进一步开发。定级为 A+级。

**表 2-1　地铁 1 号线各站点分级情况**

| 级别 | 站　　点 | 备注（个） |
|---|---|---|
| S | DT 大厦站、BY 馆站、BY 广场站 | 3 |
| A++ | BY 桥西站、HZ 路站、QS 广场站、XJ 村站、GX 大道站 | 5 |
| A+ | CJ 路站、ZJ 路站、LY 路站、ZS 西路站、ZG 路站、DG 路北站、SD 南路站、PJ 桥站、QS 湖大道站、AX 湖东站、AT 中心站 | 11 |
| A | SG 站、JQ 站、AX 湖西站、TZ 站、TX 大道站 | 5 |

3. 地铁 1 号线各个站点广告资源统计

评估人员根据站点空间分布状况和进出口数量，结合列车车上的广告看板尺寸，依据客流量、地区繁华程度以及未来的发展前景，将 XA 地铁 1 号线上 24 个站台在评级的基础上，结合委托方提供的广告分布数量、布局等规定，对每个站台的广告资源种类及部分数量进行整理、汇总，具体如表 2-2 所示。

### 表 2-2　AX 地铁 1 号线媒体广告资源统计

| 站名 | 站点级别 | 广告灯箱(W3200 毫米×H1600 毫米) | | | 梯眉灯箱 | | 梯牌(W500 毫米×H700 毫米) | 车厢内看板(W425 毫米×H595 毫米) |
|---|---|---|---|---|---|---|---|---|
| | | 站台轨行区 | 站厅墙面 | 站厅通道 | | | | |
| | | 数量 | 数量 | 数量 | 数量 | 尺寸 | 数量 | 数量 |
| SG 站 | A | 12 | 14 | 24 | 2 | 2.14 米×1.275 米 | 80 | |
| JQ 站 | A | 12 | 15 | 15 | 2 | 2.14 米×1.4 米 | 80 | |
| JC 路站 | A+ | 18 | 14 | 22 | 2 | 2.14 米×1.255 米 | 80 | |
| ZJ 路站 | A+ | 18 | 21 | 15 | 2 | 2.05 米×1.01 米 | 80 | |
| BY 桥西站 | A++ | 24 | 14 | 23 | 2 | 2.14 米×1.35 米　2.14 米×1.15 米 | 80 | |
| LY 路站 | A+ | 18 | 14 | 19 | 2 | 2.1 米×1 米 | 80 | |
| HZ 路站 | A++ | 24 | 11 | 14 | 2 | 2.05 米×1.4 米 | 80 | |
| DT 大厦站 | S | 30 | 21 | 22 | 1　1　1 | 5.5 米×1.275 米　2.35 米×1.275 米　5.3 米×1.275 米 | 80 | |
| QS 广场站 | A++ | 24 | 18 | 19 | 2 | 5.5 米×1.03 米 | 80 | |
| ZS 西路站 | A+ | 18 | 18 | 3 | 2 | 5.5 米×1 米 | 80 | |
| ZG 路站 | A+ | 18 | 21 | 21 | 2 | 2.07 米×1.53 米 | 80 | |
| BY 馆站 | S | 30 | 9 | 27 | 4 | 2.35 米×1.275 米 | 80 | |
| BY 广场站 | S | 30 | 23 | 20 | 4 | 2.14 米×1.255 米 | 80 | |
| DG 路北站 | A+ | 18 | 16 | 18 | 2 | 2.1 米×0.85 米 | 80 | |
| SD 南路站 | A+ | 18 | 18 | 28 | 2 | 2.14 米×1.94 米 | 80 | |
| PG 桥站 | A+ | 18 | 15 | 33 | 2 | 1.96 米×0.65 米 | 80 | |
| XJ 村站 | A++ | 26 | 17 | 32 | 2 | 2.14 米×1.05 米 | 80 | |
| QS 湖大道站 | A+ | 18 | 15 | 26 | 2 | 2.14 米×1.47 米 | 80 | |
| GX 大道站 | A++ | 24 | 14 | 67 | 2 | 5.4 米×1.23 米 | 80 | |
| AX 湖西站 | A | 12 | 16 | 24 | 2 | 2.14 米×1.24 米 | 80 | |
| AX 湖东站 | A+ | 18 | 21 | 30 | 2 | 2.14 米×1.05 米 | 80 | |
| TZ 站 | A | 12 | 15 | 29 | 2 | 2.14 米×1.47 米 | 80 | |
| TX 大道站 | A | 12 | 17 | 36 | 2 | 2.14 米×1.43 米 | 80 | |
| AT 中心站 | A+ | 18 | 21 | 29 | 2 | 2.14 米×1.25 米 | 80 | 1134 |
| 小计 | | 470 | 398 | 596 | 53 | | 1920 | |
| 合计 | | | 1464 | | 53 | | 1920 | |

注：梯牌数量根据其他城市地铁梯牌数量布局估算，梯眉灯箱的尺寸实际测量获得，其他广告资源数据由委托方提供。

## （二）广告经营权价值评估参数的测算

在本次评估中，广告带来的销售收入，扣除经营中所花费的必要成本费用后的剩余额，必要成本费用后的剩余额［必要成本费用包括设置成本和维护成本、销售费用、管理费用、利息、税金、其他费用以及期望（合理的）利润］，作为委估无形资产的价值。其计算公式为：

期望净利润＝（广告销售收入−设置及维护成本费用−销售费用−管理费用−营业税金及附加−利息−广告评估值 $P_1$）×（1−税率）

$$P_{总} = \sum_{n=1}^{5} P_1 \cdot CPI^{(n-1)} + \sum_{n=1}^{5} P_1 \cdot \frac{第二阶段上刊率}{第一阶段上刊率} \cdot CPI^{(4+n)}$$

式中，$P_{总}$ 为 10 年期广告经营权的价值，$P_1$ 为第一年广告经营权的价值，CPI 为消费者价格指数。

1. 主要参数的选择

（1）收益期阶段划分及上刊率。根据当时全国各地地铁站内广告的实际经营情况，各类广告的上刊率都比较低，地铁广告有一个培育、发展的过程，运营初期广告经营权空置率较高，上刊率低，随着地铁线路的增加，线网的成熟，上刊率会逐渐升高并稳定在一定的水平。同时考虑到 XA 地铁 1 号线 2015 年底建成通车，计划 2015 年后每年建成一条线路，2020 年前基本完成 5 条线网工程建设，故本次评估估算收入时确定分两阶段计算实际上刊率。

第一阶段从地铁 1 号线计划通车的 2016 年至 2020 年，在这期间，形成覆盖 XA 市的地铁基本网络，共 5 年，基准年为 2016 年，广告上刊率平均为 30%；第二阶段从 2021 年至 2025 年，共 5 年，基准年为 2021 年，第二阶段的广告上刊率平均稳定为 50%。

（2）物价指数。经查询国家统计局网站，统计得出全国 CPI（即居民消费指数）月度数据，以此推算年度 CPI 数据，并取 2011 年 8 月至 2014 年 7 月三个年度同比增长数据，取算术平均值得出 CPI 年度同比增长率为 2.90%。计算中考虑了物价上涨因素，每一年销售收入在前一年基础上递增 2.90%。在本次评估中，也以 2.90% 为年收益的平均增长率。

（3）价格调整系数。GDP 是指在一定时期内（一个季度或一年），一个国家或地区的经济中所生产出的全部最终产品和劳务的价值，常被公认为衡量经济状况的最佳指标。GDP 是以"地域"为统计范围，从生产角度衡量经济总量，反映一个地区发展水平。

价格调整系数根据相关城市 GDP 计算，主要是采用各类广告经营权的收入，即根据类似城市的地铁广告经营权收入，通过 GDP 的价格调整，得出被评估城市的该类广告经营权收入，因为地铁主要经过市域，建设目标主要包含便利市民出行，缓解市区交通拥堵，所以客流和广告受众也主要定位为本市居民。因此，我们认为选择城市 GDP 作为比较指标比较有说服力，能较好地体现地区间经济社会发展水平的差异和共同之处，通过比较这些指标，使 XA 城市定位更为准确。我们选择了与 XA 市地位相近、级别相当的城市作为比较对象，目前已有地铁开通的同级别城市有长沙市、郑州市、昆明市、武汉市、杭州市、西安市等，作为 XA 市的比较城市，通过计算 2014 年 GDP 比值作为价格调整系数，在具体比较时，由于资料可得性等方面的原因，会选取不同城市不同地铁线路的广告收入作为比较对象，价格调整系数具体如表 2-3 所示。

表 2-3 以 GDP 比例关系为基础的价格调整系数

| 城市 | 经济总量（亿元） | XA 对比各个城市（GDP） |
|---|---|---|
| XA | 3336.03 | 1.0000000 |
| 昆明 | 3450.00 | 0.9669652 |
| 西安 | 4884.10 | 0.6830388 |
| 郑州 | 6201.90 | 0.5379045 |
| 长沙 | 7153.13 | 0.4663735 |
| 杭州 | 8343.52 | 0.3998348 |
| 武汉 | 9000.00 | 0.3706700 |
| 成都 | 9108.89 | 0.3662389 |
| 广州 | 15420.14 | 0.2163424 |

（4）广告行业的销售净利率。经查询中华全国工商业联合会经济部、中华财务咨询有限公司发布的中华工商上市公司 2013 年度财务指标指数，信息服务类的销售净利率 10.81%，这是包括传媒、计算机应用、通信运营、网络服务等共计 76 家公司均值结果。计算过程中以销售净利率 10.81% 作为广告行业的销售净利率。

（5）贷款利率。经查询中国建设银行六个月至一年期（含六个月）贷款利率为 6%，计算过程中以此作为贷款利率。

（6）广告行业税率。依照广告行业应税科目缴税，地铁广告的相关税目包括应交增值税、城建税、教育费附加、堤防维护费、地方教育费附加以及文化事业建设费，各类项目的具体税率如表2-4所示。

表2-4 广告行业税率

| 项目 | 计税基数 | 税率（%） |
|---|---|---|
| 应交增值税 | 销售收入 | 6 |
| 城建税 | 应交增值税 | 7 |
| 教育费附加 | 应交增值税 | 3 |
| 堤防维护费 | 应交增值税 | 2 |
| 地方教育费附加 | 应交增值税 | 2 |
| 文化事业建设费 | 销售收入 | 3 |

（7）折现率 r 计算。在本次评估中，折现率估算采用累加法，即折现率=无风险报酬率+公司风险报酬率。

1）无风险报酬率。经查询中国财政部2014年（凭证式）三期国债五年期利率为5.41%，以此作为评估无风险报酬率取值。

2）公司风险报酬率。影响预测结果的风险主要有市场风险、管理风险、财务风险。

其一，市场风险。地铁媒体广告属区域性市场，销售收入预测的实现还需要扩大市场区域，开拓新的市场区域存在不确定性。市场开拓投入也将增加，运作是否成功，还需要做出很多努力，同时亦存在一定的不确定性。经过市场风险的打分，得出市场风险系数取值为3.6%，具体过程如表2-5所示。

表2-5 市场风险测算

| 权重 | 考虑因素 | 风险取值（%） | | | | | |
|---|---|---|---|---|---|---|---|
| | | 5 | 4 | 3 | 2 | 1 | 0 |
| 0.4 | 市场容量风险 | | √ | | | | |
| 0.2 | 市场现有竞争风险 | | √ | | | | |
| 0.4 | 市场潜在竞争风险 | | | √ | | | |

市场风险估值=0.4×4%+0.2×4%+0.4×3%=3.6%

其二，管理风险。实现销售收入增长后，广告公司当时的管理团队及管理模式需要适应规模企业管理的需要，需要建立现代企业的管理体系。经过对管理团队风险的打分，得出管理风险系数取值为 2.8%，具体过程如表 2-6 所示。

表 2-6　管理风险测算

| 权重 | 考虑因素 | 风险取值（%） | | | | | |
|---|---|---|---|---|---|---|---|
| | | 5 | 4 | 3 | 2 | 1 | 0 |
| 0.3 | 经营管理团队 | | | | √ | | |
| 0.4 | 安全生产管理 | | √ | | | | |
| 0.3 | 经营管理制度 | | | | √ | | |

管理风险估值 = 0.3×2% + 0.4×4% + 0.3×2% = 2.8%

其三，财务风险。随着销售收入增加和市场扩大，需要扩大经营，会对公司产生资金压力，存在一定的融资风险。由于广告公司的财务活动贯穿于广告经营的整体过程，在资金筹措、资金回收等方面都存在一定的不确定性。经过市场风险的评估，得出市场风险系数取值为 3.6%，具体过程如表 2-7 所示。

表 2-7　财务风险测算

| 权重 | 考虑因素 | 风险取值（%） | | | | | |
|---|---|---|---|---|---|---|---|
| | | 5 | 4 | 3 | 2 | 1 | 0 |
| 0.6 | 融资风险 | | | √ | | | |
| 0.4 | 流动资金风险 | | | √ | | | |

财务风险估值 = 0.6×3% + 0.4×3% = 3.0%

则公司风险报酬率 = 3.6% + 3.0% + 2.8% = 9.4%

3）折现率估算。

r = 5.41% + 9.4% = 14.81%，取整后 r = 15%。

2. 广告经营权评估值的测算

需要评估的广告资源包括广告灯箱、梯眉灯箱、梯牌以及车厢内看板，根据市场调查，实际广告发布成交价格在广告运营商发布的刊例价基础上可下浮，另外考虑 XA 地铁 1 号线预测人流量为每天 20 万人次，综合确定广告灯箱、梯牌以及车厢内看板实际广告发布成交价格在评估确定的刊例价基础上下浮 40%，梯眉灯箱下浮 30%，取定下浮后的价格计算广告销售收入。

（1）广告灯箱。根据委托方提供的资料，站台轨行区广告灯箱、站厅公共区广告灯箱和站厅通道广告灯箱的规格统一为 W3200 毫米×H1600 毫米。同时评估广告资源价值时，地铁广告行业一般以周为单位计算价值，为了计算的方便，本案例将以 4 周为单位进行测算。

1）4 周广告灯箱收入计算。以西安地铁 2 号线、郑州地铁 1 号线各等级车站广告灯箱价格作为取价依据，乘以根据 GDP 计算的价格调整系数后，计算其平均值作为 XA 地铁 1 号线轨行区广告灯箱的价格。另外参照《武汉地铁 4 号线一期工程站内广告资源规划设计报告》，站台轨行区、站厅墙面、站厅通道三个设置地点广告位价值存在差异，按站台轨行区>站厅墙面>站厅通道进行调整，此次评估按站台轨行区价值大于站厅墙面价值 5%，站厅墙面价值大于站厅通道价值 10% 计算。每个广告灯箱各等级站点 4 周收入单价计算如表 2-8 所示。

表 2-8　广告灯箱基准年 2016 年 4 周收入单价计算

| 站点级别 | 2014 年西安地铁 2 号线 | | 2014 年郑州地铁 1 号线 | | 调整后平均值（元/4 周） | 下浮 40% | XA 地铁 1 号线 | | |
| | 价格（元/4 周） | 调整后 | 价格（元/4 周） | 调整后 | | | 站台轨行区 | 站厅墙面 | 站厅通道 |
| S | 55000.00 | 37567.13 | 51000.00 | 27433.13 | 32500.13 | 19500.08 | 19500.08 | 18571.50 | 16883.19 |
| A++ | 45000.00 | 30736.75 | 39000.00 | 20978.28 | 25857.51 | 15514.51 | 15514.51 | 14775.72 | 13432.47 |
| A+ | 35000.00 | 23906.36 | 28000.00 | 15061.33 | 19483.84 | 11690.31 | 11690.31 | 11133.62 | 10121.48 |
| A | 20000.00 | 13660.78 | 20000.00 | 10758.09 | 12209.43 | 7325.66 | 7325.66 | 6976.82 | 6342.56 |

2）年收入计算。年收入按 12 个 4 周各等级收入单价及各站内广告灯箱设置数量进行估算。各类广告灯箱第一阶段各等级基准年 2016 年收入计算如表 2-9 所示。

表 2-9　广告灯箱基准年 2016 年收入计算

| 站名 | 站点级别 | 站台轨行区广告灯箱 | | | 站厅公共区广告灯箱 | | | 站厅通道广告灯箱 | | |
| | | 数量 | 单价（元/4 周） | 总价（万元/年） | 数量 | 单价（元/4 周） | 总价（万元/年） | 数量 | 单价（元/4 周） | 总价（万元/年） |
| SG 站 | A | 12 | 7325.66 | 105.49 | 14 | 6976.82 | 117.21 | 24 | 6342.56 | 182.67 |
| JQ 站 | A | 12 | 7325.66 | 105.49 | 15 | 6976.82 | 125.58 | 15 | 6342.56 | 114.17 |
| JC 路站 | A+ | 18 | 11690.31 | 252.51 | 14 | 11133.62 | 187.04 | 22 | 10121.48 | 267.21 |

续表

| 站名 | 站点级别 | 站台轨行区广告灯箱 | | | 站厅公共区广告灯箱 | | | 站厅通道广告灯箱 | | |
|---|---|---|---|---|---|---|---|---|---|---|
| | | 数量 | 单价<br>(元/4周) | 总价<br>(万元/年) | 数量 | 单价<br>(元/4周) | 总价<br>(万元/年) | 数量 | 单价<br>(元/4周) | 总价<br>(万元/年) |
| ZJ 路站 | A+ | 18 | 11690.31 | 252.51 | 21 | 11133.62 | 280.57 | 15 | 10121.48 | 182.19 |
| BY 桥西站 | A++ | 24 | 15514.51 | 446.82 | 14 | 14775.72 | 248.23 | 23 | 13432.47 | 370.74 |
| LY 路站 | A+ | 18 | 11690.31 | 252.51 | 14 | 11133.62 | 187.04 | 19 | 10121.48 | 230.77 |
| HZ 路站 | A++ | 24 | 15514.51 | 446.82 | 11 | 14775.72 | 195.04 | 14 | 13432.47 | 225.67 |
| DT 大厦站 | S | 30 | 19500.08 | 702.00 | 21 | 18571.50 | 468.00 | 22 | 16883.19 | 445.72 |
| QS 广场站 | A++ | 24 | 15514.51 | 446.82 | 18 | 14775.72 | 319.16 | 19 | 13432.47 | 306.26 |
| ZS 西路站 | A+ | 18 | 11690.31 | 252.51 | 18 | 11133.62 | 240.49 | 3 | 10121.48 | 36.44 |
| ZG 路站 | A+ | 18 | 12950.47 | 279.73 | 21 | 11133.62 | 280.57 | 21 | 10121.48 | 255.06 |
| BY 馆站 | S | 30 | 19500.08 | 702.00 | 9 | 18571.50 | 200.57 | 27 | 16883.19 | 547.02 |
| BY 广场站 | S | 30 | 19500.08 | 702.00 | 23 | 18571.50 | 512.57 | 20 | 16883.19 | 405.20 |
| DG 路北站 | A+ | 18 | 11690.31 | 252.51 | 16 | 11133.62 | 213.77 | 18 | 10121.48 | 218.62 |
| SD 南路站 | A+ | 18 | 11690.31 | 252.51 | 18 | 12302.94 | 265.74 | 28 | 10121.48 | 340.08 |
| PG 桥站 | A+ | 18 | 11690.31 | 252.51 | 15 | 12302.94 | 221.45 | 33 | 10121.48 | 400.81 |
| XJ 村站 | A++ | 26 | 15514.51 | 484.05 | 17 | 14775.72 | 301.42 | 32 | 13432.47 | 515.81 |
| QS 湖大道站 | A+ | 18 | 11690.31 | 252.51 | 15 | 11133.62 | 200.41 | 26 | 10121.48 | 315.79 |
| GX 大道站 | A++ | 24 | 15514.51 | 446.82 | 14 | 16204.99 | 272.24 | 67 | 13432.47 | 1079.97 |
| AX 湖西站 | A | 12 | 7325.66 | 105.49 | 16 | 6976.82 | 133.95 | 24 | 6342.56 | 182.67 |
| AX 湖东站 | A+ | 18 | 11690.31 | 252.51 | 21 | 11133.62 | 280.57 | 30 | 10121.48 | 364.37 |
| TZ 站 | A | 12 | 7325.66 | 105.49 | 15 | 6976.82 | 125.58 | 29 | 6342.56 | 220.72 |
| TX 大道站 | A | 12 | 7325.66 | 105.49 | 17 | 6976.82 | 142.33 | 36 | 6342.56 | 274.00 |
| AT 中心站 | A+ | 18 | 11690.31 | 252.51 | 21 | 11133.62 | 280.57 | 29 | 10121.48 | 352.23 |
| 小计 | | 470 | | 7710 | 398 | | 5800 | 596 | | 7834 |
| 乘以上刊率<br>(30%) | | | | 2313 | | | 1740 | | | 2350 |
| 乘以物价指数<br>(1.029²) | | | | 2449 | | | 1842 | | | 2489 |
| 不含税收入<br>(除以 1.06) | | | | 2310 | | | 1738 | | | 2348 |

（2）梯眉灯箱。梯眉灯箱的规格由于各个进出站口的形状不同而存在差异，这里以实际测量的数据作为评估数据。

1）4周梯眉灯箱收入计算。以西安地铁2号线、昆明地铁1号线各等级车站广告灯箱价格作为取价依据，乘以根据GDP计算价格调整系数后，计算其平均值作为XA地铁1号线梯眉灯箱的价格。梯眉灯箱按照4周的价格测算，广告发布成交价格在评估确定的刊例价基础上下浮30%。

表2-10　梯眉灯箱基准年2016年4周收入单价计算

| 级别 | 西安地铁2号线（2014年） | | 昆明地铁1号线（2014年） | | GDP调整后平均值 | 下浮30% | XA地铁1号线（元/4周/块） |
| | （元/4周/平方米） | GDP调整后 | （元/4周/平方米） | GDP调整后 | （元/4周/平方米） | | |
| --- | --- | --- | --- | --- | --- | --- | --- |
| S | 15956.11 | 10898.64 | 4284.49 | 4142.95 | 7520.80 | 5264.56 | 5264.56 |
| A++ | 11548.16 | 7887.84 | 3104.7 | 3002.14 | 5444.99 | 3811.49 | 3811.49 |
| A+ | 8357.93 | 5708.79 | 2249.78 | 2175.46 | 3942.12 | 2759.49 | 2759.49 |
| A | 6049.01 | 4131.71 | 1630.28 | 1576.42 | 2854.07 | 1997.85 | 1997.85 |

2）年收入计算。年收入按12个4周各等级收入单价及各站内梯眉灯箱设置数量进行估算。各类梯眉灯箱根据站点梯口的形状，分别对每一个站点进出口设置梯眉灯箱进行统计，预测第一阶段各等级基准年2016年收入，具体计算如表2-11所示。

表2-11　梯眉灯箱基准年2016年年收入计算

| 站名 | 站点级别 | 梯眉灯箱 | | | | |
| | | 数量 | 单价（元/4周/平方米） | 面积（平方米） | 单价（元/4周） | 总价（万元/年） |
| --- | --- | --- | --- | --- | --- | --- |
| SG站 | A | 2 | 1997.85 | 2.7285 | 5451.13 | 13.08 |
| JQ站 | A | 2 | 1997.85 | 2.996 | 5985.56 | 14.37 |
| JC路站 | A+ | 2 | 2759.49 | 2.6857 | 7411.16 | 17.79 |
| ZJ路站 | A+ | 2 | 2759.49 | 2.0705 | 5713.52 | 13.71 |
| BY桥西站 | A++ | 1 | 3811.49 | 2.889 | 11011.39 | 13.21 |
| | | 1 | 3811.49 | 2.461 | 9380.08 | 11.26 |

续表

| 站名 | 站点级别 | 梯眉灯箱 | | | | |
|---|---|---|---|---|---|---|
| | | 数量 | 单价<br>（元/4周/平方米） | 面积<br>（平方米） | 单价<br>（元/4周） | 总价<br>（万元/年） |
| LY 路站 | A+ | 2 | 2759.49 | 2.1 | 5794.93 | 13.91 |
| HZ 路站 | A++ | 2 | 3811.49 | 2.87 | 10938.98 | 26.25 |
| DT 大厦站 | S | 1 | 5264.56 | 7.0125 | 36917.73 | 44.30 |
| | | 1 | 5264.56 | 2.99625 | 15773.94 | 18.93 |
| | | 1 | 5264.56 | 6.7575 | 35575.26 | 42.69 |
| QS 广场站 | A++ | 2 | 3811.49 | 5.665 | 21592.09 | 51.82 |
| ZS 西路站 | A+ | 2 | 2759.49 | 5.5 | 15177.20 | 36.43 |
| ZG 路站 | A+ | 2 | 2759.49 | 3.1671 | 8739.58 | 20.97 |
| BY 馆站 | S | 4 | 5264.56 | 0.5975 | 3145.83 | 15.10 |
| BY 广场站 | S | 4 | 5264.56 | 0.5975 | 3145.83 | 15.10 |
| DG 路北站 | A+ | 2 | 2759.49 | 1.785 | 4925.69 | 11.82 |
| SD 南路站 | A+ | 2 | 2759.49 | 4.1516 | 11456.30 | 27.50 |
| PG 桥站 | A+ | 2 | 2759.49 | 1.274 | 3515.59 | 8.44 |
| XJ 村站 | A++ | 2 | 3811.49 | 2.247 | 8564.42 | 20.55 |
| QS 湖大道站 | A+ | 2 | 2759.49 | 3.1458 | 8680.80 | 20.83 |
| GX 大道站 | A++ | 2 | 3811.49 | 6.642 | 25315.92 | 60.76 |
| AX 湖西站 | A | 2 | 1997.85 | 2.6536 | 5301.49 | 12.72 |
| AX 湖东站 | A+ | 2 | 2759.49 | 2.247 | 6200.57 | 14.88 |
| TZ 站 | A | 2 | 1997.85 | 3.1458 | 6284.84 | 15.08 |
| TX 大道站 | A | 2 | 1997.85 | 3.0602 | 6113.82 | 14.67 |
| AT 中心站 | A+ | 2 | 2759.49 | 2.675 | 7381.64 | 17.72 |
| 小计 | | 53 | | 84.93 | | 593.88 |
| 乘以上刊率（上刊率30%） | | | | | | 178.16 |
| 乘以物价指数（1.029²） | | | | | | 188.65 |
| 不含税收入（除以1.06） | | | | | | 177.97 |

（3）梯牌。梯牌的规格应根据上下梯的面积合理布局，由于梯牌制作等存在差异，委托方对梯牌没有做出具体规定，这里参照其他城市地铁的梯牌进行测算，统一按照 W500 毫米×H700 毫米规格进行测算。

1）4 周梯牌收入计算。根据成都地铁 1 号线、昆明地铁 1 号线各等级车站梯牌价格作为取价依据，乘以根据 GDP 计算价格调整系数后，计算其平均值作为 XA 地铁 1 号线梯牌的价格。梯牌按照每块 4 周的价格测算，广告发布成交价格在评估确定的刊例价基础上下浮 40%。梯牌 4 周收入单价计算如表 2-12 所示。

表 2-12　梯牌基准年 2016 年 4 周收入单价计算

| 级别 | 成都地铁 1 号线（2014） | | 昆明地铁 1 线（2014） | | 平均值 | 下浮 40% | XA 地铁 1 号线 |
|---|---|---|---|---|---|---|---|
| | 元/4 周·块 | 调整后 | 元/4 周·块 | 调整后 | 元/4 周·块 | | （元/4 周·块） |
| S | 1683.60 | 616.60 | 605.98 | 585.96 | 601.28 | 360.77 | 360.77 |
| A++ | 1220.00 | 446.81 | 484.79 | 468.78 | 457.79 | 274.68 | 274.68 |
| A+ | 884.06 | 323.78 | 364.50 | 352.46 | 338.12 | 202.87 | 202.87 |
| A | 640.62 | 234.62 | 243.00 | 234.97 | 234.80 | 140.88 | 140.88 |

2）年收入计算。年收入按 12 个 4 周各等级收入单价及各站内梯牌设置数量进行估算。对各类梯牌根据站点布置梯牌分别进行统计，为了测算的方便，这里每一个站点统一取 80 块，预测第一阶段各等级基准年 2016 年收入，具体计算如表 2-13 所示。

表 2-13　梯牌基准年 2016 年年收入计算

| 站名 | 站点级别 | 梯牌 | | |
|---|---|---|---|---|
| | | 数量 | 单价（元/4 周） | 总价（万元/年） |
| SG 站 | A | 80.00 | 140.88 | 13.52 |
| JQ 站 | A | 80.00 | 140.88 | 13.52 |
| JC 路站 | A+ | 80.00 | 202.87 | 19.48 |
| ZJ 路站 | A+ | 80.00 | 202.87 | 19.48 |
| BY 桥西站 | A++ | 80.00 | 274.67 | 26.37 |
| LY 路站 | A+ | 80.00 | 202.87 | 19.48 |
| HZ 路站 | A++ | 80.00 | 274.67 | 26.37 |

续表

| 站名 | 站点级别 | 梯牌 | | |
|---|---|---|---|---|
| | | 数量 | 单价（元/4 周） | 总价（万元/年） |
| 地铁大厦站 | S | 80.00 | 360.77 | 34.63 |
| QS 广场站 | A++ | 80.00 | 274.67 | 26.37 |
| ZS 西路站 | A+ | 80.00 | 202.87 | 19.48 |
| ZG 路站 | A+ | 80.00 | 202.87 | 19.48 |
| BY 馆站 | S | 80.00 | 360.77 | 34.63 |
| BY 广场站 | S | 80.00 | 360.77 | 34.63 |
| DG 路北站 | A+ | 80.00 | 202.87 | 19.48 |
| SD 南路站 | A+ | 80.00 | 202.87 | 19.48 |
| PG 桥站 | A+ | 80.00 | 202.87 | 19.48 |
| XJ 村站 | A++ | 80.00 | 274.67 | 26.37 |
| QS 湖大道站 | A+ | 80.00 | 202.87 | 19.48 |
| GX 大道站 | A++ | 80.00 | 274.67 | 26.37 |
| AX 湖西站 | A | 80.00 | 140.88 | 13.52 |
| AX 湖东站 | A+ | 80.00 | 202.87 | 19.48 |
| TZ 站 | A | 80.00 | 140.88 | 13.52 |
| TX 大道站 | A | 80.00 | 140.88 | 13.52 |
| AT 中心站 | A+ | 80.00 | 202.87 | 19.48 |
| 小计 | | 1920 | | 517.60 |
| 乘以上刊率（上刊率30%） | | | | 155.28 |
| 乘以物价指数（$1.029^2$） | | — | — | 164.42 |
| 不含税收入（除以 1.06） | | | | 155.11 |

（4）4 周车厢内看板收入计算。根据委托方的要求，车厢内看板的规格应统一按照 W425 毫米 ×H595 毫米规格制作，评估时按照委托方的规格要求进行测算。

1）4 周车厢内看板收入计算根据西安地铁 1 号线 2014 年各等级车站梯牌价格作为取价依据，乘以根据 GDP 计算价格调整系数后，作为 XA 地铁 1 号线轨行区车厢内看板的价格。车厢内看板按照每块 4 周的价格测算，广告发布成交价格在评估确定的刊例价基础上下浮 40%。

表 2-14　车厢内看板基准年 2016 年 4 周收入单价计算

| 西安地铁 1 号线（2014）<br>（元/4 周·块） | 调整后<br>（元/4 周·块） | 下浮 40% | XA 地铁 1 号线<br>（元/4 周·块） |
|---|---|---|---|
| 1687.50 | 1317.28 | 790.37 | 790.37 |

2）年收入计算。年收入按 12 个 4 周各等级收入单价及各站内车厢内看板设置数量进行估算。看板以列车车厢布置情况进行统计，在数量统计时，需要根据列车看板的美观、舒适等情况综合考虑，为了测算的方便，根据其他城市地铁看板布置的要求，按照每趟列车 42 块测算，预测第一阶段各等级基准年 2016 年收入，具体计算如表 2-15 所示。

表 2-15　车厢内看板基准年 2016 年收入计算

| 车厢内看板 | 列数×辆数 | 块/辆 | 数量/块 | 单价<br>（元/4 周·块） | 总价<br>（万元/年） |
|---|---|---|---|---|---|
|  | 27×6 | 7 | 1134 | 790.37 | 1075.54 |
| 乘以上刊率（上刊率30%） |  |  |  |  | 322.66 |
| 乘以物价指数（$1.029^2$） |  |  |  |  | 341.65 |
| 不含税收入（除以 1.06） |  |  |  |  | 322.31 |

（5）成本计算。

1）电费计算。根据 XA 地铁 1 号线各类型广告灯箱功率明细表，按每天早 6：00 时开班，晚 11：00 时收班，每天工作 17 个小时，每年工作 365 天，合同约定的每度电 1.06 元计算。站台轨行区广告灯箱电费 = 1.06 元/千瓦·小时× 0.16 千瓦×17 小时/天×365 天×470 个/10000 = 49.46 万元。站厅墙面广告灯箱电费 = 1.06 元/千瓦·小时×0.16 千瓦×17 小时/天×365 天×398 个/10000 = 41.88 万元。站厅通道广告灯箱电费 = 1.06 元/千瓦·小时×0.16 千瓦×17 小时/天×365 天×596 个/10000 = 62.72 万元。梯眉灯箱电费 = 1.06 元/千瓦·小时×0.2 千瓦× 17 小时/天×365 天×53 个/10000 = 6.98 万元。

**表 2-16　XA 市地铁 1 号线广告灯箱各类型功率明细**

| 编号 | 广告类型 | 规格尺寸 | 额定功率 |
|------|----------|----------|----------|
| 1 | 站台、站厅及通道广告灯箱 | 3200 毫米×1600 毫米 | 160 瓦 |
| 2 | 梯眉广告灯箱 | 3200 毫米×1600 毫米 | 200 瓦 |

2）设置制作费。根据市场调查，广告灯箱设置制作费按每个 2000 元，梯牌、车厢内看板按每个 80 元，并且按照每两年重新制作一次。站台轨行区广告灯箱设置制作费 = 2000×470/10000 = 94 万元。站厅墙面广告灯箱设置制作费 = 2000×398/10000 = 79.6 万元。站厅通道广告灯箱设置制作费 = 2000×596/10000 = 119.2 万元。梯眉灯箱广告灯箱设置制作费 = 2000×53/10000 = 10.6 万元。梯牌广告灯箱设置制作费 = 1920×80/10000 = 15.36 万元。车厢内看板设置制作费 = 1134×80/10000 = 9.072 万元。

按照五年进行摊销，则每年站台轨行区广告灯箱、站厅墙面广告灯箱、站厅通道广告灯箱、梯牌、车厢内看板的摊销分别为 47 万元、39.8 万元、59.6 万元、5.3 万元、7.68 万元和 4.536 万元。

3）上刊费、媒体费。根据市场调查，广告灯箱上刊费按每个 200 元，梯牌、车厢内看板按每个 30 元，按每月更换制作一次计算。站台轨行区广告灯箱上刊费 = 200×470×12/10000 = 112.8（万元），站厅墙面广告灯箱上刊费 = 200×398×12/10000 = 95.52（万元）。站厅通道广告灯箱上刊费 = 200×596×12/10000 = 143.04（万元）。梯眉灯箱广告灯箱设置上刊费 = 200×53×12/10000 = 12.72（万元）。梯牌广告灯箱上刊费 = 1920×30×12/10000 = 69.12（万元）。车厢内看板上刊费 = 1134×30×12/10000 = 40.84（万元）。

4）维护保养费。根据市场调查，按销售收入（不含税）的 1%计算。站台轨行区灯箱维护保养费 = 2310×1% = 23.1（万元），站厅墙面灯箱维护保养费 = 1738×1% = 17.38（万元）。站厅通道灯箱维护保养费 = 2348×1% = 23.48（万元），梯眉灯箱维护保养费 = 177.97×1% = 1.78（万元）。梯牌维护保养费 = 155.11×1% = 1.56（万元），车厢内看板维护保养费 = 322.31×1% = 3.22（万元）。

5）物价指数调整。评估采用的价格标准为评估基准日的标准，广告的实际销售收入取得是在 2016 年，故销售收入按物价指数调整到 2016 年。

表 2-17 各类广告第一阶段 2016 年经营成本计算　　　　单位: 万元

| 项目 | 站台轨行区广告灯箱 | 站厅公共区广告灯箱 | 站厅通道广告灯箱 | 梯眉灯箱 | 梯牌 | 车厢内看板 | 合计 |
|---|---|---|---|---|---|---|---|
| 销售收入（不含税） | 2310 | 1738 | 2348 | 177.97 | 155.11 | 322.31 | 7051.39 |
| 电费 | 49.46 | 41.88 | 62.72 | 6.98 | 0 | 0 | 161.04 |
| 设置制作费 | 94 | 79.6 | 119.2 | 10.6 | 15.36 | 9.072 | 327.83 |
| 设施制作费摊销 | 47 | 39.8 | 59.6 | 5.3 | 7.68 | 4.536 | 163.92 |
| 上刊费 | 112.8 | 95.52 | 143.04 | 12.72 | 69.12 | 40.84 | 474.04 |
| 维护保养费 | 23.1 | 17.38 | 23.48 | 1.7797 | 1.5511 | 3.2231 | 70.51 |
| 经营成本合计 | 232.36 | 194.58 | 288.84 | 26.7797 | 78.3511 | 48.5991 | 869.51 |
| 物价指数调整后的经营成本合计（乘以 $1.029^2$） | 246.03 | 206.03 | 305.84 | 28.36 | 82.96 | 51.46 | 920.68 |

（6）费用计算。

1）销售费用。根据市场调查，按销售收入（不含税）的 25% 计算。

2）管理费用。根据市场调查，按销售收入（不含税）的 10% 计算。

表 2-18 各类广告第一阶段 2016 年费用计算　　　　单位: 万元

| 项目 | 站台轨行区 12 封广告灯箱 | 站厅公共区 12 封广告灯箱 | 站厅通道 12 封广告箱 | 梯眉灯箱 | 梯牌 | 车厢内看板 | 合计 |
|---|---|---|---|---|---|---|---|
| 销售收入（不含税） | 2310 | 1738 | 2348 | 177.97 | 155.11 | 322.31 | 7051.39 |
| 销售费用 | 577.50 | 434.50 | 587.00 | 44.49 | 38.78 | 80.58 | 1762.85 |
| 管理费用 | 231.00 | 173.80 | 234.80 | 17.80 | 15.51 | 32.23 | 705.14 |
| 费用合计 | 808.50 | 608.30 | 821.80 | 62.29 | 54.29 | 112.81 | 2467.99 |

（7）税金计算。税金包含应交增值税、城建税、教育费附加、堤防维护费、地方教育费附加以及文化事业建设费，各项费用的计算如表 2-19 所示。

**表 2-19　广告基准年 2016 年营业税金计算**　　　　单位：万元

| 项目 | 站台轨行区广告灯箱 | 站厅公共区广告灯箱 | 站厅通道广告箱 | 梯眉灯箱 | 梯牌 | 车厢内看板 | 合计 |
|---|---|---|---|---|---|---|---|
| 销售收入（不含税） | 2310 | 1738 | 2348 | 177.97 | 155.11 | 322.31 | 7051.39 |
| 应交增值税 | 138.60 | 104.28 | 140.88 | 10.68 | 9.31 | 19.34 | 423.08 |
| 城建税 | 9.70 | 7.30 | 9.86 | 0.75 | 0.65 | 1.35 | 29.62 |
| 教育费附加 | 4.16 | 3.13 | 4.23 | 0.32 | 0.28 | 0.58 | 12.69 |
| 堤防维护费 | 2.77 | 2.09 | 2.82 | 0.21 | 0.19 | 0.39 | 8.46 |
| 地方教育费附加 | 2.77 | 2.09 | 2.82 | 0.21 | 0.19 | 0.39 | 8.46 |
| 文化事业建设费 | 69.30 | 52.14 | 70.44 | 5.34 | 4.65 | 9.67 | 211.54 |
| 税金合计 | 227.3 | 171.03 | 231.05 | 17.51 | 15.27 | 31.72 | 693.85 |

（8）每阶段首年广告经营权未折现评估值计算。

1）第一阶段首年（2016 年）广告经营权未折现评估值计算

根据公式期望净利润 =（广告销售收入-设置及维护成本费用-销售费用-管理费用-营业税金及附加-利息-广告位评估值 $P_1$）×（1-税率），可以测算第一阶段首年（2016 年）广告经营权评估值。其中，第 1 年贷款利息为 $P_1 \times [(1+6\%)^{0.5}-1)]$。

根据市场调查和行业的实际情况，确定期望净利润率按销售收入 10.81% 计算，企业所得税率按 25% 计算。利息按短期半年贷款利率计算，查 2014 年 10 月半年期贷款利率为 6%。

将上述各值代入计算公式计算：广告销售收入×10.81% = ｛广告销售收入-设置及维护成本费用-销售费用-管理费用-营业税金及附加-$P_1[(1+6\%)^{0.5}-1]$-$P_1$｝×(1-25%)

即 $7051.39 \times 10.81\% = \{7051.39 - 920.68 - 1762.85 - 705.14 - 693.85 - [P_1(1.0296-1)] - P_1\} \times 0.75$

有 $P_1 = 1896.40$ 万元。

2）第二阶段首年（2021 年）广告经营权未折现评估值计算。第二阶段上刊率由第一阶段的 30% 提高到第二阶段的 50%，同时考虑物价上涨的因素，根据第一阶段的评估结果调整得到第二阶段首年（2021 年）的评估值。

表 2-20　2021 年广告经营权评估值　　　　　　单位：万元

| 项目 | 2016 年 | 物价调整 | 上刊率调整 | 2021 年 |
|---|---|---|---|---|
| 广告经营权评估值 | 1896.40 | 1.029⁵（1.1537） | 第 1 阶段上升率为 30%，第 2 阶段上升率为 50% | 3646.46 |

（9）十年广告评估现值计算。以各基准年即 2016 年和 2021 年广告经营权评估值为基数，考虑物价上涨因素，CPI 年度同比增长率 2.90%，得出以后各年评估值。

折现率 r 取 15%，十年广告经营权评估现值为 11649.56 万元，计算过程如表 2-21 所示。

表 2-21　十年广告经营权评估值计算　　　　　　单位：万元

| 项目＼年份 | 2016 | 2017 | 2018 | 2019 | 2020 | 2021 | 2022 | 2023 | 2024 | 2025 |
|---|---|---|---|---|---|---|---|---|---|---|
| 广告经营权每年评估值 | 1896.40 | 1951.40 | 2007.99 | 2066.22 | 2126.14 | 3646.46 | 3752.21 | 3861.02 | 3972.99 | 4088.21 |
| 折现系数 | 0.76 | 0.66 | 0.57 | 0.5 | 0.43 | 0.38 | 0.33 | 0.28 | 0.25 | 0.21 |
| 广告经营权折现评估值 | 1441.26 | 1287.92 | 1144.55 | 1033.11 | 914.24 | 1385.65 | 1238.23 | 1081.09 | 993.25 | 858.52 |
| 广告经营权折现评估值合计 | | | | | | | | | | 11377.82 |
| 每年支付广告经营权费用 | | | | | | | | | | 1503.01 |

（10）每年需等额支付的广告经营权费用。考虑资金时间价值，按投资回收系数计算等额年金，每年需等额支付的费用：

$$P_d = 11377.82 \times (A/P, i, n) = 11377.82 \times 0.1321$$
$$\approx 1503.01 \ 万元$$

式中，A/P，i，n 为投资回收系数；i 为按五年期国债利率计算，取 5.41%；

n 为投资年期，n=10。

# 六、评估结论

经过上述过程的测算，XA 地铁 1 号线灯箱、梯牌、车厢内看板 10 年广告经营权，在 2014 年 12 月 31 日的评估价值为 11377.82 万元，平均每年等额支付的广告经营权费用为 1503.01 万元。

# 附录 2　案例使用说明

## 一、教学目的与用途

1. 适用的课程

本案例主要适用于资产评估案例分析课程，也适用于经营权资产价值评估、无形资产评估等课程。

2. 适用对象

资产评估专业学位硕士研究生、普通本科生及高年级专科生，同时也可应用于社会培训中的无形资产相关课程。

3. 教学目的

通过此案例的教学，使学生对运用剩余价值法评估广告经营权的过程有一个基本了解，特别是广告经营权中的上刊率、折现率以及广告收入费用的测算过程，这些需要结合地铁广告经营权的实际情况做出判断，同时对评估目的、价值类型、评估对象和范围、评估基准日、评估方法、评估假设等评估基本事项有一个比较全面的了解，懂得在具体情况下如何确定这些基本评估事项；同时对剩余价值法在地铁广告经营权价值评估中的具体运用有较深入的认识，较好地掌握各类参数的选取和确定，提高学生在评估广告经营权时需要具备的具体问题具体分析和解决的能力。

## 二、启发思考

（1）本案例是有关地铁广告资源经营权价值的评估，请解释地铁广告资源能够带来超额收益的原因，说明广告资源、广告经营权以及广告载体之间的差异是什么？影响广告经营权价值的主要因素有哪些？在评估广告经营权价值过程中，需要对广告经营权的哪些事项进行描述，它与商标权评估、专利权的评估存在哪些差异？

（2）经营权的评估可以分为哪几类？地铁广告经营权有哪些种类，你能说出地铁广告经营权有多少种？各种广告经营权的评估方法有哪些？请说明三种基本评估方法在本案例中的适用性。地铁广告经营权评估的本质含义是什么？对尚未开始营运的地铁项目，该如何进行评估？

（3）评估经营权价值时，需要分析企业的财务报表吗？为什么？本案例需要对地铁集团公司的财务报表进行分析吗？为什么？需要对资产进行清查吗？如果要清查，请列示出资产清查的范围。

（4）地铁广告经营权属于无形资产吗？无形资产的评估方法有哪些？地铁广告收入和地铁站的繁华程度有关，如果要对地铁站划分等级，你认为可以从哪几个方面考虑？

（5）本次评估的折现率是采用风险累加法来确定的，如果采用常见的 CAPM 模型来确定折现率，结果会发生改变吗？试讨论风险累加法和 CAPM 模型测算折现率的异同及各自的优缺点。

## 三、分析思路

本案例的评估对象是地铁部分广告资源的经营权，地铁广告资源除了需要评估的广告灯箱、梯眉灯箱、梯牌、车厢内看板外，还包括品牌列车、语音播报、门帖、窗帖、异形柱、龙门架、LED 显示屏等，对于经营权一般采用收益法来进行预测，但由于 XA 市地铁尚未开通试运行，对未来的收益预测没有历史数据可以参考，评估受到一定的限制，同时由于无形资产成本的弱对称性和虚拟性，这里也不宜采用成本法评估。地铁广告资源经营权的交易市场不活跃，交易数量较少，可选的交易案例显得更少，加上地铁广告资源交易市场属于地区性交易市场，一个城市的地铁经营通常由一家公司承担，直接采用市场法进行评估难度较大，因此本次评估收益法、成本法和市场法皆存在一定的难度，必须寻找其他的评估方法。

在地铁广告经营中，地铁公司通常将地铁广告经营权出售给广告公司，而广告公司再对外发布招商广告，因此可以将地铁广告经营权的花费看作是广告公司的成本，另外广告公司从事生产经营活动，是为了获取期望的利润，因此可以设想存在一个广告公司，其目的是获得该地铁 1 号线的广告经营权，在经营过程中，该公司获得该行业的合理报酬率，因此可以根据设想的广告公司经营收入，再剔除各项成本和广告经营权的费用后，获得期望的利润，如果能够测算出经营收入、各项成本和预期的利润，采用倒算的方法可以测算出广告经营权的价值。具体测算公式如下：

期望净利润＝（广告销售收入－设置及维护成本费用－销售费用－管理费用－营业税金及附加－利息－广告经营权价值）×（1－税率）

广告的销售收入采用同类城市地铁广告市场销售收入，再根据一定的可比因素如 GDP 比例关系进行调整，得出广告公司的销售收入。设置及维护成本、销售费用、管理费用等根据广告公司合理的花费以及正常的经营费用测算，营业税金及附加、利息采用正常广告公司经营的税金及贷款利息测算。

同时，本次评估的广告经营权年限为 10 年，需要考虑物价因素的影响，广告收入相应发生变化，这里可以将收益期划分为两个 5 年，以体现地铁运营期限较长导致的收益逐步增长的过程，也便于理解上刊率发生的变化。具体可以以消费者价格指数为依据，测算价格上涨的因素，根据基准年的价值推算出以后各年的价值，即利用第一阶段基准收益期（2016 年）的广告经营权价值 $P_1$ 推算整个收益期价值 $P_总$ 的价值，具体测算公式如下：

$$P_总 = \sum_{n=1}^{5} P_1 \cdot CPI^{(n-1)} + \sum_{n=1}^{5} P_1 \cdot \frac{第二阶段上刊率}{第一阶段上刊率} \cdot CPI^{(4+n)}$$

$P_总$ 为 10 年期广告经营权的价值，$P_1$ 为第一年广告经营权的价值，CPI 为消费者价格指数。按此方法求出 10 年期内各年广告经营权价值折现求和，求出 10 年灯箱、梯牌、车厢内看板广告经营权总价值。

## 四、理论依据与分析

### 1. 预期收益原则

预期收益原则是指资产的价值不是取决于其过去的生产成本和销售价格，而是由其在评估基准日后能够带来的预期收益额决定，即预期的获利能力。资产价值的高低主要取决于它能够为其所有者或控制者带来的预期收益量多少。本案例根据假设存在一家广告公司，并预期其未来获得收益的原则，采用倒算方法对 XA 市地铁 1 号线的广告收益进行评估，即根据设想的广告公司经营收入，再剔除各项成本和广告经营权的费用后，获得期望的利润，如果能够测算出经营收入、各项成本和预期的利润，采用倒算方法可以测算出广告经营权的价值。

### 2. 地铁站点的分析

地铁广告资产之所以有价值，是因为广告资源能够给乘坐地铁的乘客带来信息，为商家推广产品或者服务，增加商家的潜在消费者，以此为商家带来超额的收益，商家也愿意为此付出一定的费用作为代价，这种代价就是广告经营权。地铁站点的人流量是商家关注的焦点。对地铁站点的分析，就是分析地铁的商业地理区位、进出口的位置、地铁站周边的商业、居民区、学校、医院、行政单位的布局，公共交通的便捷性和通达性，消费群体的性质，这些可以为广告公司的收益分析提供材料支撑，因此，需要对每一个站点做出详细的说明，为后续的收益与成本测算做基础。

3. 地铁广告的经营流程

地铁公司将地铁广告经营权出售给专业的广告公司，广告公司通过专业的渠道发布广告信息，根据客户的产品或者服务需求定制各种广告栏目，当然客户也可以通过媒体、网络、电话、邮件、传真等方法与广告公司联系，就自身需要的各种广告内容进行沟通。初步接触后，广告公司整理客户的信息和要求，整合地铁市场广告资源，对产品或者服务项目进行策划和准备。经过双方的谈判，最终确定广告的设计和服务模式，签订委托设计合同。然后就是按照合同约定，对地铁广告的布置、位置、广告媒体以及印刷纸张、画面等进行确定，完成广告的投放和发布。从这个流程可以发现，一是地铁广告投放和发布由有资质的专业公司完成，地铁广告也必须由专业的广告公司承接，按照相关规定发布广告；二是广告公司也是市场经营主体，在市场中也会获得合理的报酬率；三是取得地铁广告的经营权会构成广告公司的一项成本，广告公司的经营权成本实质上是地铁公司广告经营权的收益。

4. 资金时间价值原则

资金时间价值是指一定量资金在不同时点的价值量的差额。它是随着时间的推移，在资金的周转使用中发生的增值。简单地说，资金的时间价值意味着今天收到的一定金额资金要比一年后收到的同等金额资金更有价值。资金时间价值的实质是资金经历了投资转化为资本，周转使用而产生的增值额，完全是和劳动创造价值相关的，确切地说，是劳动者所创造的剩余价值。因此资金的时间价值是资金经历一定时间的投资和再投资所增加的价值。资金时间价值理论可以发现，一是不同时点上的等量资金具有不同的含金量，因而不能直接比较和简单汇总；二是不同时点上的资金只有借助于资金时间价值换算为同一时点上的价值，才能汇总、比较和分析。

## 五、案例分析关键要点

1. 本案例的关键点

（1）对剩余价值法理解。剩余价值法的思想来源于土地价值的评估，在土地价值评估中，将待估房地产的预期开发价格或价值，扣除预计的正常投入费用、正常税金及合理利润等，以此估算待估房地产的客观合理价格或价值的方法。即房地产开发商购置一块土地开发成房屋出售，为了获得一定的开发利润，开发商首先研究这块土地的内外条件，如坐落位置、面积大小、周围环境、规划所允许的用途、容积率和覆盖率等，并分析房地产市场状况，据此选择这块土地的开发方案；选定了开发方案后，开发商就要预测大楼建成后的总售价，然后计算建造该大楼需要支付的总费用（主要包括前期费、建安工程费、配套费以及利息和税收等），然后开发商就可将楼价减去总开发费用，再减去所要获得的开发利润后余额作为购置该土地最高价格。

这里的开发商类似于广告公司，地铁广告经营权类似于开发商获得的土地，广告公司为了获取正常的合理利润，除了在期初投入获得广告经营权外，还需要投入广告营销费用、设置制作费用、利息等，这些费用类似于土地开发过程中的各项成本，因此可以采用土地价值评估的剩余价值法评估地铁广告经营权的价值。在分析运用剩余价值法时，需要注意以下三点：一是采用这种方法评估出的广告经营权价值是广告公司可以承受的较高的数额，也是地铁公司较为理想的出租广告经营权价值；二是预测的广告销售收入和各项成本必须符合合法原则，符合国家有关广告经营政策和委托方的相关规定；三是广告公司的利润和开发成本为社会正常的平均水平。

（2）地铁广告的特殊性。首先，地铁广告相对于其他的广告媒体有更高的关注度，地铁站环境相对封闭，当人们进入地铁站之后就进入了一个相对封闭的环境中，有他自身相对独立、整体的环境。当经过地铁通道时，会不经意间浏览通道两侧海报，等车时会被站台上的灯箱广告所吸引，开车后由于空间的狭小，车厢内的海报和多媒体则更能吸引人们去阅读。其次，地铁广告的目标受众比较固定，地铁广告的目标受众是乘坐地铁的乘客，而乘坐地铁的乘客多为上班或上学的乘客，他们出行起点和终点相对固定，对相同路段的广告关注度高。最后地铁广告媒体形式多样，地铁广告打破了一般户外广告许多时候以平面广告为主的格局，它将平面广告、电视广告、广播广告和报纸广告等有机地整合在了一起，可以通过多种形式刺激目标受众的感官，实现广告更好的效果。

（3）资金静态价值和动态价值。资金静态价值是指资金的绝对值，即资金在不同时间点上数额相等，它没有考虑资金随时间变化而变化的过程，而资金的动态价值，是资金考虑了时间因素的价值，它考虑了资金随时间变化而变化的过程，即同样数额的资金在不同的时间点上具有不同的价值，资金的增值特性。

静态价值和动态价值的差异主要是看是否考虑了资金时间价值因素，如考虑资金在周转过程中随着时间的推移而发生增值，使资金在投入、收回的不同时点上价值不同，形成了价值差额。本案例中每一年的广告经营权价值是静态的价值，将每一年的价值加总后是静态价值，但如果考虑资金的时间价值，将每一年的广告经营权价值折现再加总，可以得到动态价值，一般情况下动态价值小于静态价值。在资产评估中，结果一般采用动态价值。

2. 关键知识点及能力点

（1）对评估对象和范围的认识。本案例评估的是 XA 地铁 1 号线的部分广告经营权，而广告经营权为买方带来的价值可以通过广告载体实现，根据委托方的资产评估申报书，本次评估的对象具体为 XA 地铁 1 号线的站厅广告灯箱、站台广告灯箱、通道广告灯箱、梯眉灯箱、梯牌和列车内看板，这些都是常规的地铁媒体广告，而对其他的广告载体如车门帖、车窗帖、屏蔽门帖、站厅墙帖、柱帖等广告形式；LED 数码广告屏等，委托方并没有要求评估，因此本次评估对象只是地铁 1 号线的部分广告经营权，而并不是全部的广告经营权。

评估范围为 XA 地铁 1 号线所涉及的全部资产，包括地铁站内的全部设施设备、列车、通道、站台、轨道、进出口等。在评估时，需要实地清查这些资产的使用状态、保养、安装运行等情况。

（2）地铁各个站点分析及广告资源统计。地铁各个站点的分析是对广告资源价值分析的基础，评估的地铁 1 号线涉及 24 个站点，将这些站点按照客流量、地区繁华程度以及未来的发展前景进行归类，是本案例评估的关键点之一，在评估过程中，评估人员根据站点空间分布状况和进出口的数量，将线路的站点分为4 个等级，每一个等级的各类广告发布价格存在一定差异，这样就容易判断出不同等级站点各类广告的价位。

同时，在地铁站点分级的基础上，依据委托方提供的广告分布数量、布局等规定，对每一个站点的广告资源数量进行统计、整理和汇总，列示出各个站点的广告灯箱、站台广告灯箱、通道广告灯箱、梯眉灯箱和列车内看板的数量、面积，明确测量单位，对委托方没有明确的梯牌等，可以根据实际情况进行估算，以确定各类广告资源的计价数量。

（3）剩余价值法的测算公式包含的参数。剩余价值法被认为是成本法的倒算方法，在具体运用此方法时，应能够明确该方法所包含的各种参数，在本案例中，采用广告公司经营的这几类广告所带来的收入，扣除经营中所花费的必要成本费用，包括设置成本和维护成本、销售费用、管理费用、利息、税金、其他费用以及期望（或合理的）利润后的余额，作为委估无形资产的价值，涉及的参数包括期望净利润、广告销售收入、设置及维护成本费用、销售费用、管理费用、营业税金及附加、利息和税率以及待测算的评估价值。

同时，由于广告经营权的经营时间较长，需要考虑物价上涨因素和上刊率变化带来每年价值上的差异，本案例将 10 年经营期分为两个阶段，分别预测前 5 年和后 5 年起始年份的广告经营权价值，再对各自以后各年的价值进行价格指数调整，以此作为物价上涨的调整因素；同时，将 10 年经营期的上刊率也分为前 5 年和后 5 年两个阶段，每个阶段上刊率也会存在一定的差异，对前后 5 年分别采用不同的上刊率，以反映上刊率是一个连续增加的过程。起始采用两个阶段不同上刊率来说明上刊率的变化。

需要理解刊例价的含义，它是指广告公司对外报出的价格，根据媒体的知名度、发行量、发行区域等因素，会核定自己定价的刊例价格，客户在跟广告公司进行交涉时，会在刊例价的基础上给出一定的销售折价。

$$P_{总} = \sum_{n=1}^{5} P_1 \cdot CPI^{(n-1)} + \sum_{n=1}^{5} P_1 \cdot \frac{第二阶段上刊率}{第一阶段上刊率} \cdot CPI^{(4+n)}$$

（4）主要参数的选择与确定。采用剩余价值法评估时，涉及的参数较多，需要对每一个参数给出明确的含义及选择的依据。这里主要介绍以下几个参数：一是收益期阶段划分及上刊率，地铁广告有一个培育、发展的过程，运营初期广告经营权空置率较高，上刊率低，随着地铁线路的增加，线网的成熟，上刊率会逐渐升高并稳定在一定的水平。经过对全国各地地铁站内广告的实际经营情况调查，估算收入时分两阶段计算实际上刊率，分别为 30% 和 50%。二是物价指数，广告经营属于第三产业的服务消费品，物价指数采用居民消费指数比较合适，并采用三个年度同比增长率数据，说服力较强。三是价格调整系数，在测算各个广告所带来的收入时，采用同类城市地铁的同类广告收入进行调整，这里就涉及价格调整系数的确定，本案例采用国内生产总值的比例关系作为价格调整系数，因为地铁主要经过市域，建设目标主要是便利市民出行，客流和广告受众主要定位为本市居民，选择城市 GDP 作为比较指标比较有说服力。四是广告行业的销售净利润率，采用了传媒行业、计算机应用行业、通信运营行业、网络服务行业等共计 76 家公司的均值，作为行业的销售净利率。五是广告行业税率，依照广告行业应税科目缴税，地铁广告的相关税目包括应交增值税、城建税、教育费附加、堤防维护费、地方教育费以及文化事业建设费，并以此作为行业的税率。

（5）主要参数的选择与确定。折现率是一种期望投资报酬率，是指投资者在投资风险一定的情况下，对投资所期望的回报率。折现率由无风险报酬率和风险报酬率组成。在本次评估中，折现率估算采用风险累加法，采用无风险报酬率加公司风险报酬率方法进行测算。在具体测算过程中，无风险报酬率取国家财政部 2014 年（凭证式）三期国债五年期利率。无风险报酬率则分为市场风险、管理风险和财务风险三种，通过表格测算，对可能出现的风险种类进行打分，累加得到公司的风险报酬率。

（6）评估基本事项的确定。能够根据本案例分析出评估目的、评估对象、评估方法、评估基准日、价值类型、评估结果等基本事项，并用准确的语言表述上述评估基本事项。

## 六、建议课堂计划

1. 课时安排

本案例总共安排 5 课时。第 1 课时对案例进行介绍讲解，第 2 课时、第 3 课时、第 4 课时小组讨论，第 5 课时做讨论总结。

2. 黑板板书布置

黑板板书分三个版面：第一版面是案例背景介绍和启发性思考题的列示；第二版面是关键问题的列示，主要包括评估思路、评估方法、参数选择、评估基本事项确定等；第三版面是小组问题讨论的结果以及对讨论问题的点评，这里分小组逐项列示，以便各小组成员能够对问题有更清晰认识和更准确的理解。

投影仪可以将背景和问题分别列示出来，关键知识点以提纲的形式列示。

3. 案例背景了解

在开始案例教学时就需要学生掌握案例背景，有关的材料可以在第 1 课时让学生熟悉，边讲解边解答学生的疑问。按照本案例的相关背景，介绍评估目的、评估方法、评估假设、评估测算、评估结果相关的主要背景情况，在介绍过程中，有意识引导学生就上述评估的主要基本事项进行思考。

4. 小组分组

本案例以 25 人班级为宜，分为 5 个小组，每个小组 5 人。

5. 小组讨论内容

（1）市场法、成本法、收益法各自的特点，三种基本方法对本案例的适用性。

（2）本案例评估的目的、价值类型、假设条件、评估基准日等基本事项如何确定以及确定的理由。

（3）本案例可以采用哪一种或者几种评估方法，请给出理由以及如何测算其中的参数。

（4）地铁广告资源主要有哪些？其经营权价值如何实现？

（5）地铁广告经营的流程是怎样的？如何实现客户的广告投放？

（6）本案例可以采用剩余价值法吗？采用剩余价值法需要满足什么条件？其测算公式如何确定？公式中的参数如何确定？

（7）什么是资金的时间价值，对地铁广告经营权价值进行评估时，为什么要考虑资金时间价值？评估结果需要采用资金时间价值的动态结果吗？

（8）本案例的假设和限制条件是什么？评估结果如何确定。

6. 案例开场白和结束总结

（1）开场白。本案例是评估实务中的真实案例，XA 地铁集团有限公司拟将其拥有的 XA 地铁 1 号线部分广告资源的经营权进行拍卖，为拍卖价格提供价值参考而进行的评估。对广告经营权价值的评估，首先需要对评估对象有一个清晰的认识，在了解了相关的背景资料后，依据资产评估准则的相关要求，逐项确定评估目的、评估基准日及评估方法和假设条件等事项。其次确定评估的技术路线，采用剩余价值法测算广告经营权的价值。然后是明确本次评估的范围，并结合广告行业状况、城市经济水平、地铁沿线站点个数、布局、站内的面积等，分析其上刊率、价格调整系数、物价变动指数等主要参数。最后是评估报告书的撰写，这里要求每个小组的评估报告按照完整评估报告书规范撰写，基本事项按先后顺序排列，确定依据要清晰、完整、有据可查，在此基础上提交评估报告。

（2）结束总结。本案例主要介绍了采用剩余价值法评估广告灯箱、梯眉灯箱、梯牌和列车内看板的广告经营权价值。本案例有三点值得深入考虑和学习：一是根据广告经营期限较长的特点，将价值测算分两个阶段进行，通过物价指数和上刊率的不同分别测算每一个阶段的价值。二是采用风险累加法来确定折现率，最终评估结果以动态的价值形式表示，风险累加法是无风险报酬率加上风险报酬率，一般情况下，无风险系数采用长期国债的到期收益率确定，而有风险的报酬率是考虑无形资产价值实现的可能性，将风险进一步分为市场风险、财务风险和管理风险，采用专家直接打分的方法或者德尔菲法确定各自的风险报酬率，加总后得到风险报酬率。三是需要掌握剩余价值法的实质，虽然该方法来源于土地价值的评估，但在无形资产广告经营权的评估中，也可以借鉴该种方法测算经营权价值。这里要求每一个小组提交案例报告，在各小组提交案例后，根据各小组案例撰写的情况，就其主要思路和测算过程进行评价，内容包括评估目的、评估对象、价值类型、评估假设、评估基准日、评估方法和参数选择确定依据，以及整个报告的撰写规范、文字表述、用词规范、逻辑结构等，并指出其合理的地方以及存在的不足，以后在实务当中应该关注的问题等。

7. 案例的组织引导

在开场白和相关资料介绍之后，可以组织每个小组对案例的背景进行讨论，明确评估需要关注的知识要点和内容，并提出各个小组的评估技术路线；然后对案例的具体材料进行分析，确定可采用的评估方法以及如何选择评估方法，通过小组讨论的形式确定评估方法，并要求比较各种方法的适用条件。再就评估的有关事项进行小组讨论，如评估步骤、评估基准日、评估对象和范围、假设和限制条件、评估参数确定等，对于像评估参数确定这样的关键点可以让学生充分讨论，提出自己的观点，再综合比较点评。接下来是评估方法中涉及的各种参数，如收入、成本和费用有关问题的预测，根据时间多少和学生水平的高低，可以让学生分组，既可以让每个小组讨论一两个问题，也可以让每个小组讨论整个案例的问题。最后是按照评估准则的规范，要求每个小组撰写一份完整的评估报告。

小组讨论可以将讨论内容分给不同的小组，各小组内容可互不相同，也可以每个小组完成整个报告的内容，具体视人数和学生水平高低来确定。

## 七、案例的后续进展

案例在课堂进行讨论后，各小组可以单独完成评估报告内容，也可以每个小组完成评估报告的一部分，规定在一定时期内上交，并确定课后点评的时间。

本案例虽然是真实的评估案例，但案例中有一些问题也可以进一步探讨，如物价指数是否可以用传媒行业的指数代替，销售收入的预测是否可以采用人流量的比值，而不是采用国内生产总值的比值，上刊率的变化是否可以多分几个档次测算等，这些问题可以在未来做进一步探讨。

## 八、其他教学支持材料

1. 计算机支持

计算机要能够接通互联网，具备供至少5个小组同时上网的接线工具。

2. 技术支持

参与案例小组的学生能够熟练使用 Word、Excel 等常用办公软件，具备可查询各类资源的网址。

3. 查询功能支持

教学单位具备上网查阅 Wind 金融数据库或者是巨灵金融服务平台有关信息的条件。

4. 多媒体教学设施设备支持

可以通过 PPT 等形式播放案例的背景资料、启发性问题等内容，增进学生对案例材料的理解。

5. 数据资料或者链接网址

本案例评估所需要的相关数据资料或者链接网址。

# 案例三

## 制药公司拟进行混合所有制
## 改革的企业价值评估

近年来，国内许多制药公司通过混合所有制改革，在公司治理、董事会建设、经营激励、公司战略、资源整合等方面，已呈现出了一定的优势。同时，为了进一步巩固和扩大制药公司的市场占有率，JY 制药公司拟进行混合所有制改革，委托 HS 评估机构对 JY 制药公司的价值进行评估。

本案例实施开始于 2013 年 10 月 20 日，评估人员按照资产评估准则的要求，与行业专家及 JY 制药公司的相关人员就 JY 制药公司的评估问题进行了必要沟通，经过一系列的操作程序和测算，形成了本案例的主体内容。本案例来源于评估实践的真实案例，它反映了制药企业价值评估的特点，具有一定的典型性和代表性。在使用该案例之前，需要先对制药企业、价值评估、折现率等基本概念有基本的认识，同时对制药企业所处的市场环境、国内外医药产品市场竞争状况、有关医药行业的国家政策、药品的使用规定以及评估案例中公司的过去、现在和未来发展趋势有所了解。一般认为，企业价值评估主要方法有收益法、市场法和资产基础法，在使用这些方法之前需要对这些方法的使用条件和前提有一个大致了解，为企业的价值评估使用做好准备。本案例充分展示了制药企业价值评估的关键问题，制药企业混合所有制改革价值评估的知识点以及各个参数的选取过程，所以选用该案例作为教学案例比较适合。

本案例的评估委托方为 JY 制药公司，它是一家专门以研发、生产和销售药品为主的公司，成立后至评估基准日期间，JY 制药公司在中医药片剂的生产规模、制造技术、企业管理和科研开发上，均处于国内较高的水平。经营范围不断拓展，从原料药到中成药形成了一系列的知名品牌，在同行业中处于领先地位，并在非处方药产品市场建立了自己的品牌特色和运营模式，在市场竞争中具有一定的优势地位。

# 一、评估的基本事项

## （一）委托方简要介绍

JY 公司位于 N 市东城区开发区工业园，成立于 1996 年，注册资金为 9000 万元，营业面积为 10000 多平方米，是中部地区规模较大的制药公司。JY 公司拥有员工近 1500 名，它的经营范围如下：硬胶囊剂、原料药（蚓激酶）、糖浆剂、片剂、颗粒剂、口服液、膏滋剂的生产及销售；糖类、巧克力和糖果，饮料（蛋白质饮料类、固体饮料类）的生产与销售；保健食品的生产与销售。

JY 制药公司在中医药片剂中的生产规模、制造技术、设备管理和科研开发上，均处于国内较高水平。经营范围涵盖了抗生素原料药、制剂和中成药，品种多达 20 多种，并形成了含片、消食片、健胃片等一系列拳头产品，占有相当市场份额，在同行业中居于领先地位。在非处方药产品市场建立了自己的品牌特色和运营模式。其中，JY 含片、JY 消食片分别荣获"百姓信赖药品品牌"，"JY"品牌为中国驰名商标。

## （二）评估目的

JY 制药公司为了改善公司的治理结构，推进公司股权的多元化，引入社会资本进行混合所有制改革，因此，本次评估的目的是对纳入改制范围的全部资产及负债进行评估，为股权多元化改制的经济行为提供价值参考依据。

## （三）价值类型

根据评估目的和评估对象的特点，考虑到评估结果的使用等并无特别限制和要求，确定本次评估结论的价值类型为市场价值。

市场价值是指自愿买方和自愿卖方在各自理性行事且未受任何强迫压制的情况下，对评估对象在评估基准日进行正常公平交易的价值估计数额。之所以采用市场价值类型是因为市场价值类型与其他价值类型相比更能反映交易双方的公平性与合理性，使评估结论能满足本次评估目的的需要。

## （四）评估对象和范围

本次评估是为 JY 制药公司进行混合所有制改革提供价值参考意见，评估对象为 JY 制药公司在评估基准日的企业全部股东权益价值，评估范围为 JY 公司在评估基准日所拥有的全部资产及负债。

## （五）评估基准日

根据委托方意见，结合评估目的，确定本次评估的评估基准日为 2013 年 12 月 31 日。

评估基准日是资产评估价值所对应的时间点，评估值就是资产在评估基准日时的价值，一般采用年月日来表示。一般而言，评估基准日的确定应该有利于经济行为的发生或者实现，有利于资产清查和减少资产评估的事项调整，该日期的确定可以由委托方和评估机构共同协商确定。

## （六）评估依据

1. 行为依据

JY 制药公司与 HS 评估公司签订的委托书等。

2. 法规依据

国务院 1991 年第 91 号令发布的《国有资产评估管理办法》；国家国有资产管理局国资办发〔1992〕36 号通知印发的《国有资产评估管理办法实行细则》和国资办发〔1996〕23 号通知转发的《资产评估操作规范意见（试行）》；财政部财评字〔1999〕91 号通知印发的《资产评估报告基本内容与格式的暂行规定》等。

3. 产权依据

大宗设备购置发票、车辆行驶证等。

4. 评估准则依据

《资产评估准则——基本准则》《资产评估准则——企业价值评估准则》等。

5. 其他相关法规及经济资料

JY 制药公司董事会决议等。

# 二、资产清查简要说明

## （一）资产清查的范围

列入本次清查范围的资产是 JY 公司于评估基准日所拥有的全部资产，主要包括流动资产、非流动资产和负债。其中流动资产主要是指货币资金、应收票据、应收账款、预付款项、应收利息、应收股利、存货及其他流动资产，而非流动资产包括固定资产、在建工程、无形资产——土地使用权、机器设备、递延所得税资产、长期应收款及其他非流动资产。负债包括流动负债和非流动负债。流动负债包括短期借款、应收票据、应收账款，预付款项、应交税费及一年内到期的其他非流动负债。非流动负债包括长期借款、应付债券、长期应付款、专项应付款、预计负债、递延所得税负债和其他非流动负债。

## （二）清查核实的过程

资产清查应按照如下程序进行：建立资产清查说明；组织清查人员学习有关政策规定，掌握有关法律、法规和相关业务知识，以提高财产清查工作的质量；确定清查对象和清查范围，明确清查任务；制定清查方案，具体安排清查内容、时间、步骤、方法，做好清查前的必要准备；确定清查原则，按照先清查数量、核对账簿记录，再认定物品质量的原则进行；填制盘存清单。

# 三、评估思路

本次评估的目的是为 JY 制药公司进行混合所有制改革提供服务，其评估的价值是 JY 制药公司的企业价值，鉴于此，本次评估的思路需要注意以下几点：

一是需要明确 JY 制药公司的价值内涵，一般认为如果是为了混合所有制改革，其评估的价值应该是股权价值，即可能需要转让的股权价值。由于公司在未来还需要持续经营，能够产生未来的收益现金流，所以收益法是可以运用的方法之一。市场法由于市场此类企业交易的活跃程度较低，可比实例的选择存在一定困难，所以不宜采用该方法。资产基础法没有考虑到资产整体形成的收益能力，有可能造成企业价值的低估，故也不宜采用该方法。因此，本案例最终采用收益法进行评估。

　　二是本案例的 JY 制药公司已有经营历史并产生了较好的收益，能够根据企业历史收益对未来的现金流进行预测。根据同类上市公司的经营状况对折现率进行换算求取，以获得估价对象的折现率。一般情况下对企业价值进行评估时，会认为企业的经营永续存在，所以收益期限可以认为是无限年。这样收益法中的各种参数都可以测算出来，进而评估出企业的价值。

　　三是在评估企业运营资产价值的基础上，再加上企业的长期股权投资、溢余资产、非经营性资产等没有参与企业经营的资产价值，就可以得到企业全部资产的价值，再减去企业付息负债的价值，便可以得出企业股权的价值。其评估的模型为股东全部权益价值=经营性资产价值+非经营性资产价值+溢余资产价值−基准日有息负债价值，故采用收益法对其进行评估。收益法测算的具体步骤如下：其一，预测 JY 制药公司的销售收入；其二，预测 JY 制药公司的各项成本；其三，测算 JY 制药公司股权价值的折现率，并计算经营性资产的价值；其四，分析测算 JY 制药公司的长期股权投资、溢余资产、非经营性资产等没有参与企业经营的资产价值；其五，根据股东全部权益价值计算公式，计算 JY 制药公司在评估基准日的股东权益价值。

# 四、评估技术说明

## （一）评估方法的选择

企业价值的评估方法通常有收益法、资产基础法和市场法三种。

### 1. 收益法

收益法是指通过将被评估企业预期收益资本化或折现，以确定评估对象价值的评估方法。收益法评估必须具备以下四个前提条件：一是投资者在投资某个企业时所支付的价格不会超过该企业未来预期收益折算成的现值。二是能够对企业的生产经营期限作出合理的预测。三是能够对企业未来收益进行合理预测。本案例根据对 JY 制药公司经营现状、经营计划及发展规划了解以及对其所依托的相关行业、市场竞争的研究分析认为，该公司在同行业中具有竞争力，在未来时期里具有可预期的持续经营能力和盈利能力，具备采用收益法评估的条件，故采用收益法评估。

2. 资产基础法

资产基础法是指在合理评估企业各项资产价值和负债的基础上，确定评估对象价值的评估思路。由于被评估企业有完备的财务资料和资产管理资料可以利用，资产再取得成本的有关数据和信息来源较广，资产重置成本与资产的现行市价存在内在联系和替代关系，本次评估采用资产基础法也是可行的。

但考虑到本案例的评估对象为股东权益价值，需要反映出企业资产的整体获利能力这一特点，所以资产基础法的运用受到一定的限制。

3. 市场法

市场法是指将评估对象与市场上已有交易的案例进行比较，通过修正交易案例资产的价值来评估资产价值的方法。由于本案例评估在国内资本市场缺乏与被评估企业类似或相近的可比企业，股权交易市场不发达，难以取得类似企业的股权交易案例，故本次评估不适宜采用市场法。

基于本案例的评估目的，考虑评估方法本身的合理性、效率性，评估人员决定采用收益法对 JY 制药公司的企业价值进行评估，具体计算公式如下：

企业全部价值=经营性资产价值+长期股权投资价值+溢余及非经营性净资产价值

股东全部权益价值=企业全部价值–有息负债价值

其中，有息负债指基准日账面上需要付息的债务，经营性资产价值按以下公式确定：

$$P = \sum_{i=1}^{t} \frac{R_i}{(1+r)^i} + \frac{P_n}{r} \times \frac{1}{(1+r)^t}$$

其中，P 为委估资产于 2013 年 12 月 31 日经营性资产的市场价值；$R_i$ 为委估资产未来第 i 年预期自由现金流；r 为折现率，由资本资产定价模型确定；t 为逐年预测时的末期；$P_n$为永续年期第 1 年经营现金流收益额；i 为收益计算年期。

## （二）评估假设

由于企业所运营环境的变化以及影响资产价值因素会发生变化，必须建立一些假设以便资产评估师能够对资产进行价值评估，支持所得出的评估结论。本次评估是建立在以下前提和假设条件下的：

1. 基本假设

一是公开市场假设，公开市场假设是对资产拟进入的市场条件，以及资产在这样的市场条件下受何种影响的一种假定说明或限定。二是持续使用假设，该假设设定被评估资产正处于使用状态，并推断这些处于使用状态的资产还将继续使用下去。

2. 一般假设

一般假设包括国家对被评估单位所处行业的有关法律法规和政策在预测期无重大变化；社会经济环境及经济发展除社会公众已知变化外，在预测期无其他重大变化；国家目前的税收制度除社会公众已知变化外，无其他重大变化；本次评估测算各项参数取值均未考虑通货膨胀因素；被评估企业的经营模式、盈利模式没有发生重大变化。

3. 具体假设

具体假设包括由被评估单位提供的与评估相关的财务报表、会计凭证、资产清单及其他有关资料真实、完整；被评估单位会计政策与核算方法在评估基准日后无重大变化等内容。

当上述假设条件发生变化时，评估结果一般会失效或者当出现与上述假设条件不一致的事项发生时，本评估结果一般会失效。

## （三）评估程序实施过程及情况

根据国家有关部门关于资产评估的规定，按照资产评估业务约定书，评估人员已实施了对被评估单位提供的法律性文件与会计记录以及相关资料的核对，对资产进行实地查看与核对，并取得了相关的产权证明文件复印件，进行了必要的评估调查工作以及认为有必要实施的其他资产评估程序。资产评估的过程如下：

1. 接受委托阶段

了解被评估单位组织架构和机构分布以及经营业务特点，明确了评估目的、评估对象及范围和评估基准日。

2. 清查核实阶段

首先根据项目要求指导被评估单位清查资产，填报资产评估申报表、准备评估资料。其次在企业如实申报资产并对委估资产进行全面自查的基础上，对纳入评估范围内的资产和负债进行了抽查核实，包括评估对象真实性和合法性的查证、账面价值构成的调查、评估资料的收集以及了解并分析企业的生产、管理和经营情况等。

3. 评定估算阶段

依据评估各项准则及国家相关的法律法规，结合委估资产情况及评估资料收集情况确定评估方法，根据各类资产的作价方案，明确评估参数和价格标准，收集相关作价资料，进行评定估算工作。

4. 汇总并审核阶段

项目组完成初稿，最终汇总确定评估结果，并对项目组提供的评估明细表、评估说明、评估报告及相关的工作底稿进行了全面审核并提出具体的审核修改意见和建议，完善后将评估报告征求意见稿提供给委托方交换意见。

5. 出具报告阶段

在将评估结果与委托方沟通后于 2013 年 12 月 31 日正式出具评估报告。

# 五、评估测算过程

## （一）宏观经济、医药行业及市场竞争分析

1. 宏观经济分析

2013 年上半年国内生产总值 248009 亿元，按可比价格计算，同比增长

7.6%。第二产业增加值 117037 亿元，增长 7.6%；第三产业增加值 112350 亿元，增长 8.3%，从环比来看，第二季度国内生产总值增长 1.7%。2013 年上半年城镇居民人均总收入 14913 元。其中，城镇居民人均可支配收入 13649 元，同比名义增长 9.1%；扣除价格因素实际增长 6.5%，增速比第一季度回落 0.2%。在城镇居民人均总收入中，工资性收入同比名义增长 8.7%，经营净收入增长 8.5%，财产性收入增长 14.0%，转移性收入增长 9.4%。农村居民人均现金收入 4817 元，同比名义增长 11.9%；扣除价格因素实际增长 9.2%，增速比第一季度回落 0.1 个百分点。

为确保 2020 年全面建成小康社会目标的实现，中央明确提出"十三五"时期中国经济年均增长至少要达到 6.5%，既要将经济增长稳定在合理区间，又要坚持不懈地推进结构性改革，从简政放权到建立市场准入"负面清单"，从鼓励创新创业到为企业减税降费，顶层设计推进行政管理体制、财税、金融、价格、国企等领域改革，在全面深化改革上不断发力，着力推进制度创新，在推进经济结构性改革中为中国经济创造新供给、释放新需求、打造新动力。无论是供给侧结构性调整、企业转型升级，还是适度扩大总需求、稳定经济增长，进而培育新的发展动能，增强经济持续增长新动力，改革都将贯穿始终，发挥着牵引和引领的作用，助推中国经济持续向好的方向发展。

2. 我国医药行业发展趋势分析

改革开放以后，我国医药工业进入了快速增长期，年均增长率接近 20%，发展速度高于国内生产总值的增长速度。

（1）医药行业发展的影响因素。我国医药行业发展具有以下几个方面的影响因素：

一是医疗保险制度的建立。1998 年中国开始建立城镇职工基本医疗保险制度，2002 年又在农村着手建立新型农村合作医疗制度。预计我国将继续加大在医疗费用中的投入，同时扩大医疗保险的范围，城镇医疗保险覆盖面的扩大以及农村合作医疗的全面推广将是主要的手段。二是零售市场以医院为主，药店为辅。按药品销售的总量来计算，医院销售的药品总额占我国药品销售总量 70%~80% 的份额，药店的销售量占有 20%~30% 的份额。从产品的构成来看，医院销售的药品以处方药为主，而药店则以非处方药为主。我国医院药品销售中存在药品价格虚高的普遍现象，这主要是由于我国医院以药养医的医疗体制造成的，无论是医院还是医生都把药品销售中产生的利润作为收入的来源。三是消费者健康意识不断提高。随着社会整体对生命价值认识的改变，消费者健康意识不断提高，在促进健康、拯救生命方面的消费意愿增强，用于医疗保健的支出总量不断增长，对需要终身使用的药物和未治愈疾病药物重视程度提高，这些来自消费市场的主观需求增长对医药行业增长起到了较大的拉动作用。四是随着医疗技术水平的提高，一些不被认识的疾病逐渐被发现，伴随着居民生活水平的不断提高，心脑血管疾病、糖尿病、高血压、肿瘤等疾病发病率逐渐升高，对药物的客观需求增长加快。五是中国老年人口数量日益增长，部分大型城市出现人口老龄化的趋势，导致对医药的需求增大。

（2）医药行业发展趋势。总体而言，医药行业呈现的发展趋势可以概括为两点：

其一，宏观经济发展持续趋好，为医药行业的发展提供了良好的外部环境：①国民经济总体运行态势良好，居民卫生支付能力增强；②医药市场需求活跃，2010年，中国医药市场总量达4800亿元人民币，预计未来将继续保持较高的增长速度。

其二，医药分销产业处于全面竞争时代，行业集中度呈上升趋势，行业规模化特征凸显：①销售额和利润向大型企业集中趋势明显；②医药分销产业进入微利时代，利润增幅下降；③做大规模、控制终端已成为医药分销企业的关键点；④竞争具有明显的区域特性。

3. 市场竞争分析

（1）细分市场分析。JY制药公司主要产品有消食片和JY含片。消食片和JY含片分属消化用药类细分市场和咽喉用药类细分市场。

1）消化药市场的竞争对手分析。国内消化药细分市场由中成药和西药构成。JY牌消食片在中药类消化药细分市场中处于优势地位，是中药类消化药的领导品牌。在知名度、美誉度、已有市场占有率和潜在市场占有率等方面均遥遥领先于其他消化类药品品牌。根据南方医药经济研究所的统计数据，2013年JY牌消食片在中药类消化药的市场占有率75%，成为名副其实的消化药第一品牌。

在中药类消化药市场，JY制药公司竞争对手有武汉JM的消食片、广州CLJ的保济丸等，但其市场份额与JY牌消食片相比差距很大。根据南方医药经济研究所的统计数据，2012年JM消食片、保济丸的市场占有率仅为3%、1.5%。JY牌消食片的主要竞争对手是西药类消化药的代表西安YS的吗丁啉。JY消食片在所有年龄阶段群体中都占有较大的市场份额，且在年轻人中的市场占有率高于其在老年人中的市场占有率。

从大区分布来看，JY消食片在华南地区的市场竞争力相对较弱，知名度和市场占有率均显著低于其他大区，保济丸在华南地区享有盛誉，明显领先于JY消食片和其他品牌，在华东地区，JY消食片则与吗丁啉旗鼓相当，没有明显的领先优势。

2）咽喉用药市场的竞争对手分析。

JY 含片是 20 世纪 90 年代初期国内咽喉用药的领导品牌。随着市场竞争的加剧和产品进入成熟期，JY 含片的市场份额有所滑坡。2004 年后，JY 含片在咽喉用药市场的市场占有率处于第二位。2006 年以来，得益于公司的销售渠道覆盖，JY 含片的销售快速回升。当时国内咽喉用药市场基本形成 JSZ 喉宝、JY 含片、XGS 润喉片三足鼎立的格局。根据南方医药经济研究所的统计数据，2012 年 JSZ 喉宝、含片、XGS 润喉片在咽喉用药的市场占有率分别为 38%、22% 和 15%。JY 亮嗓、胖大海糖、华素片和 JM 咽喉片也具有一定竞争力，排在咽喉用药公司的第二方阵，但对咽喉用药的第一方阵公司基本不构成威胁，其他品牌竞争力则较弱。

（2）市场竞争优势和劣势分析。

1）JY 制药公司的优势分析。

一是品牌优势。JY 制药公司是国内较早利用媒体进行产品推广的制药企业。作为地处中部地区 JY 市的国有制药企业，JY 制药公司坚持拓展中成非处方药的市场化道路，成功推出了 JY 含片、JY 牌消食片等拳头产品。经过十多年的发展，"JY" 已经成为中成非处方药领域具有强大影响力的领导品牌，在消费者心中树立了良好的品牌形象，获得了较高的品牌认知度和美誉度。

二是营销优势。根据中成药和化学药的销售特点，JY 制药公司分别建立了完善的销售体系。在中成药销售方面建立了由 150 多家经销商、1430 家分销商和 10 多万家药店、医院等销售终端组成的覆盖全国的营销网络，商业渠道覆盖率达 90% 以上、终端覆盖率达 85% 以上。在化学药销售方面建立了由 440 多家经销商、130 家分销商、主要面向省会、县级销售终端的营销体系。JY 制药公司对营销渠道实施区域目标管理，通过签订厂家、经销商和分销商三方协议，加强对分销商的支持与服务，同时直接对零售终端进行支持与服务，使企业资源在一级经销商、分销商、零售终端各环节进行优化配置。

三是规模优势。JY 制药公司在国内中成非处方药领域，特别是中药类消化药和咽喉用药细分市场具有较强的规模优势。根据全国医药统计网统计，JY 制药公司 2005 年销售收入和利润总额在全国医药工业企业排名第 51 位和第 85 位；根据南方医药经济研究所的统计数据，企业主导产品消食片、JY 含片在中药类消化药市场和咽喉用药市场中的占有率分别为 75% 和 22%。

四是生产优势。JY 制药公司拥有德国 FETTE 公司的 P3200 型压片机、德国 UHLMANN 公司的 UPS1070 全自动铝塑包装生产线、意大利 IMA 公司的 1000 型沸腾制粒机和 700 型无孔包衣机等国际先进的制药设备、检测仪器，全部设备均是由计算机系统控制，片剂生产线的产品质量、自动化程度、生产效率均达到国际领先水平，在规模、生态环境、生产能力等方面均居国内前茅。

五是信息化管理优势。JY 制药公司自行开发了《JZ-1 经营管理网络系统》，使用计算机管理企业的经营活动。同时引进了美国 SSA 公司的 BPCS 软件，全面管理产、供、销业务及财务活动；引进了 SAP 信息管理系统，将企业生产经营纳入 ERP 管理平台。实现了管理信息化、经营科学化，保证了产品物流及时配送，并可每天对产品的销售和货款回笼进行跟踪，加速产品供应和货款回笼。

2）JY 制药公司的劣势分析。

一是主导产品将步入成熟阶段。当时 JY 制药公司收益主要依靠消食片和含片两大非处方产品，预计未来几年消食片和含片将步入成熟阶段，销售增长速度可能放缓。未来 JY 制药公司需要开发适应市场的新产品，并利用企业现有的营销体系迅速占领市场，以丰富产品线，从而延续产品生命周期。

二是处方药营销体系尚未建立。JY 制药公司建立了完善的中成非处方药和化学药销售体系，在实践中也取得良好的销售业绩，但是当时尚未建立其他处方药销售体系，这在一定程度上限制了 JY 制药公司其他处方药产品的开发和销售。

## （二）经营性资产价值评估

经营性资产价值评估以未来财务数据预测为基础，以企业 2010～2013 年的实际经营业绩为基础，结合企业当时的生产经营状况和与管理层进行沟通的情况，对企业未来的经营数据做出预测。

1. 各年现金流量预测

（1）企业的主要产品说明。JY 制药公司主要经营非处方药类产品，主要产品有 JY 消食片、JY 含片、JY 亮嗓等。JY 消食片是 JY 制药公司的名牌产品，主治脾胃虚弱、消化不良。其主要的药物组成有太子参、陈皮、山药、麦芽、山楂等。JY 消食片所选用的成分都是国家批准的药食两用原料，因此适合日常食用。从 2010 年各品牌的消费者研究数据分析，消费者对 JY 消食片功效的满意度高达 80%以上。1995 年，JY 消食片被列入国家中药保护品种；1999 年，JY 消食片被列入第一批甲类非处方药；2003 年，因其确切的效果和安全副作用小，列入国家乙类非处方药。

JY 含片是 JY 制药公司另一主打产品。具有疏风清热、消肿止痛、清利咽喉的功效。目前含片市场形成了 JSZ 喉宝、XGS 含片和 JY 含片三足鼎立的局面，JY 含片的市场占有率为 12%，消费者对 JY 含片在解决咽喉痛、干、痒等咽喉不适问题的功效方面的评价与主要竞争对手金嗓子喉宝和西瓜霜含片无明显差异。

JY 亮嗓是 JY 制药公司新推出的产品，是以胖大海、乌梅、菊花、橘红、薄荷脑、薄荷油等为主要原料制成的保健食品。具有清咽润喉（清咽）的保健功能，适宜所有咽喉不适者。目前 JY 亮嗓的市场占有率为 3%，尚未形成竞争优势。

（2）对未来年度营业收入的估算。JY 制药公司主要经营非处方类产品，主要产品有 JY 消食片、JY 含片、JY 亮嗓等，我们对营业收入的预测主要是针对企业 2010~2013 年收入情况和企业未来经营计划进行。

2010~2013 年的 JY 含片、消食片、蚓激酶肠溶胶囊、亮嗓、其他产品的平均销售收入增长率分别为 19.12%、22.26%、4.43%、-34.51%、124.76%，具体数据如表 3-1 所示。

表 3-1　企业 2010~2013 年销售收入情况　　　　　　　单位：万元

| 项目　　　　　年份 | 2010 | 2011 | 2012 | 2013 |
|---|---|---|---|---|
| JY 含片 | 7330 | 8800 | 11800 | 12180 |
| 消食片 | 29100 | 43980 | 50720 | 50880 |
| 蚓激酶肠溶胶囊 | 459 | 590 | 500 | 500 |
| 亮嗓 | 26089 | 2110 | 1690 | 1830 |
| 其他产品 | 730 | 97 | 185 | 870 |
| 合计 | 63708 | 55577 | 64895 | 66260 |

由于公司产品的销售受到季节性影响较大，加上新产品问世和市场竞争越来越激烈，未来部分产品的销售增长不会像 2010~2013 年的增长率那样高，综合判断未来五年 JY 含片、消食片的销售增长率逐步下降，蚓激酶肠溶胶囊的销售增长率会基本趋于稳定、亮嗓的降幅也会逐步减缓，预测 JY 含片未来五年平均销售收入增长率分别为 20%、16%、11%、9% 和 7%，消食片未来五年平均销售收入增长率分别为 22%、17%、13%、10% 和 7%，蚓激酶肠溶胶囊未来五年平均销售收入增长率分别为 4%、3%、2%、1% 和 1%，亮嗓未来五年平均销售收入增长率分别为 -20%、-15%、-12%、-10% 和 0%，其他产品未来五年的收入存在较大的不确定性，取前四年的销售收入值作为预测值。企业未来年度销售收入预测如表 3-2 所示。

表 3-2 未来五年销售收入预测 单位：万元

| 年份\项目 | 2014 | 2015 | 2016 | 2017 | 2018 |
|---|---|---|---|---|---|
| JY 含片 | 14616.00 | 16954.56 | 18819.56 | 20513.32 | 21949.25 |
| 消食片 | 62073.60 | 72626.11 | 82067.51 | 90274.26 | 96593.46 |
| 蚓激酶肠溶胶囊 | 520.00 | 535.60 | 546.31 | 551.78 | 557.29 |
| 亮嗓 | 1464.00 | 1244.40 | 1095.07 | 985.56 | 985.56 |
| 其他 | 470.50 | 470.50 | 470.50 | 470.50 | 470.50 |
| 合计 | 79144.10 | 91831.17 | 102998.95 | 112795.42 | 120556.07 |

（3）对未来年度主营业务成本的预测的估算。主营业务成本主要包括原材料费用、人工费、燃料动力费和制造费用等，主营业务成本与销售收入存在一定的比例关系，对制药公司而言，这种比例关系一般而言比较稳定，可以采用该公司 2010~2013 年主营业务成本与和销售收入的比率，来预测未来五年的主营业务成本。经过测算，JY 公司 2010~2013 年主营业务成本情况如表 3-3 所示。

表 3-3 未来五年主营业务成本 单位：万元

| 年份\项目 | 2010 | 2011 | 2012 | 2013 |
|---|---|---|---|---|
| JY 含片 | 3150 | 3400 | 4845 | 4922 |
| 消食片 | 13000 | 16600 | 21220 | 20200 |
| 蚓激酶肠溶胶囊 | 272 | 330 | 315 | 630 |
| 亮嗓 | 1565 | 866 | 734 | 750 |
| 其他 | 55 | 61 | 104 | 264 |
| 合计 | 18042 | 21257 | 27218 | 26766 |

2010~2013 年的 JY 含片、消食片、蚓激酶肠溶胶囊、亮嗓、其他产品的主营业务成本占销售收入比率的平均值分别为 40.77%、40.99%、76.05%、32.86%、39.25%，考虑公司未来仍然按照原有的生产经营进行，本次预测公司的主营业务成本按照上述平均值的比率乘以销售收入作为主营业务成本，具体预测如表 3-4 所示。

表 3-4　未来五年主营业务成本预测　　　　　单位：万元

| 项目 ＼ 年份 | 2014 | 2015 | 2016 | 2017 | 2018 |
|---|---|---|---|---|---|
| JY 含片 | 5958.95 | 6912.39 | 7672.75 | 8363.3 | 8948.73 |
| 消食片 | 25443.97 | 29769.44 | 33639.47 | 37003.42 | 39593.66 |
| 蚓激酶肠溶胶囊 | 395.45 | 407.31 | 415.46 | 419.61 | 423.81 |
| 亮嗓 | 481.13 | 408.96 | 359.89 | 323.9 | 323.9 |
| 其他 | 184.65 | 184.65 | 184.67 | 184.67 | 184.67 |
| 合计 | 32464.15 | 37682.75 | 42272.24 | 46294.9 | 49474.77 |

（4）对未来年度其他业务利润的预测估算。JY 制药公司其他业务利润主要由废料出售、材料出售、包装物出租出售、劳务费等产生，占主营业务收入的比重较小，其他业务利润由其他业务收入减去其他业务支出得到，2010~2013 年其他业务利润如表 3-5 所示。

表 3-5　　2010~2013 年其他业务利润情况　　　　　单位：万元

| 项目 ＼ 年份 | 2010 | 2011 | 2012 | 2013 |
|---|---|---|---|---|
| 收入 | 80 | 130 | 80 | 120 |
| 支出 | 36 | 35 | 28 | 35 |
| 其他业务利润 | 116 | 165 | 108 | 125 |

企业的材料销售不会每年都发生，未来发生存在很大不确定性，因此对材料销售不予预测；废料出售收入、包装物出租出售收入、劳务费收入和其他劳务所得收入等以后年度仍会继续发生。我们依据历史年度发生额预测企业未来年度其他业务利润。具体预测如表 3-6 所示。

表 3-6　　未来五年其他业务利润的预测　　　　　单位：万元

| 项目 ＼ 年份 | 2014 | 2015 | 2016 | 2017 | 2018 |
|---|---|---|---|---|---|
| 收入 | 112 | 129 | 148 | 170 | 196 |
| 支出 | 28 | 32 | 37 | 42 | 49 |
| 其他业务利润 | 140 | 161 | 185 | 212 | 245 |

（5）对未来年度增值税、销售税金及附加的预测估算。JY 制药公司生产销售的产品按销售收入的 17% 计算销项税额，并扣除进项税额后的差额计缴。城建税和教育费附加税率分别为增值税的 7%、3%。增值税、销售税金及附加预测如表 3-7 所示。

表 3-7　未来五年增值税、销售税金及附加预测　　　　单位：万元

| 序号 | 项目 | 2014 年 | 2015 年 | 2016 年 | 2017 年 | 2018 年 |
|---|---|---|---|---|---|---|
| 1 | 应交增值税 | 7722 | 8843 | 10016 | 11413 | 13028 |
| 2 | 城市维护建设税 | 541 | 619 | 701 | 799 | 912 |
| 3 | 教育费附加 | 232 | 265 | 300 | 342 | 391 |
| | 合计 | 8495 | 9727 | 11017 | 12554 | 14331 |

（6）对未来年度销售费用的估算。JY 制药公司的销售费用主要包括销售人员工资、福利费、运输费、办公费、差旅费、宣传费、样品费、广告费、咨询费等。其中，金额比较大的有销售人员工资、运输费、广告费、样品费、宣传费、咨询费，具体销售费用如表 3-8 所示。

表 3-8　2010～2013 年销售费用　　　　单位：万元

| 项目 \ 年份 | 2010 | 2011 | 2012 | 2013 |
|---|---|---|---|---|
| 工资 | 39 | 93 | 144 | 120 |
| 职工福利费 | 6 | 13 | 19 | 6 |
| 运输费 | 595 | 625 | 668 | 690 |
| 折旧费 | 1 | 2 | 3 | 9 |
| 会议费 | 1 | 1 | 2 | 9 |
| 办公费 | 3 | 6 | 6 | 3.5 |
| 广告费 | 4733 | 12929 | 15656 | 17052 |
| 差旅费 | 18 | 38 | 44 | 49 |
| 租赁费 | 27 | 32 | 34 | 28 |
| 样品费 | 285 | 277 | 236 | 93 |
| 宣传费 | 1 | 804 | 204 | 69 |

续表

| 项目＼年份 | 2010 | 2011 | 2012 | 2013 |
|---|---|---|---|---|
| 业务招待费 | 2 | 3 | 3 | 4 |
| 其他 | 57 | 232 | 159 | 49 |
| 保险费 | 1 | 1 | 1 | 9 |
| 注册登记费 | 1 | 2 | 3 | 2 |
| 咨询费 | 127 | 127 | 34 | 175 |
| 合计 | 5897 | 15185 | 17216 | 18367.5 |

　　根据企业历史年度发生的费用情况，对销售人员工资、运输费、广告费、样品费、宣传费、咨询费进行预测，其他费用发生的金额比较小，直接采用前四年的平均值测算。销售人员的工资是根据公司的销售计划，预测未来将增加销售人员 5 人，按照每人年工资 8 万元测算。运输费与销售收入存在一定的比例关系，前四年的运输费用占销售收入的比例分别为 3.30%、2.94%、2.45%、2.58%，取其平均值 2.82% 作为未来运输费用占销售收入的比例。广告费用也与销售收入存在一定的比例关系，前四年的运输费用占销售收入的比例分别为 26.23%、60.82%、57.52%、63.71%，根据调查分析，这段时间是由于市场竞争激烈和产品销售的需要，加大了广告投入的力度，根据与管理层的沟通，预计未来广告投入会以较大的幅度下降，大致保持在销售收入的 15% 水平，这里取销售收入的 15% 作为未来广告费用占销售收入的比例。样品费与新的产品研发相关，预测未来的新产品研发保持现有的水平，即未来五年的产品研发费用取前四年的平均值测算。宣传费、咨询费与公司未来的发展规划相关，经过与公司管理层沟通，未来的宣传支出和咨询费用与前几年相比，不会有太大的出入，因此，分别以前四年的平均值作为未来五年的预测值。企业未来五年销售费用各项预测值如表 3-9 所示。

表 3-9　企业未来五年销售费用预测　　　　　　单位：万元

| 项目＼年份 | 2014 | 2015 | 2016 | 2017 | 2018 |
|---|---|---|---|---|---|
| 工资 | 160.00 | 160.00 | 160.00 | 160.00 | 160.00 |
| 职工福利费 | 11.00 | 11.00 | 11.00 | 11.00 | 11.00 |

续表

| 项目 \ 年份 | 2014 | 2015 | 2016 | 2017 | 2018 |
|---|---|---|---|---|---|
| 运输费 | 2231.86 | 2589.64 | 2904.57 | 3180.83 | 3399.68 |
| 折旧费 | 3.75 | 3.75 | 3.75 | 3.75 | 3.75 |
| 会议费 | 3.35 | 3.35 | 3.35 | 3.35 | 3.35 |
| 办公费 | 4.45 | 4.45 | 4.45 | 4.45 | 4.45 |
| 广告费 | 11871.62 | 13774.68 | 15449.84 | 16919.31 | 18083.41 |
| 差旅费 | 30.55 | 30.55 | 30.55 | 30.55 | 30.55 |
| 租赁费 | 24.95 | 24.95 | 24.95 | 24.95 | 24.95 |
| 样品费 | 178.95 | 178.95 | 178.95 | 178.95 | 178.95 |
| 宣传费 | 216.35 | 216.35 | 216.35 | 216.35 | 216.35 |
| 业务招待费 | 3.15 | 3.15 | 3.15 | 3.15 | 3.15 |
| 其他 | 100.15 | 100.15 | 100.15 | 100.15 | 100.15 |
| 保险费 | 3.15 | 3.15 | 3.15 | 3.15 | 3.15 |
| 注册登记费 | 2.35 | 2.35 | 2.35 | 2.35 | 2.35 |
| 咨询费 | 93.35 | 93.35 | 93.35 | 93.35 | 93.35 |
| 合计 | 14938.98 | 17199.81 | 19189.91 | 20935.64 | 22318.59 |

（7）对企业未来年度管理费用预测。管理费用包括管理人员工资、福利费、折旧费、差旅费、运输费、保险费、租赁费、修理费、咨询费、诉讼费、检验费、绿化费、物料消耗、低值易耗品摊销、坏账准备、工会经费、职工教育经费和其他费用等。JY 制药公司的管理费用具体如表 3-10 所示。

表 3-10　2010~2013 年管理费用　　　　　　　单位：万元

| 项目 \ 年份 | 2010 | 2011 | 2012 | 2013 |
|---|---|---|---|---|
| 工资 | 769.08 | 844.33 | 828.84 | 634.39 |
| 福利费 | 108.66 | 118.58 | 114.56 | 27.63 |
| 折旧费 | 350.99 | 455.65 | 749.78 | 662.25 |
| 办公费 | 196.25 | 84.09 | 56.27 | 86.34 |

续表

| 项目 \ 年份 | 2010 | 2011 | 2012 | 2013 |
|---|---|---|---|---|
| 差旅费 | 154.45 | 111.27 | 152.85 | 108.42 |
| 运输费 | 73.75 | 94.86 | 98.80 | 97.01 |
| 保险费 | 28.42 | 27.50 | 38.23 | 41.97 |
| 租赁费 | 530.98 | 524.00 | — | — |
| 修理费 | 68.10 | 72.66 | 23.45 | 10.83 |
| 咨询费 | 61.04 | 346.45 | 223.69 | 183.75 |
| 诉讼费 | 1.76 | 3.65 | 7.97 | -3.41 |
| 检验费 | 12.65 | 11.77 | 1.25 | 4.15 |
| 绿化费 | 3.70 | — | 18.58 | — |
| 物料消耗 | 70.72 | 71.44 | 9.69 | 24.84 |
| 低值易耗品摊销 | 68.55 | 18.61 | 1.29 | 5.28 |
| 坏账准备 | 579.00 | 280.97 | 273.38 | — |
| 无形资产摊销 | 395.85 | 1174.30 | 1133.00 | 963.09 |
| 业务招待费 | 148.94 | 116.21 | 197.65 | 170.29 |
| 工会经费 | 36.27 | 37.67 | 48.19 | 18.63 |
| 职工教育经费 | 16.50 | 36.79 | 25.29 | 47.13 |
| 劳动保险费 | 303.05 | 380.39 | 292.37 | 143.97 |
| 税金 | 81.30 | 82.89 | 125.39 | 95.86 |
| 材料（存货）盘盈亏 | 43.95 | — | — | |
| 出国经费 | 4.68 | 9.15 | 7.07 | 6.26 |
| 劳保用品 | 17.93 | 24.91 | 6.46 | 15.45 |
| 审计费 | 67.40 | 38.15 | 40.28 | 40.85 |
| 上缴规费 | 232.45 | 45.04 | 11.77 | 60.13 |
| 住房公积金 | 42.51 | 43.39 | 44.31 | 26.82 |
| 其他费用 | 134.27 | 145.92 | 306.62 | 70.66 |
| 技术开发费 | 750.16 | 1094.06 | 994.27 | 1004.53 |

续表

| 项目＼年份 | 2010 | 2011 | 2012 | 2013 |
|---|---|---|---|---|
| 董事会费 | 41.37 | 37.17 | 29.13 | 24.75 |
| 燃料 | 164.61 | 5.97 | — | — |
| 会务费 | 9.91 | 15.95 | 22.44 | 13.70 |
| 注册费 | — | 0.03 | 0.07 | — |
| 招聘费 | 1.81 | 0.55 | 2.02 | 1.81 |
| 水电费 | 82.26 | 187.20 | 208.49 | 140.49 |
| 计提的存货跌价准备 | -7.66 | 252.51 | 14.10 | — |
| 劳务费 | 7.02 | 24.20 | 66.89 | 10.62 |
| 停工损失 | — | — | — | 24.57 |
| 残疾人保障基金 | — | — | 13.22 | 2.40 |
| 合计 | 5652.67 | 6818.26 | 6187.63 | 4765.50 |

在管理费用中，租赁费为临时租赁附近厂房存放原料，预期后期不会发生，预测该项费用为零。绿化费费用不常发生，后期预测不做考虑。材料（存货）盘盈盘亏发生次数很少且金额非常小，后期预测不做考虑。坏账准备和计提的存货跌价准备属于备抵项目，在评估资产时已经考虑到资产在估价时点的价值中，该类项目评估的价值按照零来处理。注册费为公司研发的专利注册费用，金额非常小，后期预测不做考虑。

其他管理费用根据 JY 制药公司未来发展规划，结合以前年度实际发生的历史资料做出预测，具体预测结果如表 3-11 所示。

表 3-11 未来五年管理费用预测 单位：万元

| 项目＼年份 | 2014 | 2015 | 2016 | 2017 | 2018 |
|---|---|---|---|---|---|
| 工资 | 712.83 | 734.21 | 756.24 | 778.92 | 802.29 |
| 福利费 | 99.8 | 102.79 | 105.87 | 109.05 | 112.32 |
| 折旧费 | 723.79 | 724.99 | 812.49 | 987.49 | 1162.49 |

特殊类型资产评估案例

续表

| 项目 \ 年份 | 2014 | 2015 | 2016 | 2017 | 2018 |
|---|---|---|---|---|---|
| 办公费 | 101.73 | 109.86 | 118.65 | 128.15 | 138.4 |
| 差旅费 | 139.58 | 153.53 | 168.89 | 185.78 | 204.35 |
| 运输费 | 117.36 | 129.09 | 142 | 156.2 | 171.82 |
| 保险费 | 49.76 | 54.73 | 60.21 | 66.23 | 72.85 |
| 修理费 | 12.02 | 13.22 | 14.54 | 15.99 | 17.59 |
| 咨询费 | 183.27 | 201.59 | 221.75 | 243.93 | 268.32 |
| 诉讼费 | 7 | 7 | 7 | 7 | 7 |
| 检验费 | 4.61 | 5.07 | 5.58 | 6.14 | 6.75 |
| 物料消耗 | 29.02 | 31.92 | 35.11 | 38.62 | 42.48 |
| 低值易耗品摊销 | 6.54 | 7.19 | 7.91 | 8.7 | 9.57 |
| 无形资产摊销 | 1152.84 | 1268.13 | 1394.94 | 1534.43 | 1687.88 |
| 业务招待费 | 235.79 | 259.37 | 285.3 | 313.83 | 345.22 |
| 工会经费 | 20.5 | 22.55 | 24.8 | 27.28 | 30.01 |
| 职工教育经费 | 54.57 | 60.03 | 66.03 | 72.63 | 79.9 |
| 劳动保险费 | 191.39 | 210.53 | 231.58 | 254.74 | 280.21 |
| 税金 | 137.91 | 151.7 | 166.87 | 183.56 | 201.91 |
| 出国经费 | 7.5 | 7.5 | 7.5 | 7.5 | 7.5 |
| 劳保用品 | 16.99 | 18.69 | 20.56 | 22.62 | 24.88 |
| 审计费 | 45 | 45 | 45 | 45 | 45 |
| 上缴规费 | 65 | 65 | 65 | 65 | 65 |
| 住房公积金 | 35.64 | 36.71 | 37.81 | 38.95 | 40.11 |
| 其他费用 | 70 | 70 | 70 | 70 | 70 |
| 技术开发费 | 1241.21 | 1365.33 | 1501.86 | 1652.05 | 1817.25 |
| 董事会费 | 30 | 30 | 30 | 30 | 30 |
| 会务费 | 15 | 15 | 15 | 15 | 15 |
| 招聘费 | 2 | 2 | 2 | 2 | 2 |

续表

| 项目＼年份 | 2014 | 2015 | 2016 | 2017 | 2018 |
|---|---|---|---|---|---|
| 水电费 | 170.66 | 187.72 | 206.5 | 227.15 | 249.86 |
| 劳务费 | 12 | 13.2 | 14.52 | 15.97 | 17.57 |
| 停工损失费 | 25 | 25 | 25 | 25 | 25 |
| 残疾人保障基金 | 2.5 | 2.5 | 2.5 | 2.5 | 2.5 |
| 合计 | 5718.81 | 6131.15 | 6669.01 | 7337.41 | 8053.03 |

（8）对企业未来年度折旧、摊销及资本性支出预测。资本性支出是指企业为开展生产经营活动而需增加的固定资产、无形资产等长期资产发生的支出。2014 年资本性支出主要为支付固定资产采购款；2015 年资本性支出主要为购买无形资产；2016 年资本性支出主要为房屋建造；此外历年均会进行部分设备更新。

折旧和摊销的金额是根据 JY 制药公司在评估基准日的存量固定资产、无形资产以及预测期的资本性支出进行计算。JY 制药公司未来资本性支出、折旧和摊销预测如表 3-12 所示。

表 3-12 未来五年资本性支出、折旧和摊销预测 单位：万元

| 项目＼年份 | 2014 | 2015 | 2016 | 2017 | 2018 |
|---|---|---|---|---|---|
| 资本性支出 | 1800 | 6100 | 10100 | 1100 | 1100 |
| 折旧 | 3800 | 4300 | 5200 | 6900 | 8900 |
| 摊销 | 880 | 1300 | 1300 | 1280 | 1280 |

（9）所得税预测。在评估基准日，JY 制药公司所得税享受 15% 的优惠税率，自 2014 年 1 月 1 日起，原享受低税率优惠政策的企业，在新税法施行后 5 年内逐步过渡到法定税率。依照《新企业所得税过渡性优惠价》之规定，将按照"3221"式递升，即 2014 年按 18% 税率执行，2015 年按 20% 税率执行，2016 年按 22% 税率执行，2017 年按 24% 税率执行，2018 年及以后按 25% 税率执行，未来五年所得税预测如表 3-13 所示。

表 3-13    未来五年所得税预测          单位：万元

| 项目 年份 | 2014 | 2015 | 2016 | 2017 | 2018 |
|---|---|---|---|---|---|
| 利润总额 | 17667.7 | 21250.72 | 24035.16 | 25885.1 | 26622.46 |
| 税率 | 18% | 20% | 22% | 24% | 25% |
| 所得税费用 | 3180.19 | 4250.14 | 5287.74 | 6212.42 | 6655.62 |

（10）对企业未来年度营运资金追加额的预测。一般而言，随着企业经营活动范围或规模的扩大，企业向客户提供的正常商业信用会相应增加，为扩大销售所需增加的存货储备也会占用更多的资金，同时为满足企业日常经营性支付所需保持的现金余额也要增加，从而需要占用更多的流动资金，但企业同时通过从供应商处获得正常的商业信用，减少资金的即时支付，相应地节省了部分流动资金。

一般情况下，流动资金的追加需考虑应收账款、预付账款、存货、经营性现金、应付账款、预收账款等因素的影响。本次评估将预付账款并入应收账款考虑、将预收账款并入应付账款考虑。公式如下：

预测年度应收账款＝当年销售收入÷该年预测应收账款年周转次数

预测年度存货＝当年销售成本÷该年预测存货年周转次数

预测年度应付账款＝当年销售成本÷该年预测应付账款年周转次数

当年度需要的营运资金＝预测年度应收账款＋预测年度存货－预测年度应付账款

营运资金追加额＝当年度需要的营运资金－上一年度需要的营运资金

评估时我们根据各个科目历史发生情况及未来企业的各财务指标发展趋势对各个科目的未来发生情况进行了预测，进而对 JY 制药公司未来营运资金预测，如表 3-14 所示。

表 3-14    未来五年营运资金预测          单位：万元

| 项目 年份 | 2014 | 2015 | 2016 | 2017 | 2018 |
|---|---|---|---|---|---|
| 营运资金追加额 | 3395 | 1585.12 | 1862.31 | 2133.45 | 2422.46 |

**例**：2014 年营运资金追加额计算过程

1. 应收账款的确定

根据以上预测过程，2014 年销售收入为 79144.1 万元。

应收账款年周转次数＝年销售收入÷(年初应收账款+年末应收账款)÷2

此处，我们分别计算了 2010～2013 年中各年的应收账款周转次数，取其平均值 9.47 作为预测年度应收账款周转次数。

2014 年应收账款＝79144.1÷9.47＝8357.35（万元）

2. 存货的确定

根据以上预测过程，2014 年销售成本为 32464.15 万元。

存货年周转次数＝年销售成本÷(年初存货+年末存货)÷2

此处，我们分别计算了 2010～2013 年中各年的存货周转次数，取其平均值 5.27 作为预测年度存货周转次数。

2014 年存货＝32464.15÷5.27＝6160.18（万元）

3. 应付账款的确定

根据以上预测过程，2014 年销售成本为 32464.15 万元。

应付账款年周转次数＝年销售成本÷(年初应付账款+年末应付账款)÷2

此处，我们分别计算了 2010～2013 年中各年的应付账款周转次数，取其平均值 8.67 作为预测年度应付账款周转次数。

2014 年应付账款＝32464.15÷8.67＝3744.42（万元）

4. 2014 年需要的营运资金的确定

2014 年需要的营运资金的确定＝应收账款+存货−应付账款

＝8357.35+6160.18−3744.42

＝10775（万元）

5. 2014 年营运资金追加额的确定

营运资金追加额＝当年度需要的营运资金−上一年度需要的营运资金

经过计算，2013 年需要的营运资金额为 7380 万元，则：

2014 年营运资金追加额＝10775−7380＝3395（万元）

（11）未来年度企业净现金流量的预测。根据上述各项预测，则预测年度企业净现金流量预测情况如表 3-15 所示。

表 3-15  未来五年净现金流量预测                单位：万元

| 项目＼年份 | 2014 | 2015 | 2016 | 2017 | 2018 |
|---|---|---|---|---|---|
| 营业收入 | 79144.1 | 91831.17 | 102998.95 | 112795.42 | 120556.07 |
| 营业成本 | 32464.15 | 37682.75 | 42272.24 | 46294.9 | 49474.77 |

续表

| 项目＼年份 | 2014 | 2015 | 2016 | 2017 | 2018 |
|---|---|---|---|---|---|
| 应交增值税 | 7722.24 | 8843.4 | 10016.03 | 11413.06 | 13028.38 |
| 销售税金及附加 | 772.22 | 884.34 | 1001.6 | 1141.31 | 1302.84 |
| 销售费用 | 14938.98 | 17199.81 | 19189.91 | 20935.64 | 22318.59 |
| 管理费用 | 5718.81 | 6131.15 | 6669.01 | 7337.41 | 8053.03 |
| 营业利润 | 17527.7 | 21089.72 | 23850.16 | 25673.1 | 26378.46 |
| 其他业务利润 | 140 | 161 | 185 | 212 | 244 |
| 利润总额 | 17667.7 | 21250.72 | 24035.16 | 25885.1 | 26622.46 |
| 所得税 | 3180.19 | 4250.14 | 5287.74 | 6212.42 | 6655.62 |
| 净利润 | 14487.51 | 17000.58 | 18747.42 | 19672.68 | 19966.84 |
| 折旧 | 3820.15 | 4333.15 | 5198.15 | 6879.15 | 8914.15 |
| 摊销 | 883.83 | 1284.09 | 1281.57 | 1238.66 | 1236.73 |
| 资本性支出 | 1800 | 6100 | 10100 | 1100 | 1100 |
| 营运资金追加额 | 3448.79 | 1585.12 | 1862.31 | 2133.45 | 2422.46 |
| 净现金流量 | 13942.7 | 14932.7 | 13264.83 | 24557.04 | 26595.26 |

2. 折现率的确定

按照收益额与折现率口径一致的原则，本次评估收益额口径为企业自由现金流量，则折现率选取加权平均资本成本（WACC）。其计算公式为：

$$WACC = K_e \times E/(D+E) + K_d \times D/(D+E) \times (1-T)$$

式中，$K_e$ 为权益资本成本；$K_d$ 为债务资本成本；$E/(D+E)$ 和 $D/(E+D)$ 为结合企业实际资本结构计算取得。其中，$K_e = R_f + \beta_L \times R_{pm} + R_c$。$R_f$ 为无风险报酬率；$\beta_L$ 为企业风险系数；$R_{pm}$ 为市场风险溢价；$R_c$ 为企业特定风险调整系数。

（1）无风险报酬率 $R_f$ 的确定。国债收益率通常被认为是无风险的，因为持有该债权到期不能兑付的风险很小。所以我们选择距评估基准日剩余期限 10 年以上的国债平均收益率 4.1176% 作为无风险报酬率。

（2）企业风险系数 β 的确定。企业风险系数与企业的财务杠杆相关，相同的企业，有财务杠杆和无财务杠杆之间的 β 系数存在下面的关系式：

$$\beta_L = \beta_t \times [1+(1-T) \times D/E]$$

式中，$\beta_L$ 为有财务杠杆的 $\beta$ 系数；$\beta_t$ 为无财务杠杆的 $\beta$ 系数，使用可比公司的 $\beta_L$ 系数来估算目标公司的 $\beta_t$ 值。采用 Wind 系统查询的 JY 制药公司在评估基准日前 2 年的平均无财务杠杆 $\beta_t$ 系数为 0.8389。T 为所得税率，按企业当时执行的 25% 确定；D/E 为企业有息债务与权益资本的比例，它主要结合企业运营状况及贷款情况、企业当时的盈利情况、可比上市公司的资本结构、管理层未来的筹资策略等确定，经综合分析，JY 制药公司的 D/E 取 1。

则根据上述计算得出 JY 制药公司的企业风险系数 $\beta$ 为 1.468。

(3) 市场风险溢价 $R_{pm}$ 的确定。市场风险溢价是对于一个充分风险分散的市场投资组合，投资者所要求的高于无风险利率的回报率，由于目前国内 A 股市场是一个新兴而且相对封闭的市场，历史数据较短，并且在市场建立的前几年中投机气氛较浓，投资者结构、投资理念在不断发生变化，市场波动幅度很大，同时，国内对资本项目下的外汇流动仍实行较严格的管制，再加上国内市场股权存在非流通股，市场交易存在割裂的特有属性，直接通过历史数据得出的股权风险溢价包含较多的异常因素，可信度较差，国际上新兴市场的风险溢价通常采用成熟市场的风险溢价进行调整确定，因此本次评估采用公认的成熟市场（美国市场）的风险溢价进行调整，具体计算过程如下：

$R_{pm}$ = 成熟股票市场的基本补偿额 + 国家风险补偿额

= 成熟股票市场的基本补偿额 + 国家违约补偿额 ×（σ 股票/σ 国债）

式中，成熟股票市场的基本补偿额取 1928~2012 年美国股票与国债的算术平均收益差 5.88%；国家违约补偿额是根据国家债务评级机构 Moody 公司的数据来测算 Moody 公司对我国的债务评级为 A1，转换为国家违约补偿额为 0.7%；σ 股票/σ 国债取新兴市场国家股票的波动平均是债券市场的 1.5 倍。

则 $R_{pm}$ = 5.88% + 0.7% × 1.5 = 6.93%

(4) 企业特定风险调整系数 $R_c$ 的确定。特定公司风险溢价表示的是非系统风险，由于目标公司具有特定的优势或劣势，要求的回报率也相应增加或减少。本次委估公司为非上市公司，而评估参数选取参照的是上市公司，故需通过特定风险调整。考虑到 JY 制药公司属于非上市公司，控制风险能力不足，融资渠道相对于上市公司不畅，从而面临的持续融资及经营风险较大。同时，非上市公司存在股权流动性和股票转让限制，由于非上市公司股票没有公开股票市场可以交易，流通性较差，非上市公司的股权经常带有转让限制。

经分析，评估人员将 JY 制药公司个别风险调整系数确定为 3.09%。

(5) 权益资本成本 $K_e$ 的确定。根据上述确定的参数，则权益资本成本计算如下：

$$K_e = R_f + \beta \times R_{pm} + R_c = 17.38\%$$

（6）债务成本 $K_d$ 的确定。按企业当时执行的贷款条件测算近期平均贷款利率，$K_d$ 取 7.47%。

（7）加权平均资本成本 WACC 的确定。

$$WACC = K_e \times E/(D+E) + K_d \times D/(D+E) \times (1-T)$$
$$= 11.49\%$$

### 3. 经营性资产价值的计算

预测期内各年净现金流按年终折现考虑。永续期净现金流按以下方法计算，资本性支出按预测期末年折旧与摊销之和确认；永续期收入与预测期末年相同，所以永续期不再追加营运资金；除资本性支出及营运资金追加额外，其余项目与预测期间末年保持一致。将依上述方法计算的永续期末年净现金流进行折现，再将预测期、永续期净现金流折现值相加后得出企业的营业性资产价值，具体计算过程如表3-16所示。

表 3-16　　JY制药公司的企业经营性资产价值　　单位：万元

| 项目＼年份 | 2014 | 2015 | 2016 | 2017 | 2018 | 永续期年份 |
|---|---|---|---|---|---|---|
| 营业收入 | 79144.1 | 91831.17 | 102998.95 | 112795.42 | 120556.07 | 120556.07 |
| 营业成本 | 32464.15 | 37682.75 | 42272.24 | 46294.9 | 49474.77 | 49474.77 |
| 应交增值税 | 7722.24 | 8843.4 | 10016.03 | 11413.06 | 13028.38 | 13028.38 |
| 销售税金及附加 | 772.22 | 884.34 | 1001.6 | 1141.31 | 1302.84 | 1302.84 |
| 销售费用 | 14938.98 | 17199.81 | 19189.91 | 20935.64 | 22318.59 | 22318.59 |
| 管理费用 | 5718.81 | 6131.15 | 6669.01 | 7337.41 | 8053.03 | 8053.03 |
| 营业利润 | 17527.7 | 21089.72 | 23850.16 | 25673.1 | 26378.46 | 26378.46 |
| 其他业务利润 | 140 | 161 | 185 | 212 | 244 | 244 |
| 利润总额 | 17667.7 | 21250.72 | 24035.16 | 25885.1 | 26622.46 | 26622.46 |
| 所得税 | 3180.19 | 4250.14 | 5287.74 | 6212.42 | 6655.62 | 6655.62 |

续表

| 项目 \ 年份 | 2014 | 2015 | 2016 | 2017 | 2018 | 永续期年份 |
|---|---|---|---|---|---|---|
| 净利润 | 14487.51 | 17000.58 | 18747.42 | 19672.68 | 19966.84 | 19966.84 |
| 折旧 | 3820.15 | 4333.15 | 5198.15 | 6879.15 | 8914.15 | 8914.15 |
| 摊销 | 883.83 | 1284.09 | 1281.57 | 1238.66 | 1236.73 | 1236.73 |
| 资本性支出 | 1800 | 6100 | 10100 | 1100 | 1100 | 10150.88 |
| 营运资金追加额 | 3448.79 | 1585.12 | 1862.31 | 2133.45 | 2422.46 | 0 |
| 净现金流量 | 13942.7 | 14932.7 | 13264.83 | 24557.04 | 26595.26 | 19966.84 |
| 折现系数 | 0.9041 | 0.8174 | 0.7390 | 0.6681 | 0.6040 | 5.6926 |
| 折现值 | 12605.28 | 12205.33 | 9802.09 | 16405.84 | 16063.21 | 113663.75 |
| 折现值之和 | | | | | | 180745.50 |

经计算，JY 制药公司的企业营业性资产价值为 180745.50 万元。

## （三）企业股东权益价值计算

### 1. 长期股权投资评估值的确定

截至评估基准日，JY 制药公司长期股权投资共 6 项，采用与 JY 制药公司相同的评估方法，测算各个公司的价值，再乘以 JY 制药公司所占的投资比例，得到 JY 制药公司长期股权投资价值，经过测算得到 JY 制药公司长期股权投资评估值为 17589.42 万元，具体情况如表 3-17 所示。

表 3-17 长期股权投资评估值 单位：万元

| 序号 | 被投资单位名称 | 调整后账面值 | 评估价值 | 增值率（%） |
|---|---|---|---|---|
| 1 | DF 制药公司 | 4818.91 | 5174.75 | 7.38 |
| 2 | JY 医药贸易有限责任公司 | 7717.11 | 7999.35 | 3.66 |
| 3 | JY 高科技投资有限责任公司 | 713.79 | 1196.19 | 67.58 |
| 4 | JYAA 医药贸易有限责任公司 | 10.00 | — | -100.00 |

续表

| 序号 | 被投资单位名称 | 调整后账面值 | 评估价值 | 增值率（%） |
|---|---|---|---|---|
| 5 | TF 证券经纪有限责任公司 | 1273.43 | 1300.00 | 2.09 |
| 6 | GS 证券有限责任公司 | 1000.00 | 1919.12 | 91.91 |
| 减：减值准备 | | 400.00 | — | -100.00 |
| 合计 | | 15133.24 | 17589.42 | 16.23 |

2. 关联方往来调整

关联方企业之间非经营性往来相互占用资金，导致这部分资金未能在企业经营中发挥作用，从而没有对经营性现金流产生影响，但这部分款项仍然属于企业的资产/负债，应予以加回/扣除。经评估，JY 制药公司关联方往来调整应加回15851.95 万元，具体如表 3-18 所示。

表 3-18 关联方往来其他应收应付款

| 项目 | 欠款对象名称 | 业务内容 | 评估价值（万元） |
|---|---|---|---|
| 1 | JY 医药贸易股份公司 | 其他应收款 | 2070.00 |
| 2 | DF 制药公司 | 其他应收款 | 3397.58 |
| 3 | JY 实业有限公司 | 其他应收款 | 10553.84 |
| 4 | JY 医药贸易有限责任公司 | 其他应付款 | 169.47 |
| 合计 | | | 16021.42 |

关联方往来调整额 = 16021.42 -169.47 = 15851.95（万元）

3. 在建工程与空置用地

对于评估基准日处于停工状态的在建工程，收益预测过程中未考虑其未来产生的经济效益，因此我们将该部分在建工程依资产基础法的评估值 125.96 万元作为非经营性资产予以加回。

同时考虑到 JY 制药公司在科技园区的土地当时利用率较低、依照预测期的生产规模和土地利用情况，未来亦会存在约占土地总面积 50%的土地空置现象。因此我们将该部分空置用地依资产基础法的评估值 6871.67 万元作为非经营性资产予以加回。

经评估，在建工程与空置用地调整应加回 6997.63 万元。

4. 溢余货币资金

评估基准日，JY 制药公司账面货币资金为 6566.95 万元，其中现金为 0.41 万元，银行存款为 6566.54 万元。经与制药行业其他相近规模的上市公司比较分析，认为此为企业正常经营活动所需货币资金，故评估基准日 JY 制药公司溢余货币资金评估值为 0。

5. 有息负债

截至评估基准日，JY 制药公司账面有息负债为短期借款 26400 万元，作为减项扣除。

## (四) 企业股东权益价值计算

企业全部股东权益价值的确定：

企业全部股东权益价值=营业性资产价值-有息负债+长期股权投资价值+溢余资产价值+非经营性资产价值+往来款调整因素

　　=180745.50-26400+17589.42+6997.63+15851.95

　　=194784.5（万元）

经过上述评估程序，JY 制药公司全部股东权益于评估基准日的评估值为 194784.5 万元。

# 六、评估结论

JY 制药公司拟进行混合所有制改革，在持续经营的状态下，评估基准日 2013 年 12 月 31 日的市场价值为 194784.5 万元。

# 附录 3　案例使用说明

## 一、教学目的与用途

### 1. 适用的课程

本案例主要适用于资产评估案例分析课程，也适用于企业价值评估、无形资产评估等其他相关价值评估课程。

### 2. 适用对象

资产评估专业学位硕士研究生、普通本科生、专科生以及各类资产价值评估培训学员。

### 3. 教学目的

通过此案例的教学，使学生对评估目的、价值类型、评估对象、评估基准日、评估方法、评估假设等评估基本事项有一个比较全面的了解，懂得在具体的情况下如何确定这些评估事项；同时对收益法的具体运用有较深入的认识，对收益法的加权资本成本模型和股权资本成本模型有非常熟悉的了解，并较好地掌握各类参数的选取和确定，提高学生在评估制药企业价值时所需要具备的具体问题具体分析的能力。

## 二、启发思考

（1）公司价值评估的实质是什么？公司股权价值评估的思路有哪几种？采用收益法时为什么要区分溢余资产和非经营性资产，溢余资产及非经营性资产的含义是什么？需要区分经营性资产和非经营性资产吗？如何区分这两类资产？

（2）企业价值评估可以采取哪些评估方法？这些方法的使用条件是什么？运用这些评估方法需要求取哪些参数？

（3）制药公司生产经营会受到政策因素的影响，请列举出制药公司进行企业价值评估时，政府会在哪些方面对这类公司进行鼓励或限制，这些政策对公司的生产经营会产生什么影响。

（4）从本案例的评估目的来看，JY 制药公司拟进行混合所有制改革，推进公司股权的多元化，谈谈你对混合所有制改革给企业带来影响的看法？本案例评估需要考虑这些影响吗？

（5）在评估本案例时，财务报表会起到什么作用，请说明在收益法中，如何认识和使用财务报表的数据？

## 三、分析思路

本案例是对 JY 制药公司的价值进行评估，为股权多元化改制的经济行为提供价值参考依据。由于 JY 制药公司具有稳定的收益现金流，所以采用收益法进行评估，在收益法的具体选择中，有企业自由现金流折现法、股权自由现金流折现法、股权分红折现法等方法。考虑到 JY 制药公司为非上市公司，且我国企业对分红并没有规范的约束和规定，所以可以选择股权自由现金流折现法和企业自由现金流折现法，即评估可以按照两种思路进行。一种是直接测算股权自由现金流，在测算出股权资本成本的基础上评估出股权价值。另一种是评估出企业的整体价值，然后减去有息负债的价值，得出股权价值。本案例采用的是企业自由现金流法，因此，本次评估确定了采用企业自由现金流折现法间接求取 JY 制药公司全部股东权益价值的基本思路。

本次评估选用企业自由现金流折现法，评估模型选用的现金流是企业自由现金流。即先对公司的资产进行分析，将溢余资产、非经营资产、长期股权投资等与经营性资产不相关的资产进行剥离，并对经营性资产采用收益法进行评估，求出公司整体资产价值，再加上溢余资产、非经营性资产、长期股权投资等资产价值，或者减去与经营不相关的非经营性负债的价值，可以测算出公司全部资产的价值，在此基础上再减去有息负债的价值，便可以测算出 JY 制药公司的股权价值。

## 四、理论依据与分析

### 1. 预期收益原则

预期收益原则是在持续经营的条件下，企业拥有者持有企业资产的原因是企业在未来能够带来经济收益。资产之所以有价值是因为它能为其所有者或控制者带来未来经济利益，资产的高低主要取决于它能为其所有者或控制者带来预期收益量的多少。预期收益原则是评估人员判断资产价值的一个最基本依据。

2. 评估方法的分析

资产评估方法主要包括资产基础法、市场法和收益法。

(1) 资产基础法是从资产重置的角度间接地评价资产的价值。该方法通常适用于评估待评估资产的收益资料不完善或不明确时资产的价值。该方法的主要缺点是会受到资产通常难以重置和资产价值与成本关系不确定性的影响。

(2) 市场法按照市场替代的原则，根据市场上类似资产的价格间接地评价资产的价值。该方法通常适用于待评估的资产存在充分活跃有效的交易市场，该市场上能够找到与待评估资产相同或相似的资产或交易事项，从而能够通过调整得到待评估资产的价值。该方法使用的前提是能找到参照的相似资产和存在活跃的交易市场。

(3) 收益法是从决定资产市场价值的基本依据——资产预期获利能力的角度评价资产，符合市场经济条件下的价值观念。从理论上讲，收益法的评估过程和结论更符合市场上投资者的投资理念，该方法评估的资产价值更多地体现了待评估资产未来的获利情况。但该方法的主要缺点是，在对资产未来收益进行预测时亦存在评估人员主观判断和受未来不可预见因素的影响。收益法是依据资产未来预期收益经折现或本金化处理来估测资产价值的，它涉及三个基本要素：其一是被评估资产的预期收益；其二是折现率或资本化率；其三是被评估资产取得预期收益的持续时间。应用收益法的前提条件：被评估资产的未来预期收益可以预测并可以用货币来衡量；资产拥有者获得预期收益所承担的风险也可以预测并可以用货币来衡量；被评估资产预期获利年限可以预测。

3. 基于财务报表视角的股东权益价值构成

企业股东权益价值的构成可以从资产负债表进行分析，一般认为资产负债表的左边代表企业全部资产，资产负债表右边代表负债和所有者权益，可以看出，如果能够评估出左边资产的全部价值，再评估出右边的负债价值，则两者之差就构成了股东的权益。

需要注意的是，在运用收益法评估企业价值时，首先需要剥离出溢余资产、非经营性资产等资产，然后将资产负债表调整为管理用资产负债表，这样经营性资产、经营性负债、金融性资产、金融性负债以及所有者权益将分别列示在资产负债表相应的位置上，评估企业经营性资产价值，实质上就是评估调整后的资产负债表左边资产所产生的价值，再减去资产负债表右边的金融性负债价值，即为所测算的经营性资产价值。

## 五、案例分析的关键要点

1. 本案例分析的关键点

（1）评估技术路线的厘清。收益法评估企业价值，可以选择股权自由现金流折现法，也可以选用企业自由现金流折现法。其一，股权自由现金流折现法是采用股权现金流和权益资本成本，折现后直接测算出股权价值。其二，企业自由现金流折现法是采用自由现金流和加权资本成本，折现后测算出企业整体资产价值，然后减去有息负债的价值，得出股权价值。两者的不同是前者直接测算股权价值，后者是先测算出企业整体的价值，它由股权价值和债权价值构成，再减去债权价值，得到股权的价值，本次评估选用的是后一种方法。

（2）本案例收益法使用的关键点。收益法是基于公司未来收益现金流折现的评估思路来测算股权的价值，所以收益法的关键点是如何理解和分析运用收益法时的参数选取和测算，即如何从 JY 制药公司的实际情况出发，具体分析其净现金流、受益期限以及风险情况，分别测算出这些参数，进而求出公司股权价值。

（3）正确区分经营性资产和非经营性资产。收益法只能测算经营性资产的价值，测算非经营性资产的价值需要先对资产负债表中的各个科目进行分析，剥离出非经营性资产。本案例是对 JY 制药公司 2013 年 12 月 31 日的会计报表进行分析，剥离出的 JY 制药公司非经营性资产及负债和溢余资产主要包括溢余资金、与主营业务不相关的往来款项、长期股权投资、土地及在建工程等。在测算出营业性资产的价值后，再加上这些非经营性资产的价值，就可以测算出全部股东权益价值。

2. 本案例分析的知识点和能力点

（1）评估范围和对象的认识。能够认识到本案例的评估对象并不是企业各个单项资产的评估，而是采用收益法对 JY 制药公司股权价值的评估。它是以评估基准日后若干年度内的企业经营现金流量作为基础，采用适当折现率折现后加总计算得出营业性资产价值，然后再加上非经营性资产价值和溢余资产价值，得出企业整体价值，在企业整体价值的基础上进行调整得出股东全部权益价值。评估范围是 JY 制药公司所有的资产和负债，评估对象为全部股东的权益。

（2）收益法参数确定。收益法的主要参数有净收益、折现率和收益期限，要能够根据收益法评估的模型，确定预测期和永续期的现金流量，预测期一般确定 3~5 年，视企业的情况确定，永续期则是假设企业将无限期持续经营。本案例是将预测时间分为详细预测期和后续期（永续期），详细预测期为 2014~2018 年，2018 年后为永续期。净收益采用企业净现金流数据计算，这里需要注意收益额应与折现率匹配，即税前现金流与税前折现率匹配，税后现金流与税后折现率匹配，股权现金流与股权资本成本匹配，自由现金流与全投资资本成本匹配，本次评估的净收益为税后的，则折现率也需要采用税后的，收益额口径为自由现金流量，折现率则选取加权平均资本成本（WACC）。

（3）加权平均资本成本（WACC）。全投资资本成本也叫加权平均资本成本，全投资资本成本是整体资产所要求的回报率，包括债权人和股东。此时求权益价值就是公司整体价值减去债权的价值。求取公司价值最普通的做法就是把公司所有投资者的现金流，包括债权人和股权投资者的现金流折现，而折现率则是加权平均资本成本——即权益成本和债务成本的加权平均值，所以 WACC 是投资资本价值评估（间接）或公司权益价值评估（直接）的一个重要计算参数。

运用 WACC 方法对资产价值进行评估时要注意需要根据具体情况对资产的风险进行调整，因为资本加权平均成本是就企业总体而言的，一般用于公司整体资产价值的评估。不同类型的资产评估项目有不同的风险，在运用 WACC 方法对企业价值进行评估时需要对加权平均资本成本进行调整，对于不同企业要用不同的加权平均资本成本去衡量。这里往往有两个假设：一是企业的债务融资比例一般保持不变，二是需要考虑最优的资本结构问题。

使用加权平均成本进行评估时重点和难点是有杠杆下的权益资本成本该如何确定。即使存在一个公开有效的资本市场，由于企业通常没有公开上市的股票，权益资本成本也无法直接获得，只能通过间接途径转换后取得。而根据资本资产定价模型可知，确定权益资本成本的关键是求出权益资本有杠杆的系数 $\beta_L$，所以权益资本成本的确定可以通过三个步骤得出：首先求出单个项目无杠杆的系数 $\beta_U$；其次运用公式将 $\beta_U$ 转换为 $\beta_L$；最后将 $\beta_L$ 代入资本资产定价模型（CAPM）求出有杠杆的权益资本成本。

虽然 WACC 方法在企业价值评估中有非常重要的作用，这里也有几个问题需要注意：一是只有当投资机会的预期收益率超过资本成本，才进行企业的生产经营活动。二是企业根据预期收益风险变化动态调整资本结构。预期收益稳定的企业可以通过增加长期债务，减少高成本的股权资本来降低加权平均资本成本。三是 $\beta$ 系数表示了资产的回报率对市场变动的敏感程度，可以衡量该资产的不可分散风险，正确测算出 $\beta$ 系数是一项较难的工作。

（4）企业资产负债表组成。资产负债表是企业价值评估分析的基础，需要十分熟悉和了解资产负债表各科目所包含的内容以及所代表的资产、负债和所有者权益的类别，掌握科目之间的勾稽关系。在测算加权平均资本成本时，掌握资产负债表中资产和负债的分类，特别是资产中流动资产、固定资产、无形资产等资产类型，每一类资产中包含的会计科目，如流动资产中的存货、现金、应收账款等。负债分析中注意付息负债和非付息负债的区别，付息负债一般是指银行贷款科目，非付息负债一般是指应付账款、应付利息等科目，掌握资产负债表的结构及内容有助于对企业整体价值评估中参数测算和理解。

(5) 评估基本事项的确定。能够根据本案例分析出评估目的、评估对象、评估方法、评估基准日、价值类型、评估结果等，并用准确的语言表述上述基本事项。

## 六、建议课堂计划

### 1. 课时安排

总课时为 5 课时。第 1 课时进行案例进行介绍讲解，第 2 课时、第 3 课时、第 4 课时进行小组讨论，第 5 课时做讨论总结。

### 2. 黑板板书布置与投影仪使用

黑板板书分三个版面：第一版面是案例背景介绍和启发性思考题的列示；第二版面是关键问题的列示，主要是包括评估思路、评估方法、参数选择、评估基本事项确定等；第三版面是小组问题讨论的结果以及对讨论问题的点评，这里分小组逐项列示，以便各小组成员能够对问题有更清晰认识和更准确的理解。

投影仪可以将背景和问题分别列示出来，在总结阶段，关键知识点以提纲的形式列示。

### 3. 案例背景了解

案例教学开始阶段就需要学生掌握有关的案例背景，有关的材料可以在第 1 课时、第 2 课时让学生熟悉，边讲解边解答学生提出的问题，核心问题可以采用启发式、追问式等教学方式，按照本案例的相关背景介绍、评估目的、评估方法、评估假设、评估测算、评估结果逐项列示主要的背景情况，也可以将评估的基本要素逐项罗列，逐一介绍分析，在介绍过程中，有意识引导学生就上述评估的主要基本事项进行独立思考。

4. 小组分组

本案例以 25 人班级为宜，分为 5 个小组，每个小组 5 人。

5. 小组讨论内容

（1）市场法、成本法、收益法各自的特点，对于本案例适用的评估方法。

（2）本案例评估的对象、目的、价值类型、假设条件、评估基准日如何确定及理由。

（3）本案例的评估受到哪些假设条件的限制。

（4）本案例中收益法的预期收益、折现率及收益期限如何确定及理由。

（5）本案例对经营性资产和非经营性资产划分是否恰当。

（6）本案例权益资本成本 $K_e$ 和企业风险系数 $\beta$ 等参数是如何确定的。

（7）本案例中对宏观环境、行业环境以及企业自身状况的介绍需要注意哪些方面，这些因素对评估结果有何影响。

6. 案例开场白和结束总结

（1）开场白。本案例是评估实务中的真实案例，是对 JY 制药公司的企业价值进行评估，本案例评估对象实质是对股东的权益价值进行评估，掌握收益法是以基准日后若干年度内的企业经营现金流量作为依据，采用适当折现率折现后加总计算得出营业性资产价值，然后再加上非经营性资产价值和溢余资产价值得出企业整体价值，在企业整体价值的基础上进行调整得出全部股东权益价值。通过本案例的学习我们应该对涉及进行混合所有制改革的企业价值评估有更深刻的认识，并要求每一个小组完成一份完整的评估报告书，资产评估的基本要素要在评估报告中体现，并说明确定的理由，关键要阐明评估技术路线、评估步骤、需要关注的问题等。

（2）结束总结。本案例主要介绍了收益法的评估过程，通过分析资产未来的收益状况、风险大小和未来收益预期来测算资产价值。同时本案例还涉及评估目的、评估对象、价值类型、评估假设、评估基准日、评估方法等基本评估事项，需要系统掌握资产评估的步骤和过程，以切实提高实际操作能力及解决问题的能力。总结的主要内容是本案例教学过程中取得的效果，对各个小组的分析思路和所做的评估报告进行点评，包括各个小组分析的合理性及存在的问题，当然，对案例本身存在不完善的地方也需要注意，以便学生在以后的实务当中关注这些问题。

7. 案例的组织引导

在开场白和相关资料介绍之后，对案例的基本评估思路进行讨论，明确评估的技术路线，这是案例评估把握正确方向的关键。然后对案例的具体材料进行分析，通过小组讨论的形式确定评估方法，并比较各种方法的适用条件。再就评估的有关事项进行小组讨论，如评估步骤、评估基准日、评估对象和范围、假设和限制条件、评估参数确定等，对于像评估参数确定这样的关键点可以让学生充分讨论，提出自己的观点，再综合比较点评。接下来是宏观经济分析、行业分析和敏感性分析内容，根据时间和学生水平的高低，可以让学生分组，每个小组讨论一两个内容。最后是按照标准评估报告要求，可以将评估报告和工作底稿拆分若干部分，每个小组完成一部分，要求学生在本部分首页注明本部分的重点。

小组讨论可以将讨论内容分给不同的小组，各小组内容互不相同，也可以一个小组承担多项讨论内容，具体视人数和学生水平高低来确定。

## 七、案例的后续进展

案例在课堂进行讨论后，各小组可以单独完成评估报告内容，也可以每个小组完成评估报告的一部分，规定在一定时期内上交，进行课后点评，并在下一届学生上案例课程时进行改进。

## 八、其他教学支持材料

1. 计算机支持

计算机要能够接通互联网，具备供至少 6 个小组同时上网的接线工具。

2. 技术支持

参与案例小组的学生能够熟练使用 Word、Excel 等常用办公软件，能够熟练掌握查询各类资源的方法，准备一些案例评估需要的电子资源。

3. 查询功能支持

教学单位具备上网查阅 Wind 金融数据库或者是巨灵金融服务平台有关信息的条件。

4. 多媒体教学设施设备支持

可以通过 PPT 等形式播放案例的背景资料、启发性问题等内容，增进学生对案例材料的理解。

# 案例四

## 金融公司拟处置不良金融资产的评估

金融不良资产是一项特殊的资产，它是指银行持有的次级、可疑及损失类贷款，金融资产管理公司收购或接管的金融不良债权，以及其他非银行金融机构持有的不良债权，其评估方法与一般资产的评估方法完全不同，具有一定的典型性和代表性。在使用该案例之前，需要先对金融不良资产、债券资产价值等基本概念有一个基本的认识。对债权价值进行分析的方法有多种，主要有综合因素分析法、交易案例比较法、德尔菲法和模拟拍卖法等，本案例采用的是综合因素分析法和交易案例比较法，评估之前需要对这些方法的使用条件和前提有一个大致了解，为案例的使用做好准备。本案例是金融资产管理公司处置一个债权价值的分析报告，通过该案例，可以了解该类金融不良资产评估的特点。

本案例的评估实施开始于 2006 年 11 月 25 日，评估人员按照资产评估准则的要求，与行业专家及 CC 金融公司的相关人员进行了必要沟通和咨询，经过一系列的操作程序和测算，形成了本案例的主体内容。案例充分展示了金融不良资产评估的关键问题、知识点以及需要掌握的基本操作技能，选用该案例作为教学案例比较适合。

本案例的评估委托方为 CC 金融公司，它是一家经国务院批准设立的国有独资金融企业，于 1999 年 10 月 18 日正式挂牌成立。作为金融资产管理公司之一，CC 金融公司成立之初的主要任务是收购、管理和处置国有银行剥离的不良资产。自成立以来，先后收购、管理和处置了各类商业银行剥离的不良资产 800 多亿元，圆满完成了国家赋予的"化解金融风险，支持国有银行和国企改革，最大限度保全资产、减少损失"的历史使命。

F 省 J 县发电公司是债务人，由于经营不善，当时处于关停状态，前期 F 省 J 县发电公司所欠银行的不良贷款，转入 CC 金融公司归属为不良金融资产。因此，本案例是对 F 省 J 县发电公司所欠 CC 金融公司的债务资产价值进行评估，为 CC 金融公司处置这些不良债权资产提供价值参考。

# 一、评估的基本事项

## （一）相关利益方简要介绍

围绕需要评估的 CC 金融公司债权资产，涉及的利益相关方主要有委托人 CC 金融公司，债务人 F 省 J 县发电公司以及担保人 F 省 J 县供电公司。

### 1. 委托人介绍

CC 金融公司是国家为了经济改革的需要，组建的专门处理银行不良金融资产的专业公司，公司总部设在北京，注册资本 100 亿元人民币，当时在全国 4 个直辖市，除青海省、宁夏回族自治区、西藏自治区之外的省会城市和深圳市、大连市 2 个计划单列市设有 30 家办事处；辖属金融业务类、中间业务类、辅助业务类共 3 大类，14 家平台公司。近年来，CC 金融公司加快向商业化转型发展，以建设具有国际影响的"百年金融老店"为奋斗目标，突出不良资产经营主业，打造并购重组业务品牌，创新中小企业金融服务，积极构建多元化综合金融服务平台，大力开展集团协同和融合创新业务，形成了以不良资产收购处置、投资及资产管理、多元平台综合金融服务业务为主体、近百种金融服务产品的集团化综合经营业务体系。

### 2. 债务人介绍

债务人 J 县发电公司为该县水电局下属的一个国有企业，经 J 县人民政府批准同意，J 县发电公司于 1999 年 5 月 21 日成立，注册资本 268 万元，其前身为 J 县光曙发电站。公司系县属国有独资发电企业，主要从事水力发电、水电投资开发、电气检修及测试等业务。公司辖有园崇、桃洋 2 座电站，有职工 156 人，下设办公室、生产技术科、电站管理单位，设计的电站为发电、防洪、灌溉及县城人工湖面保洁等功能的国有发电企业。由于水力资源不足，加上企业经营不善，企业当时已经停产。

### 3. 债务保证人介绍

债务保证人为 J 县供电公司，该公司隶属于 F 省电力公司，担负着全县 20.7

万户客户的供电任务，当时有全民职工 357 人、农电职工 717 人。公司下设 5 个职能部室、3 个二级机构，1 个集体资产运营中心，下辖 19 个基层供电所。截至 2005 年底，公司拥有固定资产 3.4 亿元，110 千伏变电所 4 座、35 千伏变电所 6 座，主变压器 26 台，总容量达 420.85 兆伏安。35 千伏及以上输配电线路共计 20 条，总长 310 千米；10 千伏线路 50 条，总长 1586 千米，配电变压器 3602 台，总容量达 380.33 兆伏安。2005 年公司完成供电量 8 亿千瓦·时，售电量 7.8 亿千瓦·时。

## （二）评估目的

CC 金融公司是 J 县发电公司的债权人，当时 J 县发电公司已经停产，原向银行的贷款已经作为不良资产划转给 CC 金融公司，CC 金融公司拟将这些不良资产进行处置，为了摸清这些债权资产的价值，需要对这些债权资产的价值进行评估，因此本次评估目的是为 CC 金融公司处置 F 省 J 县发电公司的不良债权提供价值参考。

## （三）价值类型

本次评估是为 CC 金融公司处置 F 省 J 县发电公司的不良债权提供价值参考，该不良债权需在短时间内进行处置，同时，F 省 J 县发电公司当时处于关停状态，面临被迫出售、快速变现等状况，因此确定本次评估结论的价值类型为清算价值类型。

清算价值指评估对象处于被迫出售、快速变现等非正常市场条件下的价值估计数额。清算价值为资产评估价值类型中的一种，属于市场价值以外的价值类型。

## （四）评估对象和范围

本次评估的对象为 CC 金融公司所持有的 F 省 J 县发电公司债权，具体为银行剥离划转给 CC 金融公司的 1900249 元债权。

本次评估的范围为涉及 CC 金融公司所持有的 F 省 J 县发电公司债权的资产和负债，具体包括 F 省 J 县发电公司的资产和负债，包括已抵押资产和未抵押资产，债务保证人 J 县供电公司的资产和负债。

## （五）评估基准日

根据委托方的意见，本次评估以 2006 年 12 月 31 日为评估基准日。

评估基准日是资产价值评估所对应的时间点，评估值就是在评估基准日时的资产价值，一般采用年月日的时间点来表示。评估基准日的确定应该有利于经济行为的发生或者实现，有利于减少资产评估的事项调整，该日期的确定可以由委托方和评估机构共同协商确定。

# 二、资产清查简要说明

本案例评估的是债权资产，资产清查的重点应该是债权债务关系的形成过程，导致成为不良资产的原因，债务人的经营状况、银行划转清分资料的分析上，当然也需要对债权人现有资产的存续状态、抵押情况、保证人的经营状况等相关情况做简要说明。

## （一）资产清查的组织和方案

接受评估委托后，首先，评估人员进驻 CC 金融公司，调查、询问了解债权形成的过程，特别是 F 省 J 县发电公司的经营状况，银行贷款如何被确认为不良贷款，以及这种不良贷款又是怎样打包被确认为不良债权转入 CC 金融公司的，并指导资产管理人员填写资产评估申报明细表及准备相关资产评估资料。其次，评估人员经委托人协商，到 F 省 J 县发电公司，实地调查了解的情况分析，如债务人规模、产品周期、市场营销、技术含量、行业与产业政策、环保、当地政府支持情况，确认债务人的经营情况和资产所处的状态，对评估范围的资产和负债按资产评估要求的内容进行全面清查核实，特别是房屋、机器设备以及土地使用权等非流动资产的清查，同时按评估资料清单要求准备相关的产权证明等相关评估资料。再次，对债务保证人供电公司的状况进行调查，分析供电公司对担保资金的偿还能力，也需要了解听取相关人员介绍该公司的历史和现状，以及历史经营状况、财务盈利能力等相关资料，必要时对各项资产进行现场清查核实，并验证相关评估资料。最后，根据搜集资料进行评估，并分析不良债权评估结果的合理性和可靠性。

### （二）清查核实的方法和内容

本次评估的清查核实采用资料分析法和实地调查法。即调阅债权债务关系形成过程以及银行维权情况的全部档案资料，根据档案资料分析贷款的历史形成、导致损失原因、债务人经营状况以及银行的贷款资料等。实地调查了解债务人规模、产品周期、市场营销、技术含量、行业与产业政策、环保、当地政府支持度等情况，对债务人担保、抵押情况进行分析，包括担保、抵押的合法有效性、价值判断方法、价值大小等内容。采用资料分析与实地查看方法分析债权的贷款时间、本息结构、剥离形态等内容，分析债务人所属的行业、企业性质、规模、地域、目前经营状况、行业前景等内容，分析不良资产的市场状况，交易批量、交易时间、交易动机等内容。

### （三）资产清查核实的结果

根据 CC 公司提供的审查法律意见书及相关资料，经过评估人员的确认，最终确定 CC 金融公司持有 J 县发电公司的债权本息合计为 1900249 元，其中本金 1364900.00 元，表外息 318928.55 元，孳生息 216420.45 元，另外抵押本金为 400000.00 元，具体明细如表 4-1 所示。其中，债务人贷款 40 万元以位于 XS 镇河村北电站的办公等用房，以及国有划拨土地使用权面积 4629.37 平方米作抵押，并已办理抵押登记手续。

同时，根据 CC 金融公司提供的审查法律意见书及相关资料，债务人贷款 96.49 万元由 F 省 J 县供电有限责任公司做保证并签订了保证借款合同，保证有效。具体如下：

其一，合同编号 1999 年工信 A 字第 020 号，1999 年 12 月 22 日贷款 70 万元，用途为生产周转，贷款期限为 12 个月，月利率 6.3375‰，抵押方式为保证，保证合同编号 1999 年工信 A020 号，2004 年已还款 100 元，本金余额 699900.00 元。

其二，合同编号 1999 年国工字第 011 号，1999 年 6 月 18 日贷款 67 万元，贷款期限为 12 个月，月利率 5.85‰，抵押方式为保证；保证合同编号 1999 年国工字第 011-1 号；已于 2001 年还款 405000.00 元，本金余额 265000.00 元。

其三，合同编号 2001 年 J 字第 0135 号，2001 年 12 月 31 日贷款 40 万元，用途为归还 1999 年贷款，贷款期限为 12 月，月利率 6.3375‰，贷款方式为抵押贷款；抵押合同编号 2001 年 J（抵）字第 0121 号。

**表 4-1　CC 金融公司持有 J 县发电公司的债权本息**

| 债务人 | 本金 | 表外息 | 孳生息 | 本息合计 | 抵押本金 |
|---|---|---|---|---|---|
| F 省 J 县发电公司 | 1364900.00 | 318928.55 | 216420.45 | 1900249.00 | 400000.00 |

# 三、评估思路

本次评估对象是 CC 金融公司的不良债权资产，需要评估 F 省 J 县发电公司的不良债权价值，属于金融资产的价值评估。通过分析债务人的债务资产结构，发现债务人资产可以分为已抵押资产、未抵押资产和担保人担保资产三类。已抵押资产有抵押价值，按照抵押资产可收回金额确定评估值；未抵押资产可以按照市场法得出的评估值，作为可偿还债务的价值，担保人担保资产是经过其他企业或者个人授权，在债务人不能偿还债务时，担保人有责任替债务人偿还担保范围内的贷款，本案例的贷款作为不良资产，已经确认无法按期足额收回贷款及利息，担保人在债务人不能全部偿还贷款本息的情况下，需要承担连带责任，需要替债务人偿还担保范围内的贷款。

本案例中，各类资产评估测算的价值类型为清算价值，在评估方法的选取上，需要考虑谨慎性的原则，同时，还需要考虑快速变现的影响，所以在评估结果的基础上，需要做一定的折扣。对于已抵押的房地产和机器设备，根据谨慎性要求，将采用成本法和基准地价修正法进行评估，再乘以快速变现的系数作为已抵押资产的价值。对于未抵押资产的评估，将采用 CC 金融公司的历史处置经验和市场法测算其可收回比例，乘以债务总额扣除抵押资产可收回金额后得出的结果，作为未抵押资产的价值。担保人担保资产的价值是根据保证人应承担的保证金额，扣除抵押资产和未抵押资产的价值后，再乘以偿债比例作为担保人担保资产的价值。具体测算公式：

## (一) 已抵押的房地产和机器设备评估公式

1. 房屋建筑物评估公式

$$V_1 = C_1 \times P_1 \times (1 - \lambda_1)$$

式中，$V_1$ 为房屋建筑物评估价值；$C_1$ 为房屋建筑物重置成本；$P_1$ 为房屋建筑物成新率，$\lambda_1$ 为快速变现折扣率。

2. 土地使用权评估公式

$$V_2 = M \times K_1 \times K_2 \times K_3 \times (1 \pm \sum K) \times (1 - \lambda_2)$$

式中，$V_2$ 为土地使用权价值；$M$ 为宗地所在区域的级别基准地价；$K_1$ 为评估期日修正系数；$K_2$ 为土地使用年期修正系数；$K_3$ 为开发程度修正系数；$\sum K$ 为宗地的区域因素和个别因素修正系数，$\lambda_2$ 为快速变现折扣率。

3. 机器设备评估公式

$$V_3 = C_3 \times P_3 \times (1 - \lambda_3)$$

式中，$V_3$ 为机器设备评估值；$C_3$ 为机器设备重置成本；$P_3$ 为机器设备成新率，$\lambda_3$ 为快速变现折扣率。

## （二）未抵押资产的评估公式

$$V_4 = (V - V_1 - V_2 - V_3) \times P_4$$
$$P_4 = X_1 \times \xi_1 + X_2 \times \xi_2$$

式中，$V_4$ 为未抵押资产的价值；$P_4$ 为可以收回的债权资产价值比例；$X_1$ 为未抵押资产采用经验法估算的可以收回的债权资产价值比例；$X_2$ 为未抵押资产采用市场法估算的可以收回的债权资产价值比例；$\xi_1$ 为未抵押资产采用经验法估算的权重；$\xi_2$ 为未抵押资产采用市场法估算的权重。

## （三）担保人担保资产的评估值

担保人担保资产的评估值＝保证人应承担的保证金额×保证人的偿债比例

$$V_5 = (V - V_1 - V_2 - V_3 - V_4) \times P_5$$
$$P_5 = X_3 \times \xi_3 + X_4 \times \xi_4$$

式中，$V_5$ 为担保人担保资产的评估值；$P_5$ 为保证人的偿债比例；$X_3$ 为担保人担保资产采用经验法估算的可以收回的债权资产价值比例；$X_4$ 为担保人担保资产采用市场法估算的可以收回的债权资产价值比例；$\xi_3$为担保人担保资产采用经验法估算的权重；$\xi_4$为担保人担保资产采用市场法估算的权重。

将以上测算的三项评估值相加，即可得出 CC 金融公司的受偿金额，即 CC 金融公司持有的 J 县发电公司不良债权资产的价值。

# 四、评估技术说明

## （一）评估方法的选择

三大基本方法的运用都有一定的限制条件，对本案例而言，已抵押的资产如房地产、机器设备是常规的资产评估，可以采用成本法、基准地价调整法等方法，对债务人的未抵押资产和保证人保证的资产，则需要从偿债的角度分析资产的价值，这里在考虑企业及自然人承担保证责任偿债的影响因素基础上，采用打分的方法确定偿债比例，进而确定债权人可收回的金额。本案例运用的评估方法具体如下：

1. 经验分析法

经验分析法是指通过调阅债权剥离收购资料和债务人信贷档案，结合调查情况及搜集的材料综合确定债权潜在价值的方法。它适用于能够取得部分财务资料和经营资料，但不够齐全的情形。F 省 J 县发电公司虽然经营不善，但管理较为规范，有比较完整的财务资料，由于债务人已经关停，所以配合程度一般，采用经验分析法较为适宜。

2. 市场法

市场法是指选择与所拟处置债权形态、债务人性质、行业特点、处置规模等方面类似的债权交易案例进行比较，综合考虑相应的因素调整，从而对拟处置债权资产价值进行分析，确定债权潜在价值。因为债务人已经关停，所以评估单位可能无法取得必要的评估资料，所以采用交易案例比较法进行分析，可以为 CC 金融公司了解不良债权提供参考依据。

3. 偿债因素分析法

偿债因素分析法是指在对保证人进行实地调查的基础上，根据《企业及自然人承担保证责任偿债因素打分表》进行分析打分，确定权重，再根据偿债比例确定债权人可收回金额。

4. 成本法

成本法是指对房屋建筑和机器设备评估时，先测算其在评估基准日的重置成本，并确定其成新率，将两者相乘结果作为评估对象的价值。

5. 基准地价修正法

基准地价修正法是按照所在城镇基准地价标准，根据待估宗地所处位置及自身的特点，对照城市基准地价土地级别和用途地价标准进行比较，并对待估宗地进行评估期日修正、使用年期的修正、区域因素修正、个别因素修正，得到待估宗地地价的方法。

## (二) 评估假设

评估假设是评估结论成立的前提和基础，一般分为基本假设、一般假设和具体假设。

1. 基本假设

基本假设包括以下内容：一是交易假设，交易假设是资产评估得以进行的一个最基本的前提假设，它是假定所有待评资产已经处在交易过程中，评估师根据待评估资产的交易条件等模拟市场进行估价。为了发挥资产评估在资产实际交易中为委托人提供资产交易底价的专家判断的作用，同时又能够使资产评估得以进行，利用交易假设将被评估资产置于"交易"当中，模拟市场进行评估就是十分必要的。交易假设一方面为资产评估得以进行"创造"了条件；另一方面它明确限定了资产评估外部环境，即资产是被置于市场交易之中。资产评估不能脱离市场条件而孤立地进行。二是清算假设，清算假设是对资产在非公开市场条件下被迫出售或快速变现条件的假定说明。清算假设首先是基于被评估资产面临清算、具有潜在被清算事实或可能性，再根据相应数据资料推定被评估资产处于被迫出售或快速变现的状态。由于清算假设假定被评估资产处于被迫出售或快速变现条件之下，被评估资产的评估值通常要低于在公开市场假设前提下或持续使用假设前提下同样资产的评估值。

### 2. 一般假设

一般假设包括国家对被评估单位所处行业的有关法律法规和政策无重大变化；社会经济环境及经济发展除社会公众已知变化外，无其他重大变化；国家对资产管理公司政策以及对不良资产的处置规定无重大变化；本次评估测算各项参数取值均未考虑通货膨胀因素。

### 3. 具体假设

具体假设包括由被评估单位提供的与评估相关的历史资料、财务报表、会计凭证、资产清单及其他有关资料真实、完整；被评估单位会计政策与核算方法在评估基准日后无重大变化等内容。

## （三）评估程序实施过程及情况

根据国家有关部门关于资产评估的规定，按照资产评估业务约定书，评估人员已实施了对委托方提供的法律性文件与债务形成历史过程以及相关资料的核对，对债务人、保证人的资产进行实地查看与核对，并取得了相关的产权证明文件的复印件，进行了必要的评估调查工作以及认为有必要实施其他资产评估程序。资产评估的过程如下：

### 1. 接受委托阶段

了解被评估单位组织架构、机构分布和经营业务特点，了解 CC 金融公司债权的形成过程，明确了评估目的、评估对象及范围和评估基准日。

### 2. 清查核实阶段

首先根据评估要求，指导被评估单位填报资产评估申报表、准备评估资料。其次在企业如实申报资产并对委估资产进行全面自查的基础上，对纳入评估范围内的资产和负债进行了抽查核实，包括评估对象真实性和合法性的查证、价值构成的调查、评估资料的收集以及了解并分析企业的生产、管理和经营情况等。

### 3. 评定估算阶段

依据评估各项准则及国家相关的法律法规，结合委估资产情况及评估资料收集情况确定评估方法，根据各类资产的作价方案，明确评估参数和价格标准，收集相关作价资料，进行评定估算工作。

4. 汇总并审核阶段

项目组完成初稿，最终汇总确定评估结果，并对项目组提供的评估明细表、评估说明、评估报告及相关的工作底稿进行了全面审核并提出具体的审核修改意见和建议，完善后将评估报告征求意见稿提供给委托方交换意见。

5. 出具报告阶段

在将评估结果与委托方沟通后于 2011 年 12 月 31 日正式出具评估报告。

# 五、评估测算过程

## （一）对抵押资产的评估

债务人的抵押资产主要有房屋建筑物、土地使用权以及机器设备。

1. 已抵押房屋建筑物的评估

（1）评估对象。根据债务人提供的资料清单，纳入本次评估范围的房屋建筑物共 3 项，产权证总建筑面积为 1629.37 平方米。经现场查勘，上述所有房屋建筑物均在债务人的生产区内，布置较集中，建筑结构大部分为框架，小部分为砖木，建造年月多为 20 世纪 90 年代，结构均较稳定，日常维护管理良好，成色较好。

办公大楼（建筑面积 1024.97 平方米，＊房权证字第 00057177 号）为五层建筑、外墙白色长条形瓷板、内墙粉石类砂浆、水磨石分格地面、部分复合地板、木门、部分西式门、铝合金窗、耐火板吊顶；仓库（建筑面积 304.17 平方米，＊房权证字第 00057181 号）为四层建筑、外墙部分红色油漆、内墙及天棚粉石灰砂浆、水泥地面及自流平地面、木门、铝合金窗；锅炉房（建筑面积 300.23 平方米，＊房权证字第 00057175 号）为砖木结构，建于 1998 年。

（2）评估依据。评估依据如下：企业填报的资产清查评估明细表；F 省建筑工程消耗量定额及单位估价表及相关费用定额；建筑材料的市场行情及相关的税费取费标准；其他相关法规及经济资料。

（3）评估过程。评估过程如下：①根据委托方提供的申报表，听取委托方的详细情况介绍，审查房屋所有权证书及其他权属证明原件，了解其账面原值的构成及会计折旧方法，了解房屋建筑物维护、保养情况以及其日常固定资产管理情况，查阅房屋建筑物的相关资料。②在委托方有关人员陪同下，赴现场查勘，核实建筑物的坐落位置，结构形成、层数、层高、装饰、门窗、水电照明、附属设备等，为成新率的确定提供依据。③收集相关规费取费标准，了解建材价格、市场行情等经济资料。④评定估算汇总评估结果，撰写评估说明。

（4）评估方法。

1）重置成本的确定。本次评估采用重置成本法，其公式表述：

$$V_1 = C_1 \times P_1 \times (1 - \lambda_1)$$

式中，$V_1$ 为房屋建筑物评估价值；$C_1$ 为房屋建筑物重置成本；$P_1$ 为房屋建筑物成新率，$\lambda_1$ 为快速变现折扣率。

2）成新率的确定。本次评估采用的成新率计算公式：

$$P_1 = Z_1 X_1 + Z_2 X_2$$

其中，$P_1$ 为待评房屋成新率；$Z_1$ 为年限成新率，钢结构混凝土结构一般为 60~80 年；砖混结构为 40~60 年；砖木结构为 20~40 年，简易结构为 15 年左右；$Z_2$ 为现场分项打分成新率；$X_1$、$X_2$ 为 $Z_1$、$Z_2$ 所占权重，分别为 0.5、0.5。

（5）评估实例。以办公大楼为例，具体过程如下：

## 办公大楼的评估

本评估采用重置成本法是基于建筑物建造费用的角度考虑，通过估算出建筑物在全新状态下的重置成本，再扣除由于各种损耗因素造成的贬值，最后得出建筑物的评估值。

1）建筑物重置全价。

具体测算过程如表 4-2 所示。

表 4-2　建筑物重置全价取费标准、数量及成本

| 序号 | 项目 | 取费标准 | 取费数量 | 客观成本（元/平方米） |
|---|---|---|---|---|
| 一 | 土地取得费用 | 0.00 | 1 | 0.00 |
| 二 | 前期工程、勘探设计费 | 10.00 | 1 | 10.00 |
| 三 | 报建费用 | 101.10 | 1 | 101.10 |

续表

| 序号 | 项目 | 取费标准 | 取费数量 | 客观成本（元/平方米） |
|---|---|---|---|---|
| 1 | 市政公共设施配套费 | 30.00 | 1 | 30.00 |
| 2 | 防空地下室易地建设费 | 54.00 | 1 | 54.00 |
| 3 | 建筑工程质量监督费 | 0.90 | 1 | 0.90 |
| 4 | 施工噪声排污费 | 1.00 | 1 | 1.00 |
| 5 | 新建筑物防雷装置验收费 | 0.50 | 1 | 54.00 |
| 6 | 建筑行业上级管理费 | 2.50 | 1 | 2.50 |
| 7 | 工程定额测定费 | 0.70 | 1 | 0.70 |
| 8 | 白蚁防治费 | 2.00 | 1 | 2.00 |
| 9 | 散装水泥专项基金 | 1.50 | 1 | 1.50 |
| 10 | 墙体材料专项基金 | 8.00 | 1 | 8.00 |
| 四 | 土建、水电安装工程费 | 1100.00 | 1 | 1100.00 |
| 五 | 管理费 | 3% | (一~四) | 36.33 |
| 六 | 利息 | (一+二+三)×5.4%+5.4%/12× 6×(四+五) | | 36.68 |
| 七 | 利润 | 8% | (一~六) | 102.73 |
| 八 | 合计 | 1386.84 元/平方米 | | |
| | 取整 | 1387 元/平方米 | | |

建筑物重置全价=1387 元/平方米×1024.97 平方米=1421633 元

2）成新率确定。

根据规定该房屋建筑物使用寿命为 50 年。该房屋建筑物于 1994 年建成使用，已使用 8 年，尚可使用 42 年，按使用年限法计算成新率。

成新率=尚可使用年限÷（已使用年限+尚可使用年限）×100%

　　　　=42÷50×100%

　　　　=84%

采用完损等级打分法评定成新率，分为结构部分、装饰部分以及设备部分三个部分进行打分，确定其成新率，再根据房屋成新修正系数确定其权重，其中结构部分的房屋成新修正系数为 0.75，装饰部分的房屋成新修正系数为 0.12，设备部分的房屋成新修正系数为 0.13。

（1）结构部分打分情况。基础 0.21 分，承重构件 0.21 分，非承重墙 0.12 分，屋面 0.18 分，楼地面 0.14 分，合计 0.86 分，房屋成新率评分修正系数为 0.75。

（2）装饰部分打分情况。门窗 0.20 分，外装饰 0.19 分，内装饰 0.16 分，顶棚 0.16 分，细木装饰 0.17 分，合计 0.88 分，房屋成新率评分修正系数为 0.12。

（3）设备部分打分情况。水卫 0.43 分，电照 0.42 分，合计 0.85 分，房屋成新率评分修正系数为 0.13。

所以，完损等级打分后成新率 =（0.86×0.75 + 0.88×0.12 + 0.85×0.13）× 100% = 86%

该处取使用年限法权重系数 50%，完损等级打分法权重系数 50%。

综合以上两种方法，该建筑物的成新率 = 0.5×84% + 0.5×86% = 85%

3）快速变现折扣系数及评估值的确定。

根据评估基准日近期的房地产市场供求状况，以及以往 CC 金融公司类似可收回的抵押物价值比例，确定折扣率 $\lambda_1$ 为 90%。

该建筑物的评估值 = 1421633×85%×（1-90%）

$$\approx 12.1 （万元）$$

对其他房屋建筑物及构筑物进行类似测算，计算得出已抵押房屋建筑物的评估值合计为 13.2 万元。

## 2. 已抵押土地使用权的评估

抵押土地使用权采用基准地价修正法，即按照所在城镇基准地价标准，根据待估宗地所处位置及自身的特点，对照城市基准地价土地级别和用途地价标准进行比较，并对待估宗地进行评估期日修正、使用年期的修正、区域因素修正、个别因素修正，得到待估宗地地价的方法。基本公式为：

$$V_2 = M×K_1×K_2×K_3×（1\pm \sum K）×（1-\lambda_2）$$

式中，$V_2$ 为土地使用权价值；M 为宗地所在区域级别的基准地价；$K_1$ 为评估期日修正系数；$K_2$ 为土地使用年期修正系数；$K_3$ 为开发程度修正系数；$\sum K$ 为宗地的区域因素和个别因素修正系数，$\lambda_2$ 为快速变现折扣率。

根据 CC 公司提供的审查法律意见书及相关资料，债务人贷款抵押的土地使用权面积为 4228.6 平方米，并已办理抵押登记手续，存续期限还有 42 年。

（1）根据待估宗地位于某县 XS 镇 GZ 区 SH 路 101 号，本次评估设定土地用途为工业用地，依据《某市市区基准地价》，该宗地可归为 I 级工业用地，地价

M 为 409 元/平方米，并对该宗地作因素修正。

（2）$K_1$ 为评估期日修正系数，因基准地价发布时间是 1998 年，宗地评估基准日为 2006 年 12 月 31 日，其修正系数按地价上涨 10%，取 $K_1 = 1.10$。$K_2$ 为待估土地使用年限修正系数，即将 50 年土地使用权的价格修正为 42 年土地使用权的价格。修正的公式如下：

$$K = \frac{1 - \dfrac{1}{(1+r)^{42}}}{1 - \dfrac{1}{(1+r)^{50}}}$$

式中，K 为修正系数 K 年期；r 为土地折现率。取 r 为 5.4% 代入上式，得到修正系数 K 年期 = 95.94%

（3）$K_3$ 为开发程度修正系数，因宗地已达"五通一平"，取 $K_3 = 1.10$。

（4）$\sum K$ 为区域因素和个别因素修正，如表 4-3 所示。

表 4-3　宗地区域因素和个别因素修正

| 宗地修正因素 | 土地级别 \ 修正系数% | 工业 I 级 | | | | |
|---|---|---|---|---|---|---|
| | | 修正幅度 | 优 | 较优 | 一般 | 较劣 |
| 交通条件 | 对外交通便捷度 | 4.83 | 4.83 | 2.42 | 0 | -1.28 |
| 基础设施 | 供电设施 | 1.41 | 1.41 | 0.71 | 0 | -0.37 |
| | 供水设施 | 0.89 | 0.89 | 0.45 | 0 | -0.23 |
| | 排水设施 | 1.37 | 1.37 | 0.69 | 0 | -0.36 |
| 宗地条件 | 宗地面积 | 0.97 | 0.97 | 0.48 | 0 | -0.25 |
| | 宗地形状 | 0.78 | 0.78 | 0.39 | 0 | -0.21 |
| | 城市规划土地用途 | 0.89 | 0.89 | 0.45 | 0 | -0.23 |
| 土地利用类型 | | 1.71 | 1.71 | 0.85 | 0 | -0.45 |
| 集聚规模 | | 1.17 | 2.34 | 1.17 | 0 | -0.61 |
| 环境质量状况 | | 2.60 | 2.60 | 1.30 | 0 | 0.68 |

$\sum K = 16.62\%$

将 $K_1 = 1.10$，$K_2 = 0.9841$，$K_3 = 1.00$，$\sum K = 16.62\%$ 代入公式：

则地价 $=409\times K_1\times K_2\times K_3\times(1\pm \sum K)$

$\qquad =409\times1.10\times0.9594\times1.10\times(1+16.62\%)$

$\qquad =553.71$ 元/平方米

则基准地价系数修正法单位面积地价为 553.71 元/平方米。

（5）快速变现折扣系数的确定。根据评估基准日近期的房地产市场供求状况，以及以往 CC 金融公司类似可收回抵押物价值比例，确定折扣率 $\lambda_2$ 为 95%。

土地使用权的评估值 $=4228.6\times553.71\times(1-95\%)$

$\qquad\qquad\qquad\approx11.7$（万元）

故已抵押土地使用权的评估值为 11.7 万元。

3. 已抵押机器设备的评估

（1）评估范围及概况。根据债务人提供的设备类资产清查评估明细表，经清查核实，纳入本次评估范围的设备类固定资产主要为水力发电机组、变压器生产用设备，办公用车辆和货车。经勘察，大部分设备技术虽然使用时间较长，但尚可正常使用。

（2）设备价值的评定估算。本项目纳入评估的设备类资产包括发电机组、变压器和车辆，将按原用途继续使用，故评估方法采用重置成本法。基本公式：

$$V_3=C_3\times P_3\times(1-\lambda_3)$$

式中，$V_3$ 为机器设备评估值，$C_3$ 为机器设备重置成本，$P_3$ 为机器设备成新率，$\lambda_3$ 为快速变现折扣率。

1）重置成本的确定。

A. 对市场现行销售和列入《2005 年机电产品报价目录》等需要安装的水力发电机组。

重置成本=设备购置费+运杂费+安装工程费+其他费用

B. 设备购置费的确定。查阅 2005 年机电产品价格信息等资料或向设备的生产厂家、代理商及经销商询价、网上询价，确定其购置价。

非标设备、自制设备、现不销售或难以询价的设备价值确定可以采用公式：

重置成本=购置时账面原值×购置年至评估基准日的环比物价指数的乘积

或重置价值 $=\sum$（原购〈建造〉量耗×现行价、费用标准）+合理利润+应交税金+必要合理的费用

C. 运杂费的确定。设备运杂费是指从产地到设备安装现场的运输费用。运

杂费率以设备购置价为基础，根据生产厂家与设备安装所在地的距离不同，按不同运杂费率计取。如供货条件约定由供货商负责运输和安装时（在购置价格中已含此部分价格），则不计运杂费。

D. 安装工程费的确定。参考《资产评估常用数据与参数手册》等资料，按照设备的特点、重量、安装难易程度，以含税设备购置价为基础，按不同安装费率计取。对小型无须安装的设备，不考虑安装工程费。

重置成本 = 市场价值 + 安装调试费

安装调试费是以设备购置价为基数，根据设备安装调试的具体情况、现场安装的复杂程度和配套补机附件及辅材消耗的情况评定费率。

E. 车辆。车辆重置价值包括市场购置价、车辆购置税和新车上户牌照手续费等，一般采用购置价与各项税费之和测算，其计算公式如下：

车辆重置价值 = 市场购置价 + 车辆购置税 + 新车上户牌照手续费等

车辆购置价一般通过查阅市场价格资料，车辆购置税为不含增值税价的 10%，新车上户牌照手续费等按当地交通管理部门规定计取。

2）成新率的确定。

A. 对发电机组，通过现场重点勘察，了解其工作环境、现有技术状况、近期技术资料、有关修理记录和运行记录等资料，作出现场勘察状况评分值（满分 100 分），即确定现场勘察成新率，该项权重 60%。再结合其理论成新率，该项权重 40%，采用加权平均法来确定其综合成新率。

综合成新率 = 理论成新率 × 40% + 现场勘察成新率 × 60%

B. 车辆的成新率，根据国家汽车报废标准的相关规定及实际行驶里程和现场勘察的情况综合评定。

综合成新率 = 理论成新率 × 40% + 技术鉴定成新率 × 60%

其中，理论成新率为年限法成新率测算结果和里程法成新率测算结果两者之中的较低者，即理论成新率取年限法成新率与里程法成新率孰低者。同时对待估车辆进行必要的勘察，并根据勘察结果进行适当的调整。

3）快速变现折扣系数的确定。根据评估基准日近期的房地产市场供求状况，以及以往 CC 金融公司类似可收回抵押物价值比例，确定快速变现折扣率 $\lambda_3$。

（3）评估案例。以轻型普通货车为例。

# 轻型普通货车评估

轻型普通客车型号为 BJ1027V2MA5-S；生产厂家为北汽福田汽车股份有限公司；车辆牌号：武 A88888，2009 年 12 月投入使用；现正常使用。账面原值为 72000.00 元，账面净值为 21312.00 元。主要技术参数如表 4-4 所示。

表 4-4　轻型普通客车主要技术参数

| 发动机型号 | 福田 4D20 |
|---|---|
| 排量（cc） | 1998 |
| 最大输出功率 | 52kW |
| 变速箱 | 5DYA（5 挡手动） |
| 额定载质量 | 475kg |
| 货厢尺寸 | 1480 毫米×1470 毫米×450 毫米 |

经查询，至评估基准日，该型号车辆的价格为 6.68 万元，应交不含税价 10% 的车辆购置附加税，取其他费用 400 元，按规定，生产用运输车辆可以抵扣增值税，税率为 17%，则重置成本为：

重置成本＝66800/1.17×（1+10%）+400＝63200 元（取整）

轻型货车的经济使用年限为 8 年，该车于 2009 年 12 月投入使用，已使用 4 年。规定行驶里程 400000.00 千米，已行驶 100000.00 千米。则：

使用年限成新率＝（1-4/8）×100%＝50%

行驶里程成新率＝（400000-100000）/400000×100%＝75%

理论成新率＝min（年限法成新率，里程法成新率）＝50%

经勘察，该车用于平时运送货物，外观整洁、内部座椅较干净，启动、刹车较灵敏，变速灵活，仪表显示正常，车辆起动时发动机噪声略大，车身、车架无变形，车身漆有部分脱落，未大修，取勘察调整系数为 1。

综合成新率＝理论成新率×调整系数＝50%×1＝50%

快速变现折扣率：根据评估基准日近期的房地产市场供求状况以及以往 CC 金融公司类似可收回抵押物价值比例，确定折扣率 $\lambda_3$ 为 30%。

该建筑物的评估值=63200×50%×（1-30%）

$$\approx 2.21 \text{（万元）}$$

对其他抵押机器设备进行类似测算，计算得出已抵押机器设备的评估值为 12.7 万元。

故已抵押资产可收回金额=已抵押房屋建筑物价值+已抵押土地使用权价值+

已抵押机器设备价值

$$=13.2+11.7+12.7=37.6 \text{（万元）}$$

## （二）对未抵押资产的评估

经现场调查了解，除抵押资产外，企业尚有部分房产和变压器、起重机、电力变压器、检测仪表等辅助设备以及电脑、空调、打印机、办公家具等办公设备未抵押，这些资产是债务人原来生产时所需要的资产。

1. 经验分析法确定债权资产价值收回比例

在确定快速变现折扣率时，根据 CC 金融公司近年不良贷款处置情况，CC 金融公司对债权的定性评价如下：A 类（很差），偿还比例为 0 ~ 5%；B 类（较差），偿还比例为 5% ~ 10%；C 类（一般），偿还比例为 10% ~ 20%；D 类（较好），偿还比例为 20% ~ 30%；E 类（很好），偿还比例 30% 以上。

综合以往经验分析，评估人员认为 J 县发电公司除抵押资产外，虽尚有部分有效资产，但企业现已停产，故一般偿债能力为 A 类（很差），一般偿还比例为 3%。

2. 市场法确定债权资产价值收回比例

根据 CC 金融公司债权形态及债务人所处地域，性质和交易条件等情况，对 CC 金融公司应收债务人的债权拟采取公开转让，采用市场比较法，确定其收回比例。

（1）根据所分析的 CC 金融公司债权和债务人企业特点及分析人员掌握的基本材料，选择 A 县供电有限责任公司、B 县电力总公司和 C 县水电站为本次分析债权资产价值的参照物。

（2）可比实例和债务人不良资产情况分析。不良资产的处置回收与债务人资产所处的行业、企业性质、交易批量以及贷款的金额等密切相关，这里参考企业及自然人承担保证责任偿债因素分类，将影响不良资产回收的影响因素分为贷款时间、本息结构、剥离形态、所属行业、资产情况、企业性质、企业规模、目前经营状况、历史信用状况、所处地域、不良资产市场状况、交易批量、交易时间、交易动机和回收债权比例，逐项列示可比实例和债务人的相关信息，具体情况如表 4-5 所示。

表 4-5　可比实例和债务人不良资产情况

| 因素项目 | 参照对象 | | | 分析对象 |
|---|---|---|---|---|
| | A 县供电有限责任公司 | B 县电力总公司 | C 县水电站 | |
| 贷款时间 | 1999.12 | 1993.12~2003.6 | 1995.4 | 1999~2001 |
| 本息结构（%） | 24.19 | 7.97 | 31.47 | 28.17 |
| 剥离形态 | 呆滞、可疑 | 呆滞、可疑 | 呆滞、可疑 | 呆滞、可疑 |
| 所属行业 | 其他 | 其他 | 其他 | 其他 |
| 资产情况 | 房屋 | 土地 | 房屋、设备 | 房屋、设备 |
| 企业性质 | 国有 | 合资 | 集体 | 国有 |
| 企业规模 | 小型 | 中型 | 小型 | 小型 |
| 目前经营状况 | 自营 | 关停 | 出租 | 关停 |
| 历史信用状况 | 较差 | 极差 | 极差 | 较差 |
| 所处地域 | 县城 | 县城 | 农村 | 县城 |
| 不良资产市场状况 | 不发达 | 不发达 | 不发达 | 不发达 |
| 交易批量 | 打包 | 单个 | 打包 | 打包 |
| 交易时间 | 2006 年 | 2006 年 | 2005 年 | 2007 年 |
| 交易动机 | 追索 | 追索 | 追索 | 追索 |
| 回收债权比例（%） | 40.97 | 25.94 | 4.21 | |

CC 金融公司根据多年总结的不良贷款处置情况，制定了"交易案例比较法因素调整参数表"，具体不良贷款可收回影响因素的参数调整打分标准如附表 4-1 所示。对照打分标准分别对参照对象和评估对象的各个项目进行打分，最后得到如表 4-6 所示的打分结果。

表 4-6　交易案例比较法因素调整参数

| 因素项目 | 参照对象 | | | 分析对象 |
|---|---|---|---|---|
| | A 县供电有限责任公司 | B 县电力总公司 | C 县水电站 | |
| 贷款时间 | 3 | 3 | 2 | 3 |
| 本息结构（%） | 5 | 5 | 4.5 | 5 |
| 剥离形态 | 5 | 5 | 5 | 5 |
| 所属行业 | 7 | 7 | 7 | 7 |
| 资产情况 | 5 | 5 | 10 | 10 |
| 企业性质 | 5 | 3 | 4 | 5 |
| 企业规模 | 1 | 3 | 1 | 1 |
| 目前经营状况 | 5 | 1 | 4 | 1 |
| 历史信用状况 | 3 | 1 | 1 | 3 |
| 所处地域 | 7 | 7 | 1 | 7 |
| 不良资产市场状况 | 4 | 4 | 4 | 4 |
| 交易批量 | 3 | 5 | 3 | 3 |
| 交易时间 | 4 | 4 | 3 | 5 |
| 交易动机 | 3 | 3 | 3 | 3 |
| 合计得分 | 60 | 56 | 52.5 | 62 |

（3）债务人不良资产回收比例确定。根据以上参照对象与债务人相似程度，分析人员分别将其权重确定为 30%、30%、40%，则分析 CC 公司对债务人的债权资产价值收回比例：

（62/60×30%×40.97%）+（62/56×30%×25.94%）+（62/52.5×40%×4.21%）= 23.31%

根据以上两种分析结果，经分析人员判断，其权重分别确认为 10% 和 90%，则 CC 金融公司实际可以收回的债权资产价值比例：

3%×90% +23.31%×10% ≈ 5.03%

CC 金融公司一般债权受偿价值 =（1900249 −376000）×5.03%

≈7.67（万元）

### （三）对保证人担保资产的评估

1. 担保基本情况

截至 2006 年 12 月 31 日，CC 公司应收债务人 J 县发电公司债权金额为 1900249.00 元，其中本金为 1364900.00 元，表外利息为 318928.55 元，孳生利息为 216420.45 元。根据 CC 公司提供的审查法律意见书及相关资料，债务人贷款 96.49 万元由 F 省 J 县供电有限责任公司做保证并签订了保证借款合同，保证有效。

（1）合同编号为 1999 年工信 A 字第 020 号，1999 年 12 月 22 日贷款 70 万元，用途为生产周转，贷款期限为 12 个月，月利率 6.3375‰，抵押方式为保证；保证合同编号 1999 年工信 A020 号，2004 年已还款 100 元，本金余额 699900.00 元。

（2）合同编号为 1999 年国工字第 031 号，1999 年 6 月 18 日贷款 67 万元，贷款期限为 12 个月，月利率 5.85‰，抵押方式为保证；保证合同编号 1999 年国工字第 011-1 号，已于 2001 年还款 405000.00 元，本金余额 265000.00 元。

（3）合同编号为 2001 年 J 字第 0135 号，2001 年 12 月 31 日贷款 40 万元，用途为归还 1999 年贷款，贷款期限为 12 月，月利率 6.3375‰，贷款方式为抵押贷款；抵押合同编号 2001 年 J（抵）字第 0121 号。

2. 保证人的保证金额计算

保证人的保证金额是保证人应承担的保证金额，应是在债务人原来承担的保证本息总额的基础上，扣除债务人可以清偿后的余额部分，即保证人应承担的保证金额 = 保证人原来承担的保证本息 - 债务人可清偿金额。

保证金额 = 保证本金 + 保证利息

保证利息 = $(\sum$ 保证本金 × 表外利息计息天数$)/(\sum$ 保证本金 × 表外利息计息天数$)$ × 表外利息 + $(\sum$ 保证本金 $/\sum$ 贷款本金$)$ × 孳生利息

截至 2006 年 12 月 31 日，贷款本金为 1364900 元，其中，保证人 F 省 J 县供电有限责任公司保证本金为 964900.00 元。表外利息为 318928.55 元，孳生利息为 216420.45 元，抵押本金为 400000 元。

保证利息=｛（699900×1576+265000×1576）÷[（699900×1576+265000×1576）+（400000×1201）]｝×318928.55+（964900÷1364900）×216420.45=242363.35+152995.89=395359.24（元）

保证金额=保证本金+利息
　　　　=964900+395359.24
　　　　≈136.03（万元）

保证人应承担的保证金额=136.03-（37.6+7.67）
　　　　　　　　　　　=90.76（万元）

3. 保证人可收回金额的测算

（1）经验分析法确定债权资产价值收回比例。在确定快速变现折扣率时，根据 CC 金融公司近年不良贷款处置情况，CC 金融公司对债权的定性评价：A 类（很差），偿还比例为 0~5%；B 类（较差），偿还比例为 5%~10%；C 类（一般），偿还比例为 10%~20%；D 类（较好），偿还比例为 20%~30%；E 类（很好），偿还比例为 30%以上。

综合以往经验分析，评估人员认为 J 县供电公司现处于正常的生产经营，但该公司企业职工较多，负担较重，对保证的贷款还款意愿较差。除抵押资产外，虽尚有部分有效资产，但企业现已停产，故一般偿债能力为 C 类（一般），一般偿还比例为 10%。

（2）市场法确定债权资产价值收回比例。根据 CC 金融公司债权形态及债务人所处地域、性质和交易条件等情况，对 CC 金融公司应收债务人债权的担保公司拟采取公开转让，采用市场比较法，确定其收回比例。

1）根据所分析 CC 金融公司的债权和债务人企业特点及分析人员掌握的基本材料，选择 A 县供电有限责任公司、B 县电力总公司和 C 县水电站为本次分析债权资产价值的参照物。

2）可比实例和担保人担保责任的情况分析。不良资产的处置回收也与担保人资产所处的行业、企业性质等相关，这里参考 CC 金融公司发布的《企业及自然人承担保证责任偿债因素分类》，将担保人影响不良资产回收的因素分为保证时间、贷款形态、所属行业、资产情况、企业性质、企业规模、目前经营状况以及所处地域，逐项列示担保人的相关信息，具体情况如表4-7所示。

### 表 4-7 担保人承担保证责任因素分析

| 因素项目 | 分　类 | 标准分值 | 实际分值 | 分析对象 |
|---|---|---|---|---|
| 保证时间 | 1. 2000 年 5 月 1 日以后具有连续中断诉讼时效证明材料<br>2. 1995 年 10 月 1 日~2000 年 4 月 30 日<br>3. 1995 年 10 月 1 日之前 | 10 | 1 类为 10 分<br>2 类为 6 分<br>3 类为 2 分 | 10 |
| 贷款形态 | 1. 一般呆滞<br>2. 事实呆账 | 10 | 1 类为 10 分<br>2 类为 4 分 | 10 |
| 所属行业 | 1. 纺织、机械、电子、矿冶、制药<br>2. 建材、化工、建筑、修理、运输<br>3. 商业、供销、物资、外贸、餐馆、其他<br>4. 农业、林业、牧业、渔业<br>5. "15 土小"企业<br>6. 自然人 | 20 | 1 类为 20 分<br>2 类为 16 分<br>3 类为 12 分<br>4 类为 8 分<br>5 类为 3 分<br>6 类为 1 分 | 20 |
| 资产情况 | 1. 土地、房屋、设备<br>2. 有土地、房屋、设备两项<br>3. 仅有土地、房屋、设备一项<br>4. 无可变现有效资产 | 20 | 1 类为 20 分<br>2 类为 14 分<br>3 类为 8 分<br>4 类为 2 分 | 20 |
| 企业性质 | 1. 国有<br>2. 集体<br>3. 合资<br>4. 私营<br>5. 自然人 | 10 | 1 类为 10 分<br>2 类为 8 分<br>3 类为 6 分<br>4 类为 4 分<br>5 类为 2 分 | 10 |
| 企业规模 | 1. 大型<br>2. 中型<br>3. 小型<br>4. 自然人 | 6 | 1 类为 6 分<br>2 类为 4 分<br>3 类为 2 分<br>4 类为 1 分 | 4 |
| 目前经营状况 | 1. 自营<br>2. 出租<br>3. 改制<br>4. 半关停<br>5. 关停 | 15 | 1 类为 15 分<br>2 类为 12 分<br>3 类为 9 分<br>4 类为 6 分<br>5 类为 3 分 | 15 |

续表

| 因素项目 | 分　类 | 标准分值 | 实际分值 | 分析对象 |
|---|---|---|---|---|
| 所处地域 | 1. 中心城市<br>2. 县城<br>3. 乡镇<br>4. 农村（城郊按下一类级计算） | 9 | 1 类为 9 分<br>2 类为 6 分<br>3 类为 4 分<br>4 类为 2 分 | 6 |
| 合计 | | 100 | | 95 |
| 其他因素调整 | 企业职工较多，负担较重，还款意愿差 | -50 | 情况说明及理由 | -20 |
| 最后得分 | | | | 75 |

CC 金融公司根据多年的不良贷款处置情况，对保证人的各项影响因素进行打分，得到保证人的得分，再综合其他调整因素得到最后的分值，测算出可收回的比例。经过测算，保证人担保影响因素得分为 75 分，即基于偿债的视角，保证人担保部分可收回的金额占担保部分应回收金额的 75%。

3）债权资产价值的收回比例。从上述分析可以得知，保证金额及偿债比例按综合因素分析法和偿债因素分析法在整个价值分析中的权重进行加权，计算得出最后的债权偿还比例，这里确定经验分析法测算的权重为 90%，市场法测算的权重为 10%。

偿债收回比例 = 经验分析法计算的比例×权重 + 市场法计算的比例×权重
　　　　　　= 10%×90% + 75%×10%
　　　　　　= 16.50%

4）保证人可收回金额的测算。

保证人可收回金额的测算 = 保证人应承担的保证金额×收回比例
　　　　　　　　　　　 = 90.76×16.50%
　　　　　　　　　　　 = 14.98（万元）

# 六、评估结论

经分析，CC 金融公司债权通过债务人自身一般受偿 7.67 万元，抵押物变现优先受偿 37.6 万元，通过保证人受偿 14.98 万元，综合受偿金额为 60.25 万元，综合受偿比例29.76%。同时，鉴于这种评估分析占有资料的有限性和分析判断的主观性，因此，建议债权人采用公开透明的处置方式处置该债权，由市场决定成交价格。

附表4-1　不良贷款可收回影响因素打分标准

| 因素项目 | 分　　类 | 修改后标准分植 | 分值说明 |
|---|---|---|---|
| 贷款时间 | 1. 1990年以前到期<br>2. 1990~1995年到期<br>3. 1995年以后到期 | 5 | 1类权重为0.5；2类权重为1.5；3类权重为3。按以上三类分别占总贷款本金的比例乘以权数得出分值 |
| 本息结构 | 全部利息占债权总额的百分比（以30%）为标准 | 5 | 30%及以下为5分<br>30%~35%（不含35%）为4.5分<br>35%~40%（不含40%）为4分<br>40%~45%（不含45%）为3.5分<br>45%~50%（不含50%）为3分<br>50%~55%（不含55%）为2.5分<br>55%~60%（不含65%）为2分<br>60%~65%（不含65%）为1.5分<br>65%以上为1分 |
| 剥离形态 | 1. 呆滞、可疑<br>2. 呆账、损失 | 5 | 1类为5分<br>2类为2分 |
| 所属行业 | 1. 纺织、机械、电子、矿冶、制药<br>2. 建材、化工、建筑、修理、运输<br>3. 商业、供销、物资、外贸、餐馆、其他<br>4. 农业、林业、牧业、渔业<br>5. "15土小"企业 | 15 | 1类为15分<br>2类为11分<br>3类为7分<br>4类为3分<br>5类为1分 |
| 资产情况 | 1. 土地、房屋、设备<br>2. 有土地、房屋、设备两项<br>3. 仅有土地、房屋、设备一项<br>4. 无可变现有效资产 | 15 | 1类为15分<br>2类为10分<br>3类为5分<br>4类为0分 |

续表

| 因素项目 | 分　类 | 修改后标准分植 | 分值说明 |
|---|---|---|---|
| 企业性质 | 1. 国有<br>2. 集体<br>3. 合资<br>4. 私营 | 5 | 1 类为 5 分<br>2 类为 4 分<br>3 类为 3 分<br>4 类为 2 分 |
| 企业规模 | 1. 大型<br>2. 中型<br>3. 小型 | 5 | 1 类为 5 分<br>2 类为 3 分<br>3 类为 1 分 |
| 目前经营状况 | 1. 自营<br>2. 出租<br>3. 改制<br>4. 半关停<br>5. 关停 | 5 | 1 类为 5 分<br>2 类为 4 分<br>3 类为 3 分<br>4 类为 2 分<br>5 类为 1 分 |
| 历史信用情况 | 1. 差<br>2. 较差<br>3. 极差 | 5 | 1 类为 5 分<br>2 类为 3 分<br>3 类为 1 分 |
| 所处地域 | 1. 中心城市<br>2. 县城<br>3. 乡镇<br>4. 农村（城郊按下一类级计算） | 10 | 1 类为 10 分<br>2 类为 7 分<br>3 类为 4 分<br>4 类为 1 分 |
| 不良资产市场状况 | 1. 发育<br>2. 一般<br>3. 不发育<br>4. 极不发育 | 10 | 1 类为 10 分<br>2 类为 7 分<br>3 类为 4 分<br>4 类为 1 分 |
| 交易批量 | 1. 单个<br>2. 打包 | 5 | 单个为 5 分<br>打包为 3 分 |
| 交易时间 | 年度 | 5 | 2003 年为 1 分<br>2004 年为 2 分<br>2005 年为 3 分<br>2006 年为 4 分<br>2007 年为 5 分 |

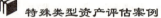 

| 因素项目 | 分　　类 | 修改后标准分植 | 分值说明 |
|---|---|---|---|
| 交易动机 | 1. 自用、抵债务<br>2. 追索、再转让 | 5 | 1 类为 5 分<br>2 类为 3 分 |
| 合计 | | 100 | |
| 调整因素 | 详细说明调整的原因 | −50 | |

# 附录4　案例使用说明

## 一、教学目的与用途

### 1. 适用的课程

本案例主要适用于资产评估案例分析课程，也适用于金融资产以及其他债权债务、快速变现等相关资产价值的评估课程。

### 2. 适用对象

资产评估专业学位硕士研究生、普通本科生及专科生，也适用于其他专业资产评估相关人员的学习。

### 3. 教学目的

通过此案例的教学，使学生对金融资产评估特别是金融不良资产价值评估有一个全面的认识，对金融不良资产价值评估的评估目的、价值类型、评估对象和范围、评估基准日、评估方法、评估假设等评估基本事项的确定有一个比较全面的了解，对市场法、经验分析法、偿债因素分析法以及基准地价修正法在价值评估中的运用有大致的理解，体会金融不良资产价值评估的思路，特别是当运用市场法在评估单位可能无法取得必要的评估资料时，通过借鉴偿债因素的分析，达到评估出结果的目的。这些对掌握金融不良资产的评估具有较好的借鉴作用，有助于学生掌握各类参数的选取和确定，提高分析问题和解决问题的能力。

## 二、启发思考

（1）金融不良资产属于无形资产吗？评估金融不良资产价值时，可以采用收益法、市场法和成本法吗？如果可以采用其中的一种或者几种方法，评估时需要关注哪些问题？金融不良资产与债务人企业的资产存在关系吗？与担保人企业的资产存在关系吗？如果存在请说明它们之间存在怎样的关系。

（2）金融不良资产的含义是指什么？金融不良资产属于金融资产管理公司

的，还是属于债务人或者担保人的？为什么？评估金融不良资产时，担保人在其中起到什么样的作用？对担保人在其中所起到的作用如何界定？担保范围以外的资产也需要承担责任吗？为什么？

（3）金融不良资产的评估，与企业的性质、经营计划和发展规划有关系吗？请谈谈金融不良资产与企业的资产、企业的经营和企业未来发展之间存在怎样的关系。

## 三、分析思路

本案例评估的是 CC 金融公司持有的 F 省 J 县发电公司的不良资产的价值，由某银行通过资产剥离，转入 CC 金融公司，其历史形成过程清晰，转交资料较为齐全。为了测算 CC 金融公司处置该项资产可以收回的金额，需要对这项不良资产进行评估。通过分析不良资产的结构，发现不良资产债务人的资产类别可以分为三类：已抵押资产、未抵押资产和担保人担保资产。如果能够评估出这三类资产可收回金额，实质上也评估出了 CC 金融公司持有的 F 省 J 县发电公司的不良资产的价值，因此，本案例可以考虑在不良资产分类基础上，对各类资产分别进行评估，再汇总确定评估对象的价值。

对已抵押资产的可收回价值，按照抵押资产的实际价值，扣除快速变现的折扣后，确定其可收回评估值；对未抵押资产的可收回价值，可以根据 CC 金融公司在处理不良资产的经验基础上，结合偿还债务市场影响因素评分的方法，得出可收回比例，再乘以不良资产总额扣除抵押资产可收回价值后的数额，得出的评估值作为可收回价值；担保人担保资产是可经过其他企业或者个人授权，在债务人不能偿还债务时，担保人有责任替债务人偿还担保范围内的贷款本息的可收回金额，本案例的贷款作为不良资产，已经确认无法按期足额收回贷款及利息，担保人在债务人不能全部偿还贷款本息的情况下，需要承担连带责任，需要替债务人偿还担保范围内的贷款。对担保人做出担保的不良资产，可以对担保人采用与债务人未抵押资产同样的方法，确定可收回金额，所不同的是，债务人处于停产状态，而担保人处在生产经营状态，所以影响债务偿还的因素存在差异，打分时调整因素也会存在差异。

需要注意的是，本案例各类资产评估测算的价值类型为清算价值，在设定假设时，应该将基本假设设定为清算假设；在评估方法的选取上，需要采用谨慎性的原则选择评估方法。同时，不良资产的处置，还需要考虑快速变现的影响，所以在评估时需要考虑折扣率因素。

## 四、理论依据与分析

### 1. 谨慎性原则

谨慎性原则是指在财务会计中某些经济业务有几种不同会计处理方法和程序可供选择时，在不影响合理选择的前提下，应当尽可能选用对所有者权益产生影响最小的方法和程序进行会计处理，合理核算可能发生的损失和费用。这里是指对不良资产处置时，按照保守可能收回的金额确定其价值。

根据我国《金融资产管理公司财务制度（试行）》中规定，金融管理公司必须遵循谨慎性原则，充分估计并恰当反映和披露不良资产处置可能发生的风险和损失。对于或有收益，应在其整体债权最终以实现形态收回时方予确认，不良资产的处置方式可以有打包处置、破产清算、公开拍卖等。

在本次评估中，由于评估对象为不良资产形成的债权，其是由国内某银行的不良贷款形成的，且债务人已经处于停业状态，回收不良贷款的可能性较低，未来不良资产处置可能发生的风险和损失较高，须遵守谨慎性的原则。同时，在评估结论中，也需要提请委托方注意，该评估结果只是可能实现的结果，建议债权人采用公开透明的处置方式处置该债权，由市场决定成交价格。

### 2. 经验分析原则

不良资产的处置由于市场环境、资产所处的状态以及政策导向处于不断变化中，特别是资产的处置方式、债务人的经营现状等会对不良资产处置结果产生较大的影响，但这些影响暂且没有特别有效的理论指导，只能根据过去几年在处理这些不良资产时所获得的经验进行定性判断，主要是通过调阅债权剥离收购资料和债务人信贷档案，结合调查情况及搜集的材料综合确定债权潜在价值。它适用于能够取得部分财务资料和经营资料，但不够齐全。债务人F省J县发电公司由于经营不善已经关停，无法取得全部的财务资料和经营资料，企业配合程度一般，采用经验分析法较为适宜。

经验分析法的基本程序：①调阅债权债务关系形成及维权情况的全部档案资料。②根据收购时的档案资料进行相关分析，主要是分析贷款的历史形成、导致损失的原因、债务人经营状况、银行的清分资料等。③搜集并分析调查资料及当地宏观经济环境及债权交易市场状况等资料。④对担保、抵押情况及价值进行分析。⑤填写《中国CC管理公司债权资料分析表》，并得出分析结果。

3. 可比原则

由于不良资产差异较大，不同类型资产影响其收回债权的因素较多，经过多年处理不良资产的实践，影响债权资产的回收还是存在一定的共性因素，对企业类型相似、所处地域类似、行业相同、贷款情况差异不大的债务人，债权人可收回不良资产的比例应该有一定的相似性，为此，本案例参考影响偿债因素的分析方法，分析债权人可收回不良资产的比例。

首先通过定性分析掌握债权资产的基本情况和相关信息，确定影响债权资产价值的各种因素，其次选取若干近期已经发生的与被分析债权资产类似的处置案例，对影响债权资产处置价格的各种因素进行量化分析，必要时可通过适当方法选取主要影响因素作为比较因素，与被分析债权资产进行比较并确定比较因素修正系数，对交易案例的处置价格进行修正并综合修正结果得出被分析债权资产价值的一种分析方法。当可获取的样本量足够大时，可以运用数理统计的方法（如回归分析、方差分析等）对样本进行分析，以此为基础测算债权资产价值。

使用交易案例比较法应当注意以下问题：①评估人员应当通过尽职调查获取必要的资料信息；②能够获得类似或具有合理可比性的债权资产处置案例作为参照物，这些案例应当是近期发生的并且具备一定数量；由于债权资产情况比较复杂，债权资产之间的可比性较弱，注册资产评估师应当予以高度关注，避免误用、滥用交易案例比较法；③债权资产如有抵押、担保等因素，应当单独分析。

4. 替代原理

根据市场运行规律，在同一商品市场中，商品或提供服务的效用相同或大致相似时，价值低者吸引需求，即有两个以上互有替代性的商品或服务同时存在时，商品或服务的价值是经过相互影响和比较之后才决定的。土地价值也同样遵循替代规律，即同类具有替代可能的土地价值相互牵制，相同使用价值有替代可能的宗地之间，会相互影响和竞争，使价值相互牵制，而趋向一致。

因此，在正常的市场条件下，具有相似土地条件和使用价值的土地，在交易双方具有同等市场信息的基础上，应当具有相似的价格，基准地价是某一级别或均质地域内分用途的土地使用权平均价格，该级别或均质区域内该类用地的其他宗地价格在基准地价上下波动。

## 五、案例分析的关键要点

1. 本案例分析的关键点

（1）对评估对象及范围的认识。本案例是对 CC 金融公司金融不良资产的评估，具体为某银行划转的不良贷款，债务人为 F 省 J 县发电公司，所以评估对象为 CC 金融公司持有的 F 省 J 县发电公司债权。

对债权评估需要涉及债权形成背后的经济行为，包括抵押行为、担保行为等，所以本案例的评估范围包括抵押资产、担保人以及债务人所拥有的资产，具体为抵押的房地产、机器设备，担保人的资产及负债以及债务人未抵押的资产及负债。

（2）评估方法的选择。金融不良资产评估涉及的评估方法需要根据资产类型、可收集资料以及经济行为等因素确定，本案例的评估资产可分为已经抵押资产、未抵押资产和担保人保证还款部分，根据谨慎性原则，分别对上述三类资产进行评估。对抵押的房地产和机器设备，用常规的成本法和基准地价修正法进行评估，这里不再赘述，仅就经验分析法和市场法进行说明。

经验分析法是 CC 金融公司根据长期处置不良资产，在积累经验的基础上得出的概算方法，由评估人员与 CC 金融公司的有关人员进行沟通，归纳分析得出结论的方法，这种方法只能大概确定债权回收比例。经验分析法是较为有效的一种方法，主要通过调阅剥离收购资料，剖析债务人信贷档案，结合调查情况及搜集的资料综合确定债权潜在价值的方法，它适用于能够取得部分财务资料和经营资料，但不够齐全的情形。债务人 F 省 J 县发电公司由于经营不善已经关停，故无法取得完备的财务资料，适用于此方法。

由于是对不良资产——债权的评估，且这类资产近几年处置的案例较多，案例数据较多，可比案例也经常出现，因此可以采用市场法进行评估。具体为首先掌握所评估资产的基本情况和相关信息，确定影响债权资产价值的各种因素，然后选取若干近期已经发生的与所评估债权类似的处置案例，对影响债权处置价格的各种因素进行量化，再与所评估债权资产进行比较以确定因素修正系数，最终分析债权资产的收回价值。由于债务人 F 省 J 县发电公司已经关停，故无法掌握基本的情况，适用于此法。

（3）影响偿债比例因素的确定。偿债比例一方面可以通过经验进行分析，综合判断确定，另一方面可以参考不良贷款可收回影响因素打分标准和企业及自然人承担保证责任偿债因素打分标准确定，这两项打分标准是在实地调查的基础上，综合考虑经济环境、政策导向等因素基础上确定，最后通过加权平均的方法确定偿债比例参数。

2. 关键知识点及能力点

（1）清算价值及清算假设。能够确定本次评估的价值类型是清算价值，清算价值是指当评估对象面临被迫出售、快速变现或者评估对象具有潜在被迫出售、快速变现等情况时，通常应当选择清算价值作为评估结论的价值类型。本次评估是 CC 金融公司为处置不良债权而进行的评估，符合清算价值类型的定义，确定价值类型为清算价值。

熟知清算假设的含义，清算假设是对资产在非公开市场条件下被迫出售或快速变现条件的假定说明。清算假设首先是基于被评估资产面临清算或具有潜在的被清算的事实或可能性，再根据相应数据资料推定被评估资产处于被迫出售或快速变现的状态。由于清算假设假定被评估资产处于被迫出售或快速变现条件之下，被评估资产的评估值通常要低于在公开市场假设前提下或持续使用假设前提下同样资产的评估值。

（2）快速变现折扣率的确定。本案例的价值类型为清算价值，评估假设为清算假设，所以快速变现是必须要考虑的情况，它通过折扣率反映出来。本案例的折扣率是通过经验分析方法得出，虽然不一定是最优的方法，但目前没有更好的确定折扣率的方法，只能从以往处置不良资产的实例中提取，有一定的合理性。

（3）具体影响偿债因素的确定。能够对债务人和保证人分别分析影响偿债因素，对债务人的影响因素主要有贷款时间、本息结构、剥离形态、所属行业、资产情况、企业性质、企业规模、目前经营状况、历史信用状况、所处地域、不良资产市场状况、交易批量、交易时间、交易动机等，逐项列示债务人的相关信息，对担保人影响不良资产回收的因素主要有保证时间、贷款形态、所属行业、资产情况、企业性质、企业规模、目前经营状况以及所处地域等，逐项列示担保人的相关信息。能够对这些影响因素进行量化打分，打分的依据按照可收回债权的可能性，可参考企业及自然人承担保证责任偿债因素的相关内容确定。

（4）成新率的确定。本案例的成新率采用综合因素加权的方法确定，对房屋建筑物采用年限法和现场打分法，分别确定各自的成新率，再加权确定房屋建筑物的成新率；对机器设备则是采用理论成新率和现场勘察成新率的方法，分别确定各自的成新率，再加权确定机器设备的成新率。如房屋的成新率采用待评房屋成新率等于年限成新率乘以年限成新率所占的权重，加上现场分项打分成新率乘以现场分项打分成新率所占权重。

（5）基准地价修正系数。本案例的土地使用权评估采用的是基准地价系数修正法，它是在城镇基准地价标准的基础上，根据待估宗地所处位置及自身的特点，对待估宗地进行评估期日修正、使用年期的修正、区域因素修正、个别因素修正得到待估宗地的价值。

应能够对各项参数进行测算，具体包括评估期日修正系数、土地使用年期修正系数、开发程度修正系数、区域因素修正系数和个别因素修正系数。评估期日修正系数是根据自基准地价发布以来同类地段地价涨落变化的情况确定，开发程度修正系数是根据宗地的"三通一平""五通一平"或者"七通一平"的情况确定，土地使用年限修正系数是将土地用途相对应的最长使用年限修正为评估对象使用年限的参数。区域因素和个别因素是根据宗地的基础设施、配套设施、环境质量以及宗地自身的形状、地质条件等判断确定评估对象的参数。

（6）重置成本的确定。重置成本包括房屋建筑物的重置成本和机器设备的重置成本。在房屋建筑物的评估中，重置成本需要考虑土地取得费用、前期勘探设计费用、报建费用、安装费用、管理费用、利息和利润，并能够列示出每项费用的依据。机器设备评估中需要累加的项数较多，需要明确每一项的含义，如在车辆评估中，该型号车辆的价格加上应交不含税价的车辆购置附加税等费用，如果评估引进设备重置价，是按照公式设备到岸价（CIF）×评估基准日外汇率+海关关税+增值税+综合费用（进出口代理、银行、商检等费用）+国内运杂费+安装调试费+资金成本＝（CIF）×汇率×[1+海关关税率+增值税率×（1+关税率）+综合费率+国内运杂费率+安装调试费率]×（1+年贷款利率×年限）进行测算。

# 六、建议课堂计划

### 1. 课时安排

本案例总共安排6课时。第1课时、第2课时进行案例介绍讲解，第3课时、第4课时、第5课时进行小组讨论，第6课时对发言总结。

### 2. 黑板板书布置

黑板板书分三部分：左边是提出的问题，包括评估思路、评估方法、参数选择、评估基本事项确定等。中间是小组讨论的针对上述问题的结果。右边是对小组讨论结果的点评。

3. 案例背景了解

在开始案例教学时就需要学生掌握案例背景，有关的材料可以在第 1 课时、第 2 课时让学生熟悉，边讲解边解答学生的疑问。

4. 小组分组

本案例以 25 人班级为宜，分为 5 个小组，每个小组 5 人。

5. 小组讨论内容

（1）金融不良资产主要有哪些？它们是如何形成的？为什么要对金融不良资产进行评估？

（2）金融不良资产的评估方法有哪些？对金融不良资产的评估，主要是对什么的评估？

（3）在对金融不良资产评估时，其评估思路、评估目的、价值类型、假设条件、评估基准日如何确定以及确定的理由？

（4）在对金融不良资产评估时，资产管理公司处置不良资产的经验和参数重要吗？评估人员在评估过程中，如何借鉴和分析这些评估经验和参数？

（5）企业及自然人偿还债务的评价项目和评价指标根据什么确定，这些评价项目和评价指标会在评估中起到什么作用？

（6）在对金融不良资产评估时，如何看待债务人和保证人的资产？这些资产与债权人持有的债权是什么关系，评估时需要考虑这些资产吗？

（7）抵押贷款属于债权人的债权吗？对这些资产该如何进行评估？

6. 案例开场白和结束总结

（1）开场白。本案例是评估实务中的真实案例，是关于金融不良资产的评估，由于某银行将债务人在该行的贷款转移给 CC 金融公司，并签订了债权转让协议。债务人已经关停，无力按时偿还贷款，因此拟对 CC 金融公司持有的债务人债权进行价值评估。先需要对评估对象和范围有一个清晰的认识，在了解了相关的背景资料后，依据资产评估准则的相关要求，逐项确定评估目的、评估基准日及评估方法和假设条件等事项。这里需要关注金融不良资产评估方法的选择以及如果债务人关停，评估单位可能无法取得必要的评估资料的条件下如何确定可收回金额。这里要求每一个小组完成一份完整的评估报告书，资产评估的基本要素要在评估报告中体现，并说明确定的理由，关键要阐明评估技术路线、评估步骤、需要关注的问题等。

（2）结束总结。本案例主要介绍了金融不良资产的评估过程，在评估过程中除了采用成本法、基准地价修正法外，还采用了经验分析法、市场法进行评估，对于本次债务人和债权担保人所涉及的债权，考虑用经验分析法和偿债因素分析法确定担保人的偿债比例。同时本案例还涉及了评估目的、评估对象和范围、价值类型、评估假设、评估基准日、评估方法等评估基本事项，特别是清算价值类型、清算假设和快速变现折扣率问题，需要系统掌握和了解，熟悉金融不良资产评估的步骤和过程，以切实提高实际操作的能力及解决问题的能力。

7. 案例的组织引导

在开场白之后，对案例的基本评估思路进行讨论，明确评估的技术路线。然后对案例的具体材料进行搜集和分析，确定评估的对象和范围，通过小组讨论的形式确定评估方法，并要求比较各种方法的适用条件。再就评估的有关事项进行小组讨论，如评估步骤、评估基准日、假设和限制条件、评估参数确定等。对于像评估参数确定、评估假设、价值类型这样的关键点可以让学生充分讨论，提出自己的观点，再综合比较点评。接下来是参数的测算和求取，根据时间和学生水平的高低，可以让学生分组，每个小组讨论若干内容。最后是按照标准撰写评估报告，可以将评估报告和工作底稿拆分若干部分，每个小组完成一部分，要求学生在本部分首页注明本部分的重点。

小组讨论可以将讨论内容分给不同的小组，各小组内容互不相同，也可以一个小组承担多项讨论内容，具体视人数和学生水平高低来确定。

## 七、案例的后续进展

案例在课堂进行讨论后，各小组可以单独完成评估报告内容，也可以每个小组完成评估报告的一部分，规定在一定时期内上交，并在课后点评。

本案例虽然是真实的评估案例，但也有不足之处，在后面的教学过程中，将针对案例的不足之处，比如经验分析是否需要进一步完善，基准地价修正的具体系数判断依据等，在以后的教学过程中逐步完善。

## 八、其他教学支持材料

1. 计算机支持

计算机要能够接通互联网，具备至少可供 6 个小组同时上网的接线工具。

2. 技术支持

参与案例小组的学生能够熟练使用 Word、Excel 等常用办公软件，能够熟练掌握查询各类资源的方法，具有查阅评估所需资料的网址资源等。

3. 查询功能支持

教学单位需具备上网查阅 Wind 金融数据库或是巨灵金融服务平台有关信息的条件，并准备相关的教学电子资料。

4. 多媒体教学设施设备支持

可以通过 PPT 等形式播放案例的背景资料、启发性问题等内容，增进学生对案例材料的理解。

# 案例五

---

## 旅游公司拟收购风景区内饭店的评估

    本案例起始于 2005 年 9 月 25 日，某上市旅游公司打算完善其产业链条，做大做强上市公司，拟收购景区内的 X 饭店。2005 年 9 月 28 日，评估机构工作人员就该项评估项目的具体问题向部分高校学者、委托方进行了咨询，确定了与评估相关的一些基本事项，如评估对象及范围、评估方法、评估基本思路、评估的技术路线以及评估假设等，在经过评估以后形成了本报告的主要内容。本案例主要采用收益法对收购的资产进行评估，具体是先对构成企业价值的资产作经营性资产和非经营性资产划分调整，对经营性资产在测算净收益、折现率和收益期限的基础上进行评估，对非经营性资产和负债采用成本法评估。本案例具有一定的代表性，反映了旅游风景区内饭店评估的一些特点，选用该案例作为教学案例比较合适。

    本案例的被评估单位为 X 饭店，系 J 集团下属的全资子公司，位于 HS 市风景区。X 饭店原系 XHS 旅游公司与香港 XDD 酒店（集团）有限公司合资组建的中外合作企业，合作期限 14 年，1988 年 12 月建成后对外经营。从 1988 年建设完成并成为中国 HS 市风景区的主要旅游接待宾馆后，逐步成为国内外知名度较高的高山旅游饭店，是 HS 市风景区首家通过 ISO9001 质量管理体系认证和 ISO14000 环境管理体系认证的企业，也是 X 省第一家世界金钥匙酒店联盟成员。X 饭店经营多年来，先后获得了全国优秀星级饭店、全国绿色餐饮企业、X 省餐饮名店等称号。1996~2005 年连续 9 年获得 X 省优秀星级饭店称号。其经营范围包括住宿、餐饮、食品、饮料、烟、酒、字画、旅游纪念品零售；卡拉 OK 歌舞厅、桑拿按摩、美容美发等。

# 一、评估的基本事项

## （一）委托方简要介绍

本案例的评估委托方是 HS 市旅游公司，成立于 1993 年 7 月 29 日，注册资本 16000 万元，法人代表为李四，公司住所位于 HS 市 DA 县玉屏路 129 号。该公司为深圳证券交易所上市公司，公司股票代码为×××××，其主要经营范围是旅游运输、旅游观光服务、旅游资源开发、旅游工艺品制造和销售、卫星定位产品的销售及监控服务、园林绿化、文化展览、摄影等。

## （二）评估目的

本次评估是 HS 市旅游公司为了做大做强公司的业务，扩大经营规模，拟出资收购 X 饭店 100% 的股权，为了摸清 X 饭店的价值，委托 HS 市资产评估公司对其价值进行评估。

所以本次评估目的是为 HS 市旅游公司拟收购 X 饭店 100% 的普通股股权的经济行为提供价值参考意见。

## （三）价值类型

本次评估是为 HS 市旅游公司收购 X 饭店 100% 的普通股权提供价值参考，而 X 饭店在评估基准日仍在持续经营，所以，本次评估 X 饭店 100% 的股权价值类型是其在持续经营、缺少流通、具有控制权状态下，于评估基准日所表现的市场价值。

市场价值是指自愿买方和自愿卖方在各自理性行事且未受任何强迫压制的情况下，资产在基准日进行正常公平交易的价值估计数额。

## （四）评估对象和范围

本次评估对象为 X 饭店评估基准日的股东全部权益价值。

本次评估范围为 X 饭店评估基准日账面反映的全部资产和负债。

## （五）评估依据

评估依据主要包括法律法规依据、评估准则依据、经济行为依据以及取价依据等。具体如下：

### 1. 法律法规依据

法律法规依据包括本次评估涉及的经济行为文件：国务院 1991 年 91 号令《国有资产评估管理办法》；原国资局国资办发〔1992〕36 号《国有资产评估管理办法施行细则》；国务院办公厅国办发〔2001〕102 号《转发财政部关于改革国有资产评估行政管理方式加强资产评估监督管理工作意见的通知》；2003 年 5 月 27 日国务院令第 378 号《企业国有资产监督管理暂行条例》；国资委、财政部 2003 年第 3 号令《企业国有产权转让管理暂行办法》；国资委 2005 年第 12 号令《企业国有资产评估管理暂行办法》；国资委产权〔2006〕274 号《关于加强企业国有资产评估管理工作有关问题的通知》；2005 年 10 月 27 日中华人民共和国主席令第 42 号《中华人民共和国公司法》（第二次修订）；财政部 2001 年第 14 号令《国有资产评估管理若干问题的规定》；财政部财会〔2000〕25 号文《企业会计制度》；财政部令第 33 号、财会〔2006〕3 号《企业会计准则》；原国家国有资产管理局国资办〔1996〕23 号《资产评估操作规范意见（试行）》；其他有关法律、法规、通知文件等。

### 2. 准则依据

评估准则依据包括《资产评估准则——基本准则》《资产评估职业道德准则——基本准则》《资产评估准则——评估报告》《资产评估准则——评估程序》《资产评估准则——业务约定书》《资产评估准则——工作底稿》《资产评估准则——机器设备》《资产评估准则——无形资产》《资产评估价值类型指导意见》《以财务报告为目的的评估指南（试行）》《注册资产评估师关注评估对象法律权属指导意见》《企业价值评估指导意见（试行）》。

### 3. 经济行为依据

经济行为依据包括 2005 年 9 月 30 日 HS 市人民政府常务会议决定事项通知第 56 号文，HS 市上市公司第四届董事会 2005 年第四次会议决议，HS 市上市公司与 HP 资产评估有限公司签订的〔2005〕第 039 号资产评估业务约定书。

4. 取价依据

取价依据包括《原材料与工业品价格及价格指数信息》《全国进口及国外机电产品价格信息》《电脑行情》周刊、《全国国产及进口汽车报价》《关于调整汽车报废标准的有关规定》（国经贸资源〔2000〕1202 号文），2005 年《HS 市建筑工程消耗量定额》，2005 年《HS 市装饰装修工程消耗量定额》；HS 市建设规划局报建费取费标准；房屋建筑物类工程量以竣工图为依据结合实际测量，并以竣工后的实际状况为准；房屋建筑物类特殊材料单价的取费是根据施工方报价、结合市场调查，经业主、监理及中介审核公司三方会议纪要确认的材料价格计取；《建设工程施工发包与承包计价管理办法》（建设部第 107 号文）；企业提供的设备购置合同、购物发票和凭证；被评估单位提供的工程预算、结算等相关资料；被评估单位提供的资产清单及其他资料等。

## （六）评估基准日

经过委托方与评估人员的沟通，确定本次评估的基准日为 2005 年 12 月 31 日。

评估基准日是资产评估价值所对应的时间点，评估值就是在评估基准日时的资产价值，一般采用年月日的时间点来表示。一般而言，评估基准日的确定应该有利于经济行为的发生或者实现，有利于减少资产评估的事项调整，该日期的确定可以由委托方和评估机构共同协商确定。

# 二、资产清查简要说明

本次评估对 X 饭店的所有资产进行了清查，清查的实物资产主要为存货与固定资产，存货为原材料、低值易耗品等。固定资产主要为 X 饭店所属主楼及其附属设施、机器设备和运输设备等，同时由于知名度较高等原因，该饭店还包含无形资产商誉。

## （一）资产清查核实的内容

对资产占有方提供的关于进行资产评估有关事项的说明中确定的评估范围进

行了复核，截至评估基准日，X饭店资产总额127299917.76元，其中流动资产109041491.25万元，占总资产的85.66%；固定资产18258426.51万元，占总资产的14.34%，具体如表7-1所示。主要资产列示如下：

1. 建筑物

X饭店的建筑物包括宾馆接待主楼、附属建筑、办公楼等，占地总面积约5450.73平方米，建筑面积6137.15平方米，拥有标准客房123间，普通套房1间，豪华套房2间及经济标准间18间。

2. 设备

主要为办公用机械设备、电子设备和运输设备等。

3. 往来款

主要为关联单位的往来款项和为经营而发生的往来款项。

4. 商誉

由于X饭店为X省第一家世界金钥匙酒店联盟成员，拥有多项宾馆餐饮业荣誉称号，并多次接待中外知名人士，因此其对外影响大大高于其他普通酒店知名度，从而X饭店具有独特的商誉。

## （二）资产清查的过程与方法

1. 资产清查的程序

成立由财会部门、资产管理部门和使用部门的业务领导、专业人员及有关职工代表组成三结合清查小组；组织清查人员学习有关政策规定、法律法规以及相关业务知识；确定需要清查的范围和对象；制订具体的清查计划，安排合理的工作进度；按照清查数量与账簿记录核对的原则进行资产清查，同时做好清查质量的监督工作；填制盘存清单。

2. 资产清查方法

对现金的清查采用实地盘点法，清查时要求出纳人员必须在场。银行存款的清查主要采用账项核对的方法，根据银行存款日记账与开户银行转来的银行对账单进行核对，编制银行存款余额调节表。对应收款项、应付款项等往来账项的清查，采用的主要方法是通过函询与债权债务单位核对账目。对实物资产的清查，按照清查评估明细表逐项清点各项资产，并请专家对其性能、运行状况等进行考核。

表 5-1　X 饭店 2005 年 12 月 31 日评估申报会计报表①　　　单位：元

| 资产 | 审计确认账面值 | 负债和股东权益 | 审计确认账面值 |
| --- | --- | --- | --- |
| 流动资产 | | 流动负债 | |
| 货币资金 | 2487221.20 | 短期贷款 | 115000000.00 |
| 应收账款 | 3261847.97 | 应付账款 | 1359769.17 |
| 预付账款 | | 预收账款 | 64594.20 |
| 其他应收款 | 102272519.00 | 其他应付款 | 4294678.68 |
| 存货 | 1019903.08 | 应付工资 | 532747.74 |
| 其他流动资产 | | 应付福利费 | 459415.41 |
| 流动资产合计 | 109041491.25 | 应交税金 | 1187409.53 |
| | | 其他应交款 | 55011.06 |
| 固定资产 | | 预提费用 | 13165.67 |
| 固定资产原价 | 26034945.14 | 流动负债合计 | 122966791.46 |
| 减：累计折旧 | 7776518.63 | 负债合计 | 122966791.46 |
| 固定资产净值 | 18258426.51 | 所有者权益 | |
| 固定资产合计 | 18258426.51 | 实收资本 | 2226000.00 |
| 无形资产及其他资产 | | 盈余公积 | 1720828.57 |
| 无形资产 | | 其中：公益金 | 906942.86 |
| 递延资产 | | 未分配利润 | 386297.73 |
| 无形资产及递延资产合计 | | 所有者权益合计 | 4333126.30 |
| 资产总计 | 127299917.76 | 负债和所有者权益总计 | 127299917.76 |

---

① 资产负债表已经 TT 会计师事务所审计。

# 三、评估思路

本次评估是对 X 饭店 100％的普通股股权，在持续经营、缺少流通、具有控股权状态下于评估基准日所表现的市场价值进行评估，由于 X 饭店是经营性实体，能够独立产生现金流，可以采用收益法进行评估。在选用收益法对价值进行评估时，先需要对 X 饭店的溢余资产和负债进行剥离，测算经营性资产的价值，再加上溢余资产的减值，减去溢余负债的价值，得出股东权益价值。其测算公式：

$$V = P + C - B$$

式中，V 为 X 饭店的股权价值；P 为经营性资产的价值；C 为溢余资产的价值；B 为溢余负债的价值。

经营性资产的价值测算公式：

$$P = \sum_{i=1}^{n} \frac{R_i}{(1+r)^i}$$

式中，P 为评估对象的经营性资产和潜力资产的价值总额；$R_i$ 为评估对象未来第 i 年的预期收益（自由现金流量）；r 为折现率；n 为评估对象的未来持续经营期。

# 四、评估技术说明

## （一）评估方法的选择与确定

企业价值评估通常采用的评估方法有市场法、收益法和资产基础法。按照《资产评估准则——企业价值》，评估需根据评估目的、价值类型、资料收集情况等相关条件，恰当选择资产评估方法。

市场法是指将评估对象与可比上市公司或者可比交易案例进行比较，确定评估对象价值的评估方法。市场法常用的两种具体方法是上市公司比较法和交易案例比较法。此法假设酒店购买方只愿意支付不多于近期同类酒店交易金额的价格。虽然，市场比较法直观、灵活，可以根据市场信息的及时变化，改变相应的价值比率，得到及时、变更的估值结果。但是，酒店交易案例甚少，可作为估价基准的交易更少；其次，大量酒店交易合同不公开，估价机构难以获得足够的可靠交易信息；再者，不同酒店的规模、质量、市场定位和设施、商誉、管理、经营收入等方面往往存在较大差异，难以直接比较。所以选用市场比较法进行评估是不符合实际的。

资产基础法实际上是通过对企业账面价值的调整得到企业价值，它的理论基础是"替代原则"，即任何一个精明的潜在投资者，在购买一项资产时所愿意支付的价格不会超过建造一项与所购资产具有相同用途的替代品所需的成本。这种方法从企业单项资产的成本出发，忽视了企业的获利能力，而且在评估中不考虑那些未来财务报表上出现的项目，难以反映品牌资源、管理水平、组织效率的价值。因此，资产基础法也不适用本案例酒店价值的评估。

收益法虽然没有直接利用现实市场上的参照物来说明评估对象的现行公平市场价值，但它从资产的预期获利能力角度评价资产，能完整体现企业的整体价值，其评估结论具有较好的可靠性和说服力。同时，企业具备了应用收益法评估的前提条件：未来将持续经营、未来收益期限可以确定、股东权益与企业经营收益之间存在稳定的关系、未来的经营收益可以正确预测计量、与企业预期收益相关的风险报酬能被估算计量。

因此，针对本次评估的评估目的和资产类型，考虑各种评估方法的作用、特点和所要求具备的条件，此次评估我们采用收益法对经营性资产和潜力资产进行评估，用成本法评估溢余资产和溢余负债价值。

## （二）评估假设

### 1. 一般假设

第一，企业所在的地区及中国的社会经济环境不会产生大的变更，企业所在行业保持自然稳定的发展态势，所遵循的国家现行法律、法规、制度及社会政治和经济政策与评估时无重大变化；第二，企业将保持持续性经营，并在经营范围、方式上与评估时方向保持一致；第三，有关贷款利率、汇率、赋税基准及税率，以及政策性收费等不发生重大变化；第四，无其他人力不可抗拒因素及不可预见因素，造成对企业重大不利影响。

2. 针对性假设

第一，X 饭店的资产在评估基准日后不改变用途，并按 X 集团的发展经营规划，于 2008 年根据 HS 市建筑设计研究院编制的《X 饭店改建可行性报告》进行改建并达到预期目标；第二，X 饭店的经营者是负责的，且企业管理层有能力承担职责；第三，X 饭店完全遵守国家有关的法律和法规；第四，X 饭店提供的历年财务资料所采用的会计政策和编写本报告时所采用的会计政策在重要方面基本一致；第五，X 饭店的发展规划及经营计划能如期实现；第六，X 饭店以改建后的设计接待能力设计标准为基础，会考虑相应的服务技术进步和基础设备更新，在经营期内投入足够的维护费及营运经费，用于维持酒店接待能力，保持酒店经营健康发展；第七，X 饭店为 HS 市旅游集团有限公司筹资而发生的银行贷款，考虑到企业自身经营性资金的充足，在经营期内均由使用者承担利息或进行归还借款，X 饭店在预测期内不再向银行进行借资经营。

评估人员根据资产评估的要求，认定这些假设条件在评估基准日时成立，并根据这些假设推论出相应的评估结论。如果未来经济环境发生较大变化或某一假设条件不成立或不能实现时，评估人员将不承担由于假设条件的改变而推导出不同评估结果的责任。

## （三）评估程序实施过程与情况

资产评估有限公司接受 HS 市旅游公司的委托，对 X 饭店的股东权益进行评估，评估基准日经协商定于 2005 年 12 月 31 日。HS 市资产评估有限公司于 2005 年 9 月 30 日拟定评估计划并确定了评估方案，评估工作于 2005 年 10 月 1 日正式开始。主要评估工作过程如下：

第一，评估前期准备。本阶段的主要工作：明确评估基本事项，签订业务约定书，向委托方及被评估单位布置评估准备工作，制订资产评估工作计划。

第二，现场调查、收集评估资料以及分析、验证、整理评估资料。首先，对评估对象进行适当的现场调查，要求委托方和被评估单位提供涉及评估对象和评估范围的详细资料；其次，通过询问、函证、核对、监盘、勘察、检查等方式进行调查，获取评估业务需要的基础资料，了解评估对象现状，关注评估对象法律权属；再次，收集评估资料，包括直接从市场等渠道独立获取的资料，从委托方、被评估单位等相关当事方获取的资料，以及从政府部门、各类专业机构和其他相关部门获取的资料；最后，对评估资料进行必要分析、归纳和整理，形成评定估算的依据。

第三，依据评估目的、价值类型、评估假设以及资料的获取程度等相关资料，本次评估采用了资产基础法和收益法进行了评定估算。

第四，编制评估报告并进行必要的内部审核。

第五，提交报告。

# 五、评估测算过程

## （一）X 饭店资产负债表调整以及历史经营分析

1. X 饭店资产负债表调整

对 X 饭店的企业会计报表分析发现，流动资产主要有经营过程中形成的存货、应收预付款项、货币资金和其他应收款，固定资产为保证经营所必需的房屋建筑物、设备和交通工具等，负债为经营过程中形成的各项应付款项和短期借款。资产中其他应收款有 101927744.48 元为溢余资产，其中应收 X 集团的代借款及利息 90019575.00 元，应收 HS 市旅游公司暂存款 11908169.48 元，负债中有银行借款 115000000.00 元。由于上述资产与负债并非会影响酒店资产发生整体效益，且非企业经营所必需的，故对上述资产和负债归类为溢余资产和溢余负债。

对会计报表未反映的资产进行分析发现，企业的人力资源、风景区饭店经营许可权等不能在资产负债表中反映，但这些资产能为企业增加未来收益，我们将其列为潜力资产。经过调整后的资产负债如表 5-2 所示。

表 5-2　经营性资产及负债调整后情况　　　　　　单位：元

| 资　　产 | 评估拟作调整后值 | 负债和股东权益 | 评估拟作调整后值 |
|---|---|---|---|
| 流动资产 | | 流动负债 | |
| 货币资金 | 2487221.20 | 短期贷款 | |
| 应收账款 | 3261847.97 | 应付账款 | 1359769.17 |
| 预付账款 | | 预收账款 | 64594.20 |
| 其他应收款 | 344774.52 | 其他应付款 | 4294678.68 |

续表

| 资　　产 | 评估拟作调整后值 | 负债和股东权益 | 评估拟作调整后值 |
|---|---|---|---|
| 存　　货 | 1019903.08 | 应付工资 | 532747.74 |
| 其他流动资产 | | 应付福利费 | 459415.41 |
| 流动资产合计 | 7113746.77 | 应交税金 | 1187409.53 |
| | | 其他应交款 | 55011.06 |
| 固定资产 | | 预提费用 | 13165.67 |
| 固定资产原价 | 26034945.14 | 流动负债合计 | 7966791.46 |
| 减：累计折旧 | 7776518.63 | 负债合计 | 7966791.46 |
| 固定资产净值 | 18258426.51 | 所有者权益 | |
| 固定资产合计 | 18258426.51 | 实收资本 | |
| | | 资本公积 | |
| 无形资产及其他资产 | | 盈余公积 | |
| 无形资产 | | 其中，公益金 | |
| 递延资产 | | 未分配利润 | |
| 无形资产及递延资产合计 | | 所有者权益合计 | 17405381.82 |
| 资产总计 | 25372173.28 | 负债和所有者权益总计 | 25372173.28 |

**2. X 饭店历史经营分析**

X 饭店自开业以来，经营业绩情况较好，运营能力、偿债能力和盈利能力的各项财务指标保持在合理的范围之内，具体情况如表 5-3 所示。

表 5-3　企业各项财务指标

| 总指标 | 分指标 | 2003 年 | 2004 年 | 2005 年 |
|---|---|---|---|---|
| 运营能力 | 应收账款周转率（次） | 1.43 | 4.02 | 4.55 |
| | 存货周转率（次） | 5.48 | 6.68 | 8.61 |
| | 流动资产周转率（次） | 0.20 | 0.57 | 1.07 |
| | 总资产周转率（次） | 0.14 | 0.36 | 0.58 |

续表

| 总指标 | 分指标 | 2003 年 | 2004 年 | 2005 年 |
|---|---|---|---|---|
| 偿债能力 | 资产负债率（%） | 76.77 | 72.60 | 31.40 |
| | 流动比率（倍） | 79.84 | 90.81 | 89.29 |
| | 速动比率（倍） | 0.77 | 0.88 | 0.76 |
| 盈利能力 | 主营业务利润率（%） | 21.75 | 53.40 | 53.86 |
| | 总资产报酬率（%） | -3.83 | 6.74 | 12.07 |
| | 净资产收益率（%） | -21.25 | 23.42 | 28.17 |

分析表 5-3 可以发现：X 饭店 2005 年（评估调整后）应收账款周转率为 4.55，存货周转率为 8.61，说明其经营收入、资金回笼和存货的周转随着游客的增多亦在不断增强，X 饭店利用资源优势、管理优势，运营能力和水平在不断提高。X 饭店 2005 年偿债能力指标处在良好状态，其资产负债率只有 31.40%，流动比率为 89.29，说明企业偿债的能力较强。X 饭店的盈利能力较强，2004 年、2005 年主营业务利润率都超过了 50%，且各项收益指标呈逐年上升趋势，主要是由于 HS 市在国内外知名度的逐步提高，到 HS 市旅游的人数在逐年增加，随着国家对旅游风景区资源的不断控制，HS 市风景区内已基本不再增加星级宾馆，风景区内现有的饭店不愁客源，故 X 饭店的整体盈利水平较高。

## （二）对公司风险和所在行业发展现状进行分析

### 1. 旅游行业及酒店行业发展现状分析

随着社会经济的发展，我国旅游行业消费保持了持续快速增长，为旅游消费市场提供了良好发展势头。根据《2004 年中国统计年鉴》记载，除 2003 年下半年由于受"非典"影响，造成全国旅游人次和收入呈现下降趋势之外，全国旅游人次及旅游收入呈现逐年上升趋势，具体情况发展趋势如表 5-4 所示。

表 5-4　旅游业发展趋势

| 指标 | 1999 年 | 2000 年 | 2001 年 | 2002 年 | 2003 年 |
|---|---|---|---|---|---|
| 入境旅游人数（万人次） | 7279.56 | 8344.39 | 8901.29 | 9790.83 | 9166.21 |

续表

| 指　标 | 1999 年 | 2000 年 | 2001 年 | 2002 年 | 2003 年 |
|---|---|---|---|---|---|
| 国内旅游人数（万人次） | 71900.00 | 74400.00 | 78400.00 | 87800.00 | 87000.00 |
| 国际旅游收入（亿美元） | 140.99 | 162.24 | 177.92 | 203.85 | 174.06 |
| 国内旅游收入（亿元） | 2831.92 | 3175.32 | 3522.36 | 3878.36 | 3442.27 |

　　根据中国旅游网刊登的国家统计局确认的统计结果表明，2005 年我国入境旅游人数达到 12029 万人次，旅游外汇收入达到 292.96 亿美元，国内旅游出游人数达到 12.12 亿人次，国内旅游收入达到 5286 亿元，国际国内旅游业总收入为 7686 亿元，公民出国（境）人数达到 3103 万人次，各项统计指标均创历史新高。其中，入境旅游人数 12029.23 万人次，比 2004 年增长 10.3%。外国人 2025.51 万人次，增长 19.6%；香港同胞 7019.38 万人次，增长 5.5%；澳门同胞 2573.41 万人次，增长 17.6%；台湾同胞 410.92 万人次，增长 11.5%。2005 年，入境过夜旅游人数比 2004 年增长 12.1%。全国旅游外汇收入为 292.96 亿美元，比 2004 年增长 13.8%。国内旅游人数为 12.12 亿人次，比 2004 年增长 10.0%，其中，城镇居民 4.96 亿人次，比 2004 年增长 8.1%；农村居民 7.16 亿人次，比 2004 年增长 11.4%。国内旅游收入为 5286 亿元，比 2004 年增长 12.2%，其中城镇居民旅游支出 3656 亿元，农村居民旅游支出 1630 亿元。国内旅游人均出游花费 436.13 元，城镇居民出游人均花费 737.12 元，农村居民出游人均花费 227.62 元。

　　从 HS 市风景区所在的省份来看，2005 年全国国际国内旅游业总收入 7686 亿元，比 2004 年增长 12.4%。根据 X 统计信息网显示，2005 年 X 省旅游业也得到了较快发展。全年实现旅游总收入 308.61 亿元，比 2004 年增长 16.1%，其中实现旅游外汇收入 2.46 亿美元，增长 29.3%；实现国内旅游收入 288.96 亿元，增长 15.6%，从接待人数来看，全年 X 省共接待海外旅游者 63.29 万人次，增长 26.3%；接待国内旅游者 4684.14 万人次，增长 8.2%。根据《2004 年 X 省统计年鉴》整理得出，X 省国内旅游主要经济指标如表 5-5 所示。

表 5-5　X 省国内旅游主要经济指标

| 年份 | 旅游总量 | | 一日游 | | 过夜旅游 | | |
|---|---|---|---|---|---|---|---|
| | 人次（万） | 收入（万元） | 人次（万） | 收入（万元） | 人次（万） | 收入（万元） | 人均消费（元） |
| 1997 | 2145 | 919982 | 302 | 24944 | 1843 | 895038 | 485.64 |
| 1998 | 2377 | 1130444 | 458 | 32084 | 1919 | 1098360 | 572.36 |

续表

| 年份 | 旅游总量 | | 一日游 | | 过夜旅游 | | |
|---|---|---|---|---|---|---|---|
| | 人次（万） | 收入（万元） | 人次（万） | 收入（万元） | 人次（万） | 收入（万元） | 人均消费（元） |
| 1999 | 2666 | 1343983 | 482 | 46043 | 2184 | 1297940 | 594.29 |
| 2000 | 2974 | 1504750 | 630 | 50361 | 2344 | 1454389 | 620.47 |
| 2001 | 3364 | 1749100 | 578 | 80100 | 2786 | 1669000 | 599.07 |
| 2002 | 3884 | 2029176 | 764 | 122387 | 3120 | 1906789 | 611.15 |
| 2003 | 3338 | 1871134 | 319 | 136631 | 3019 | 1734503 | 574.53 |
| 其中，HS市 | | | | | | | |
| 2003 | 464.10 | 361632 | 15.93 | 9927 | 448.17 | 351705 | 784.76 |

从以上资料可以看出，X省的旅游市场在2003年下半年同样受到"非典"影响，造成旅游人次和收入呈现下降趋势，但从整体来看，旅游人次及旅游收入呈现逐年上升趋势，同时其旅游消费水平也在同步增加。HS市的旅游人次和收入占X省旅游总量的比重较大，其人均消费水平高于X省平均消费水平，其原因主要系目前HS市旅游住行消费水平较高所致。

2. 酒店行业发展现状分析

X饭店属于宾馆服务业，其发展受到旅游业的良好发展、自然条件及周边交通等因素的影响。如果国内、国际发生不利于外出旅游事件，或者HS市的自然资源及人文景观由于意外原因遭到破坏，都将对X饭店的经营业务造成不利影响。根据《2004年中国统计年鉴》分析，全国星级饭店增量情况及发展趋势如表5-6所示。

表5-6　全国星级饭店增量情况发展趋势

| 年份 | 2000 | 2001 | 2002 | 2003 |
|---|---|---|---|---|
| 星级饭店总数（个） | 10481 | 7358 | 8880 | 9751 |

根据《HS市旅游发展总体规划》，HS市旅游消费对酒店的需求将会增加，HS市现有星级饭店50家，主要位于JJ区、HS市风景区、HS区和FC县，少数旅游资源比较丰富的地区（如M县、H州区）还缺乏星级酒店。高星级酒店10家，主要在JJ区（有五星级1家，四星级6家）和HS市风景区（有3家四星

级），三星级饭店 14 家，主要分布在 JJ 区、HS 区和 HS 市风景名胜区内，FC 县作为 HS 风景区主要的集散地只有 1 家三星级饭店。22 家二星级酒店集中在 JJ 区、HS 区和 FC 县。

## （三）X 饭店面临的风险分析

从 HS 市旅游发展总体规划分析，目前 HS 市风景区从保护环境和提高旅游质量等角度出发，已不再批建新的旅游饭店，从而为 X 饭店收益带来了良好的发展机遇。但 X 饭店也面临一些风险，主要体现在以下几个方面：

1. 政策风险

（1）产业政策风险。由于旅游业综合性较强，涉及面广，国家宏观经济政策的变化和相关政策规定（如税率、利率、贸易、关税、游客出入境管理、控制基建规模等）的调整，均可能使公司主要业务风险增大，影响公司的经营和发展。同时，旅游业属于国家积极扶持、重点发展的产业。2001 年，国务院国发〔2001〕9 号《关于进一步加快旅游业发展的通知》文件，要求重点增加对旅游景区交通基础设施建设的财政性资金投入，加大对旅游市场开发促销的资金投入，鼓励旅游企业发展旅游电子商务，向集团化、网络化、专业化发展。《国民经济和社会发展第十个五年计划纲要》同样要求加大旅游市场促销和新产品开发力度，加强旅游基础设施和配套设施建设，改善服务质量，促进旅游业成为新的经济增长点。基于旅游业对相关行业的巨大带动作用等因素，全国各地包括 X 省在内相继出台了一系列配套措施支持旅游业基础设施建设。因此，旅游业作为拉动内需、加速经济增长的重要行业，将得到国家长期的支持，预计产业政策仍将维持稳定性和连续性。

（2）景区管理政策风险。HS 市风景区为国家重点风景名胜区，由于风景名胜资源具有不可再生性，国家加大了对风景区的保护和规划管理的力度，以避免风景区的资源遭到破坏，确保风景区可持续发展。公司虽然严格执行国家《风景名胜区管理暂行条例》及其他有关法律法规，现有业务均在上述规定范围内开展。但随着国家严格控制对风景区的开发，将在一定程度上限制公司的业务拓展。

2. 经营风险

（1）过度依赖自然资源的风险。2004 年，HS 市荣膺世界地质公园桂冠，成为全国唯一拥有"世界自然遗产""世界文化遗产"和"世界地质公园"三项桂冠的风景名胜旅游区。公司地处 HS 市风景区内，来 HS 市风景区旅游观光的游客是公司收入的主要来源，因此公司经营业务对 HS 市旅游资源的依赖较大，如果国内、国际发生不利于 HS 市的事件，或者 HS 市的自然资源及人文景观由于意外原因遭到破坏，都将对公司的业务造成不利影响。

（2）外部交通基础设施滞后的风险。舒适便捷的交通是旅游经济发展的前提，当时尚没有直达 HS 市风景区的班机、铁路。高速公路只有 2004 年通车的 EG 高速公路，HS 市外部可进入性不强，因此，HS 市外部交通基础设施滞后成为公司业务发展的"瓶颈"之一。当时游客进入 HS 市风景区主要靠公路运输，其途径和里程如表 5-7 所示。

**表 5-7　HS 市风景区公路运输途径和里程**

| 地区 | 到南大门（千米） | 到北大门（千米） |
| --- | --- | --- |
| 安庆 | 219 | 223 |
| 武汉 | 315 | 319 |
| 南京 | 284 | 335 |
| 杭州 | 357 | 361 |
| 合肥 | 467 | 471 |

根据 HS 市 2001~2020 年发展规划，HS 市拟围绕 HS 市建成"一环加四条放射状高速公路"的交通格局，一环是环 JJ 的高等级公路，四条放射状高速公路为东向已建成通车的山庐路；北向计划于 2008 年建成的 HH 高速公路，西向景屯路，南向南屯路。同时随着沿江高速公路的开工建设，HS 市的外部交通环境将得到进一步改善，旅游交通基础设施将日臻完善。

（3）服务设施不足的风险。尽管近年来 HS 市旅游事业蓬勃发展，旅游服务能力有了很大提高，但仍与日益增长的游客需求存在较大差距。X 饭店的基础设施多为 20 世纪 80 年代建设形成，经过近 20 年的经营，虽然每年投入大量资金进行维护，但仍存在基础设施落后，供求矛盾突出等现象，无法满足中端、高端游客的需要，从而限制了游客数量的增长，制约了公司主营业务的扩张。X 集团根据《HS 市旅游发展总体规划（草案）》的描述，委托 HS 市建筑设计研究院编制了《X 饭店改建可行性报告》，力争通过改良酒店设施，扩大服务功能，并结合酒店软件服务技能以提高酒店服务质量，发展公司主营业务的增长。

（4）消费者需求变化的风险。在世界范围内，旅游产品正在从单纯的观光旅游向民俗文化旅游、度假旅游、特种旅游等多元化方向发展。各地各具特色的自然景观、人文旅游资源的开发建设，使 HS 市景区面临来自其他旅游区日益增长的竞争。公司在开发利用 HS 市独特的文化资源，丰富旅游产品文化内涵的同时，进一步提高酒店的服务质量和旅游设施档次，提供高附加值的服务，增加 HS 市旅游的吸引力和游客的满意度。

（5）收入季节性波动的影响。风景区旅游饭店经营具有比较明显的周期性，一年中的 3 月中旬至 11 月中旬是旅游旺季，其余时间为淡季。旺季时客流集中，宾馆价格相对较高；淡季期间客流减少，价格降低。但公司通过加强 HS 市独特的冬季自然景观和民俗文化的宣传力度，利用 HS 市民风淳厚、文化传统保存完好的资源，如 HS 市雾凇雪景等冬季景观特色；提高服务质量，从而降低经营风险和管理难度，减少收入的季节性波动，提高了公司整体经营效益。

## （四）X 饭店经营收入预测

1. 未来酒店经营收入的预测基本思路

未来酒店经营收入的预测基本思路是，首先预测 HS 市旅游人次增长量及山上旅游人次住宿消费比例，再结合 X 饭店周边宾馆的接待人次进行综合分析。HS 市旅游人次基数是根据《2004 年 HS 市统计年鉴》和 HS 市风景区管理委员会统计资料得出，预测期内 HS 市旅游人次的增长率参照 HS 市建筑设计院《X 饭店改建可行性研究报告》，并根据实际情况进行修正得出。计算饭店经营收入时，根据 HS 市风景区管理委员会提供的近三年上山旅游人次，通过分析 X 饭店历年接待人次占上山人次的比例，合理预计 X 饭店可接待人次量，同时结合 X 饭店的历年接待人次、区域的变化分析，得出酒店最大可接待人次量，最后根据历年酒店客房入住率、游客就餐消费指数和对外承租费用的合理预计，得出实际收入，即未来酒店收入额。

2. 对酒店经营收入的预测

（1）对近年来 X 饭店接待人次和游客消费情况分析。由于 HS 市在国内外的知名度随着国民经济的快速发展，吸引了越来越多的国内外游客来山旅游。2002 年 X 饭店外宾接待人次占总接待人次的 84.73%。但 2003 年由于全国范围发生"非典"，造成全国旅游业的大幅度下降，随着"非典"的解除，2004 年全国旅游行业不断复苏，HS 市吸引了更多的游客来旅游，但主要为内宾游客，外宾接待人数只占总接待人次的 41.02%，2005 年随着全国旅游业的加快发展和国家在国际地位的上升，外宾接待人数再次超过内宾接待人数，使 X 饭店的入住率大幅增加，收入也随之增加。

2002 年酒店接待人次虽不及 2004 年和 2005 年，但人均消费水平却最高，主要是 2002 年 X 饭店接待的游客中外宾人数占总接待人次的 84.73%，较 2004 年和 2005 年的人均消费水平大大增加，2003 年"非典"以后，随着外宾接待人次的提升，酒店人均消费水平也随之提高，根据国家对旅游行业的大力扶持和国家在国际地位的提升，来华旅游人次亦将大幅度提高，使酒店的收益能力大幅度增加，具体如表 5-8 所示。

**表 5-8　X 饭店接待人次和游客消费情况**

| 项目＼年份 | 2002 | 2004 | 2005 |
|---|---|---|---|
| 进山旅游人次（万人） | 135.48 | 160.19 | 170.97 |
| 接待人次 | 40560 | 43512 | 559/1 |
| 其中，外宾 | 34366 | 17849 | 33167 |
| 占接待人次比例（%） | 84.73 | 41.02 | 59.26 |
| 内宾 | 6194 | 25663 | 22804 |
| 占接待人次比例（%） | 15.27 | 58.98 | 40.74 |
| 客房收入（万元） | 1573.94 | 1401.51 | 1635.31 |
| 餐费收入（万元） | 670.98 | 517.61 | 712.37 |
| 人均消费标准（元/人次） | 170 | 120 | 130 |

（2）对 X 省 HS 市及国内旅游消费水平的比较。根据《2004 年 X 省统计年鉴》和《2004 年 HS 市统计年鉴》中的国内居民旅游消费水平分析，HS 市的整体旅游消费水平远远高于 X 省人均旅游消费水平，同时，X 饭店由于地处 HS 市风景区山上核心景区内，其原始账务记录的酒店人均消费水平基本与 HS 市统计资料一致。

**表5-9　X省HS市及国内旅游消费水平**　　　单位：万元（万人）

| 年份 | X省总量 | | HS市总量 | | 国内旅游主要经济指标 | | | | | | | | | |
|---|---|---|---|---|---|---|---|---|---|---|---|---|---|---|
| | | | | | X省一日游 | | HS市一日游 | | X省过夜旅游 | | | HS市过夜旅游 | | |
| | 人次 | 收入 | 人次 | 收入 | 人次 | 收入 | 人次 | 收入 | 人次 | 收入 | 人均消费（元） | 人次 | 收入 | 人均消费（元） |
| 2000 | 2974 | 1504750 | 346 | 320476 | 630 | 50361 | 48 | 3155 | 2344 | 1454389 | 620 | 298 | 317321 | 1060 |
| 2001 | 3364 | 1749100 | 412 | 365871 | 578 | 80100 | 32 | 16847 | 2786 | 1669000 | 600 | 380 | 349024 | 920 |
| 2002 | 3884 | 2029176 | 473 | 424562 | 764 | 122387 | 39 | 10613 | 3120 | 1906789 | 610 | 434 | 413949 | 950 |
| 2003 | 3338 | 1871134 | 464 | 361632 | 319 | 136631 | 6 | 9927 | 3019 | 1734503 | 570 | 448 | 351705 | 780 |

（3）对X饭店的维护改建情况分析。由于X饭店系20世纪80年代建筑，设施已基本老化，接待能力日趋下降，已无法满足游客日益增长的需求，因此，X集团拟在2008年对其进行改建，根据HS市建筑设计研究院《X饭店改建可行性报告》记录，该项改建工程可在1年期内完成，因此，X饭店在2008年无经营收入。

根据HS市建筑设计研究院《HS市X饭店改建可行性报告》描述，改建后的X饭店拥有220间客房，其中标准间215间，套房5套，能同时提供500人用餐。根据X饭店2002~2005年的经济效益分析（扣除2003年度因"非典"造成的不可比因素），X饭店近几年客房平均入住率为65.52%（其中，2005年客房入住率达71.32%），由于HS市旅游人次的不断增加，HS市旅游总体规划的限制，山上景区内已不允许新建酒店，因此预计X饭店改建后的当年（即2009年）入住率可达70%，2010年将达到75%，第三年基本可达到80%，但考虑到HS市旅游季节的变化及山上游客的饱和程度，预计X饭店客房入住率达到80%时，则入住率将不会提升，但X饭店可通过后续投入保持酒店的基本功能得以提升，从而保持入住率基本不变。当时X饭店主要将商品批发部、大堂商场和美容美发等场所对外发包经营，根据该类协议，X饭店2006年可取得租赁收入150万元，但随着X饭店的改建完成，该类场所将有所扩大，同时游客也比以前年度增多，因此预测期内该项收入将达到200万元/年。

评估人员对上述资料分析后，对企业的经营收入预测进行了收入和客房入住率的归类统计，其经济效益预测期内的各项指标如表5-10所示。

表 5-10　企业经济效益预测期内的各项指标　单位：万元（元/人次）

| 项目 年份 | 接待人次 | 入住率（%） | 住宿收入 | 餐饮收入 | 租赁收入 | 合计收入 | 人均餐住消费额 |
|---|---|---|---|---|---|---|---|
| 2006 | 5.70 | 73 | 1726.6 | 798.0 | 150.0 | 2674.6 | 440.0 |
| 2007 | 6.10 | 75 | 1892.2 | 976.0 | 150.0 | 3018.2 | 470.0 |
| 2008 | | | | 改建期间 | | | |
| 2009 | 9.30 | 70 | 3822.3 | 1488 | 200.0 | 5510.3 | 570.0 |
| 2010 | 9.90 | 75 | 4215.8 | 1584 | 200.0 | 5999.8 | 590.0 |
| 2011 | 10.30 | 80 | 4625.3 | 1854 | 200.0 | 6679.3 | 630.0 |
| 2012 | 10.30 | 80 | 4753.8 | 1854 | 200.0 | 6807.8 | 640.0 |
| 2013 | 10.30 | 80 | 4882.2 | 1854 | 200.0 | 6936.2 | 650.0 |
| 2014 | 10.30 | 80 | 4882.2 | 1854 | 200.0 | 6936.2 | 650.0 |
| 2015 | 10.60 | 80 | 4882.2 | 1908 | 200.0 | 6990.2 | 640.0 |
| 2016 | 10.60 | 80 | 4882.2 | 1908 | 200.0 | 6990.2 | 640.0 |
| 2017 | 10.60 | 80 | 4882.2 | 1908 | 200.0 | 6990.2 | 640.0 |
| 2018 | 10.60 | 80 | 4882.2 | 1908 | 200.0 | 6990.2 | 640.0 |
| 2019 | 10.60 | 80 | 4882.2 | 1908 | 200.0 | 6990.2 | 640.0 |
| 2020 | 10.60 | 80 | 4882.2 | 1908 | 200.0 | 6990.2 | 640.0 |
| 2021 | 10.60 | 80 | 4882.2 | 1908 | 200.0 | 6990.2 | 640.0 |
| 2022 | 10.30 | 80 | 4882.2 | 1854 | 200.0 | 6936.2 | 650.0 |
| 2023 | 10.30 | 80 | 4882.2 | 1854 | 200.0 | 6936.2 | 650.0 |
| 2024 | 10.30 | 80 | 4882.2 | 1854 | 200.0 | 6936.2 | 650.0 |
| 2025 | 10.30 | 80 | 4882.2 | 1854 | 200.0 | 6936.2 | 650.0 |
| 2026 | 10.30 | 80 | 4882.2 | 1854 | 200.0 | 6936.2 | 650.0 |
| 2027 | 10.30 | 80 | 4882.2 | 1854 | 200.0 | 6936.2 | 650.0 |
| 2028 | 10.30 | 80 | 4882.2 | 1854 | 200.0 | 6936.2 | 650.0 |
| 2029 | 10.30 | 80 | 4882.2 | 1854 | 200.0 | 6936.2 | 650.0 |
| 2030 | 10.30 | 80 | 4882.2 | 1854 | 200.0 | 6936.2 | 650.0 |

续表

| 项目<br>年份 | 接待人次 | 入住率<br>（%） | 住宿收入 | 餐饮收入 | 租赁收入 | 合计收入 | 人均餐住消费额 |
|---|---|---|---|---|---|---|---|
| 2031 | 10.00 | 78 | 4634.9 | 1600 | 200.0 | 6434.9 | 620.0 |
| 2032 | 9.40 | 76 | 4394.0 | 1504 | 200.0 | 6098.0 | 630.0 |
| 2033 | 8.90 | 74 | 4159.5 | 1424 | 200.0 | 5783.5 | 630.0 |
| 2034 | 8.70 | 72 | 3931.5 | 1218 | 200.0 | 5349.5 | 590.0 |
| 2035 | 8.40 | 70 | 3709.9 | 1176 | 200.0 | 5085.9 | 580.0 |

评估人员通过 X 饭店近年来（扣除 2003 年"非典"因素进行分析）的经营收入和接待人员的区域分析发现，X 饭店预测期内的人均消费水平在酒店改造前低于 2002 年的平均消费水平，改建后基本与 2002 年消费水平持平并随着国民经济的发展而或略有提高。主要是考虑到预测期前几年游客虽大幅度增加，但由于内宾的消费水平仍保持近几年消费水平，因此接待人数虽有上升，但人均消费水平不会大幅度增加。但随着 HS 市在国内外知名度的上升，外宾接待人次将逐年增加，同时国民经济的快速发展，也将会带动消费水平的提高。因此，X 饭店通过对 HS 市旅游下属酒店的定价依据、历史数据，结合 HS 市风景区管理委员会公布的上山旅游人次增长情况，做出了上述消费定价和经营收入预测是基本合理的。

## （五）X 饭店营业成本的预测

X 饭店的经营成本主要为餐饮服务成本，其成本占餐饮收入 29%~33%。X 饭店 2004 年餐饮成本达 32.13%，评估人员经过调查发现，由于"非典"过后，国内旅游市场的复苏，X 饭店游客接待结构发生较大的变化，其内宾接待人次首次超过外宾接待人次，占 X 饭店总接待人次的 58.98%，由于内外宾游客的消费观念不同，从而造成餐饮成本的上升。

预测期内，X 饭店餐饮服务成本按餐饮收入的 33% 进行预测，主要考虑到 HS 市景区内新景点的开发完成和 HS 市旅游宣传角度的增加，将导致境内游客的增加，同时使餐饮服务成本略有增加。评估人员认为其预测思路和方法基本正确，可以反映经济效益预测期内的餐饮成本。X 饭店 2002~2005 年的经营成本（扣除 2003 年度因"非典"造成的不可比因素）情况如表 5-11 所示。

表 5-11　X 饭店 2002~2005 年的经营成本

| 项目 ＼ 年份 | 2002 | 2004 | 2005 |
|---|---|---|---|
| 主营业务收入（万元） | 2393. 39 | 2002. 82 | 2433. 04 |
| 其中：餐饮收入（万元） | 670. 98 | 517. 61 | 712. 37 |
| 主营业务成本——餐饮（万元） | 200. 79 | 166. 29 | 209. 13 |
| 餐饮成本占餐饮收入比例（%） | 29. 92 | 32. 13 | 29. 36 |

## （六）X 饭店营业税金及附加预测

营业税金及附加根据 X 饭店当时执行国家颁布的有关税法规定和地方规费，对经营所需缴纳的各项税款按表 5-12 的税率进行预测。

表 5-12　X 饭店 2002~2005 年各项税款税率

| 税款项目 | 计算基数 | 比率（%） | 依据 |
|---|---|---|---|
| 营业税 | 宾馆服务性收入 | 5 | 税法 |
| 城建税 | 营业税 | 5 | 税法 |
| 教育费附加 | 营业税 | 3 | 税法 |
| 地方各项税费 | 宾馆服务性收入 | 0. 5 | 地方随征 |

## （七）经营期间费用预测

经营期间费用主要包括营业费用、管理费用等。根据 X 饭店 2002~2005 年的经济效益分析，扣除 2003 年度因"非典"造成的不可比因素，期间各项费用如下：

1. 水电费

2002~2005 年平均接待游客 46700 人次/年，平均消耗水电费成本为 48. 65 元/人次，预测期内，考虑到人次的增长及消耗量的增加，按预测接待人次的 50 元/人次预计水电费消耗成本。

2. 工资及附加

2002~2005 年平均服务人员为 151 人（其中，2005 年平均服务人员为 130 人），人均耗费 18400 元/人·年，但 2005 年由于接待人次的上升，造成职工工资性支出为 21000 元/人·年。预测期内，主要通过以下几个方面进行合理预测。

（1）职工人数。2006 年，由于 X 饭店与现状一致，其经营服务人员与当时基本保持一致，根据 HS 市建筑设计研究院《HS 市 X 饭店改建可行性研究报告》描述，2009 年 X 饭店改建后，需配置各类管理人员、服务人员 200 人左右。

（2）人均工资水平。按近几年的人均工资水平，同时考虑到由于旅游人次的增加，合理计算其应付工资性奖金等，预测期内按人均 20000 元/年进行计算职工工资及奖金：200 人×20000 元/人·年＝4000000 元/年。

（3）其他费用。福利费按工资水平的 14%进行测算；工会经费按工资水平的 2%进行测算；教育经费按工资水平的 1.5%进行测算；统筹医保按工资水平的 6%进行测算；统筹养老费用按工资水平的 12%进行测算；统筹待业费用按工资水平的 4%进行测算；公积金及其他不可预见性费用按工资水平的 6%进行测算。

3. 物料及低值易耗品

2002~2005 年平均接待游客 46700 人次/年，人均消耗低值易耗品和物料 23 元（其中，2005 年人均消耗 19.00 元）。X 饭店在预测期内，扣除 X 饭店以前年度非正常因素后，考虑到游客人次的增长及需求质量的提高，按人均 22 元的消耗标准进行预测该项费用的损耗。

4. 修理费

X 饭店拟在 2008 年进行翻新改造，因此 2006 年和 2007 年的修理费基本与 2005 年度持平。改建后，由于设施均为新建形成，其维修费在近期内发生量较小，但从稳定性角度出发，建设完成投入营运当年即按 50 万元计算维修费，以后按每两年递增 10 万元预计维修费费用。

5. 运输费

由于 X 饭店位于海拔 1600 公尺以上的 HS 市西海风景区，其所有经营物资均需搬运上山，每年均发生较大的运输费用，X 饭店结合 HS 市风景区管理委员会下发的《HS 市风景区货物运输价格调整征求意见表》，以及 X 饭店 2002~2005 年的运输费用记录，测算出运输成本约占 X 饭店营业收入的 1.76%，在预测期内考虑到物价上涨等因素，按预测收入的 2%进行预测运输成本。

6. 税费

X 饭店 2002～2005 年的税费约占总收入的 1.6%，其核算的税费主要系房产税、土地使用税等。由于预测期内 X 饭店须进行翻新改造，同时改造后的酒店将会带来更高的收益，因此预测期内根据拟重建的房产价值和预计的收入进行合理预测各项税费，经测算，其各项税费约占总收入的 2%。

7. 土地租赁费

参照 HS 市旅游向 HS 市土地管理局业已租赁的 HS 市风景区内土地租赁价格，在预测期内第一年按 25.59 元/平方米测算，以后年度按每年 6% 递增计算。

8. 其他费用的核算

期间费用中的其他项目主要为：差旅费、邮电费、燃料、外事及交际费、排污绿化费、业务费、饭店管理费、汽车费、办公费等项目，根据 X 饭店 2002～2005 年的经济效益分析，该类项目在各年度发生额均不平衡，主要根据公司的经营策略和临时需求而发生。因此，预测期内的其他费用根据近年来平均发生额所占经营收入比例进行测算，预测期内的其他费用计算比例为经营收入的 2%。

## （八）资本性支出的预测

酒店的建设和大修与其设计寿命、日常养护、技术进步及未来游客量等因素密切相关，由于 X 饭店系 20 世纪 80 年代兴建的高山建筑，原设计使用年限为 15 年，经过近 20 年的经营，现已基本超过原先设计要求。由于 HS 市风景区管理委员会已不在山上批建新设酒店，因此随着国内外旅游环境市场的改善，游客需求的提高，山上酒店的入住率始终居高不下。X 饭店由于建设年代较长，长期处于高负荷状态下营运，即使加强日常养护和维修工作，但现有设施已越来越陈旧、老化，部分建筑物已出现松散、龟裂和沉陷现象，只有大修或改建才能解决上述根本问题。

X 集团已委托 HS 市建筑设计研究院对 X 饭店的现状和经营前景进行了调查，并在此基础上编制了《HS 市 X 饭店改建可行性研究报告》，根据该份报告，X 集团拟利用自有资金 7282 万元对 X 饭店进行大规模翻新改造，建设工期为 1 年，建成后 X 饭店可大大提高接待能力和满足游客日益增长的各项需求。在完成 X 饭店改建后，根据酒店的设计寿命、宾馆业设施的使用周期及未来游客量等因素，确定大修周期。

（1）时间安排。按设计要求、设计寿命、日常养护、技术进步及未来游客量等因素安排每年旅游淡季进行维修一次，其维修费用采用经营收入的 1.5% 进行计算，同时每隔一个周期（根据 X 集团所属宾馆企业的大修改造周期预计，客房设施基本在 6~8 年进行一次更换）进行一次大修和更换一次客房设施，即 2014 年、2020 年、2026 年和 2032 年各安排大修一次，大修期间不停止经营。

（2）大修项目及内容。主要是在淡季维修的基础上更换酒店设施和内部装修。评估人员对 X 饭店资本性支出的预测思路和计算过程进行了分析计算，认为 X 饭店根据经营发展规划和酒店资产使用周期预测的资本性支出基本符合宾馆酒店业的更新改造特征，其支出预算基本符合经济效益预测期的要求。具体大修预测如表 5-13 所示。

表 5-13　改建大修预测　　　　　　　　　　　单位：万元

| 年份 | 改建大修预算金额 |
| --- | --- |
| 2008 | 7282.00 |
| 2014 | 300.00 |
| 2020 | 400.00 |
| 2026 | 400.00 |
| 2032 | 400.00 |

## （九）收益期限的预测

由于 HS 市旅游公司与 HS 市管委会签订的管理 HS 市风景区门票发售收取合同期限截至 2036 年，与 X 集团签订的经营服务和生活服务合同期限截至 2036 年，以及 HS 市旅游与 HS 市土地管理局签订的风景区土地租赁合同期限也截至 2036 年，因此，为保持 HS 市旅游与相关部门所签订的合同保持一致，本次评估采用的收益预测期确定为 30 年，即本次评估预测期、收益年限即为评估基准日 2005 年 12 月 31 日至 2035 年 12 月 31 日止。

在收入预测中，客流量预测以 2005 年的酒店入住人次为主要基数，增长率根据酒店的最高接待设计能力、近三年的平均接待人次和增长率，根据实际情况进行修正；收费标准以 HS 市旅游对山上所属宾馆业统一收费文件、近三年酒店入住游客的平均消费水平和近三年国民消费价格的增长率进行综合考虑，并进行合理修正取得。成本费用和修理费等相关经营成本预测以本公司历史数据为基础或参照 HS 风景区山上宾馆的平均水平及技术数据分析确定。

基于以上的分析，X 饭店 2006~2035 年各年具体的经营收入、经营成本、营业税金及附加、经营期间费用以及资本性支出如表 5-14 所示。

表 5-14　2006~2035 年经营数据分析　　　　　　单位：万元

| 项目\年份 | 收入 | 成本费用 | | | 其中，折旧与摊销 | 利润总额 | 所得税 | 净利润 | 加：折旧与摊销 | 减：资本性支出 |
|---|---|---|---|---|---|---|---|---|---|---|
| | | 成本 | 税金 | 费用 | | | | | | |
| 2006 | 2674.6 | 263.3 | 157.8 | 1299.4 | 120.0 | 954.1 | 314.9 | 639.2 | 120.0 | |
| 2007 | 3018.2 | 322.1 | 178.0 | 1327.4 | 120.0 | 1190.7 | 392.9 | 797.8 | 120.0 | |
| 2008 | 0 | 0 | 0 | 47.6 | 0 | −47.6 | 0 | −47.6 | 0 | 7282.0 |
| 2009 | 5510.3 | 491.0 | 325.2 | 2116.4 | 325.2 | 2577.7 | 850.6 | 1727.1 | 325.2 | |
| 2010 | 5999.8 | 522.7 | 354.0 | 2199.1 | 325.2 | 2924.0 | 964.9 | 1959.1 | 325.2 | |
| 2011 | 6679.3 | 611.8 | 394.1 | 2288.8 | 325.2 | 3384.6 | 1116.9 | 2267.7 | 325.2 | |
| 2012 | 6807.8 | 611.8 | 401.6 | 2297.3 | 325.2 | 3497.1 | 1154.0 | 2343.1 | 325.2 | |
| 2013 | 6936.2 | 611.8 | 409.2 | 2315.9 | 325.2 | 3599.3 | 1187.8 | 2411.5 | 325.2 | |
| 2014 | 6936.2 | 611.8 | 409.2 | 2317.2 | 325.2 | 3598.0 | 1187.3 | 2410.7 | 325.2 | 300.0 |
| 2015 | 6990.2 | 629.6 | 412.5 | 2363.2 | 325.2 | 3584.9 | 1183.0 | 2401.9 | 325.2 | |
| 2016 | 6990.2 | 629.6 | 412.5 | 2364.6 | 325.2 | 3583.5 | 1182.6 | 2400.9 | 325.2 | |
| 2017 | 6990.2 | 629.6 | 412.5 | 2376.1 | 325.2 | 3572.0 | 1178.8 | 2393.2 | 325.2 | |
| 2018 | 6990.2 | 629.6 | 412.5 | 2377.7 | 325.2 | 3570.4 | 1178.2 | 2392.2 | 325.2 | |
| 2019 | 6990.2 | 629.6 | 412.5 | 2389.4 | 325.2 | 3558.7 | 1174.4 | 2384.3 | 325.2 | |
| 2020 | 6990.2 | 629.6 | 412.5 | 2391.2 | 325.2 | 3556.9 | 1173.8 | 2383.1 | 325.2 | 400.0 |
| 2021 | 6990.2 | 629.6 | 412.5 | 2403.1 | 325.2 | 3545.0 | 1169.9 | 2375.1 | 325.2 | |
| 2022 | 6936.2 | 611.8 | 409.2 | 2370.4 | 325.2 | 3544.8 | 1169.8 | 2375.0 | 325.2 | |
| 2023 | 6936.2 | 611.8 | 409.2 | 2382.5 | 325.2 | 3532.7 | 1165.8 | 2366.9 | 325.2 | |
| 2024 | 6936.2 | 611.8 | 409.2 | 2384.8 | 325.2 | 3530.4 | 1165.0 | 2365.4 | 325.2 | |
| 2025 | 6936.2 | 611.8 | 409.2 | 2397.2 | 325.2 | 3518.0 | 1160.9 | 2357.1 | 325.2 | |
| 2026 | 6936.2 | 611.8 | 409.2 | 2399.7 | 325.2 | 3515.5 | 1160.1 | 2355.4 | 325.2 | 400.0 |

续表

| 项目<br>年份 | 收入 | 成本费用 | | | 其中，折旧与摊销 | 利润总额 | 所得税 | 净利润 | 加：折旧与摊销 | 减：资本性支出 |
| | | 成本 | 税金 | 费用 | | | | | | |
|---|---|---|---|---|---|---|---|---|---|---|
| 2027 | 6936.2 | 611.8 | 409.2 | 2412.4 | 325.2 | 3502.8 | 1155.9 | 2346.9 | 325.2 | |
| 2028 | 6936.2 | 611.8 | 409.2 | 2415.3 | 325.2 | 3499.9 | 1155.0 | 2344.9 | 325.2 | |
| 2029 | 6936.2 | 611.8 | 409.2 | 2428.3 | 325.2 | 3486.9 | 1150.7 | 2336.2 | 325.2 | |
| 2030 | 6936.2 | 611.8 | 409.2 | 2431.5 | 325.2 | 3483.7 | 1149.6 | 2334.1 | 325.2 | |
| 2031 | 6434.9 | 528.0 | 379.7 | 2384.0 | 325.2 | 3143.2 | 1037.3 | 2105.9 | 325.2 | |
| 2032 | 6098.0 | 496.3 | 359.7 | 2324.9 | 325.2 | 2917.1 | 962.6 | 1954.5 | 325.2 | 400.0 |
| 2033 | 5783.5 | 469.9 | 341.3 | 2274.2 | 325.2 | 2698.1 | 890.4 | 1807.7 | 325.2 | |
| 2034 | 5349.5 | 401.9 | 315.6 | 2228.5 | 325.2 | 2403.5 | 793.2 | 1610.3 | 325.2 | |
| 2035 | 5085.9 | 388.1 | 300.0 | 2205.7 | 325.2 | 2192.1 | 723.4 | 1468.7 | 325.2 | |

## （十）折现率的预测

本次评估确定折现率的方法为资本资产定价模型（CAPM），其基本公式如下：

$$r = R_g + (R_m - R_g) \times \beta$$

式中，$r$ 为折现率，$R_g$ 为无风险报酬率，$R_m$ 为市场平均收益率，$\beta$ 为风险系数。

1. 无风险报酬率（$R_g$）的确定

无风险报酬率取评估基准日中长期国债的年利率。经查我国发行的 5 年期凭证式国债利率表，2005 年发行的 5 年期国债年利率为 3.60%，则无风险报酬率为 3.60%。

2. 市场平均收益率（$R_m$）的确定

本次评估市场平均收益率按 X 都酒店、G 穗东方、G 美都等 8 家酒店旅馆业上市公司近三年（2003 年、2004 年、2005 年）的净资产收益率加权求出。经计算，市场平均收益率为 7.495%。具体计算过程如表 5-15 所示。

表 5-15　市场平均收益率

| 年度 | 净资产收益率（%） | 权重（%） | 加权净资产收益率（%） | 备注 |
|---|---|---|---|---|
| 2003 年 | −1.19 | 0.0 | 0.000 | "非典"疫情影响 |
| 2004 年 | 7.15 | 50.0 | 3.575 | |
| 2005 年 | 7.84 | 50.0 | 3.920 | 2005 年 1~9 月净资产收益率为 5.88 % |
| 合计 | | 100.0% | 7.495% | |

3. β 风险系数的确定

β 值取 X 都酒店、G 穗东方、G 美都等 8 家酒店旅馆业上市公司的平均值 1.112。具体计算过程如表 5-16 所示。

表 5-16　β 系数

| 日期 | 上证综指 | 深证综指 | 000033 | 000524 | 000613 | 600175 | 600258 | 600650 | 600754 | 600873 |
|---|---|---|---|---|---|---|---|---|---|---|
| | | | X 都酒店 | G 穗东方 | ST 东海 A | G 美都 | S 旅股份 | G 锦投 | G 锦江 | W 洲明珠 |
| 2001−12−31 | 1645.96 | 475.94 | 7.77 | 7.27 | 5.20 | 13.77 | 14.65 | 11.88 | 9.50 | 10.67 |
| 2002−01−31 | 1491.66 | 419.93 | 6.09 | 5.78 | 4.00 | 11.10 | 16.45 | 9.56 | 8.65 | 8.10 |
| 2002−02−28 | 1524.69 | 434.26 | 6.85 | 6.22 | 4.20 | 11.66 | 16.29 | 10.00 | 8.65 | 8.30 |
| 2002−03−29 | 1603.90 | 466.54 | 8.26 | 7.59 | 5.36 | 12.05 | 16.00 | 11.82 | 10.00 | 9.37 |
| 2002−04−30 | 1667.74 | 485.28 | 8.90 | 8.04 | 停牌 | 12.95 | 16.38 | 13.33 | 10.46 | 10.08 |
| 2002−05−31 | 1515.72 | 447.56 | 8.81 | 7.25 | 停牌 | 11.35 | 13.92 | 12.20 | 9.09 | 10.08 |
| 2002−06−28 | 1732.75 | 506.99 | 10.25 | 8.20 | 停牌 | 12.12 | 15.37 | 12.96 | 10.23 | 10.56 |
| 2002−07−31 | 1651.58 | 486.65 | 9.43 | 8.06 | 停牌 | 11.74 | 14.57 | 11.74 | 10.44 | 9.89 |
| 2002−08−30 | 1666.61 | 491.01 | 9.84 | 8.29 | 停牌 | 12.77 | 15.69 | 11.62 | 10.39 | 9.94 |
| 2002−09−27 | 1581.61 | 462.65 | 9.51 | 7.35 | 停牌 | 12.66 | 15.11 | 10.98 | 9.99 | 9.51 |
| 2002−10−31 | 1507.49 | 439.64 | 9.13 | 6.93 | 7.25 | 11.47 | 14.44 | 10.36 | 8.91 | 8.06 |
| 2002−11−29 | 1434.17 | 408.57 | 7.92 | 6.24 | 5.57 | 10.22 | 13.64 | 10.04 | 9.27 | 7.27 |
| 2002−12−31 | 1357.65 | 388.75 | 7.19 | 5.78 | 5.37 | 9.46 | 13.08 | 10.19 | 8.20 | 6.93 |
| 2003−01−29 | 1499.80 | 426.63 | 8.06 | 6.36 | 6.85 | 10.17 | 14.83 | 10.95 | 8.73 | 7.91 |

续表

| 日期 | 上证综指 | 深证综指 | 000033<br>X都酒店 | 000524<br>G穗东方 | 000613<br>ST东海A | 600175<br>G美都 | 600258<br>S旅股份 | 600650<br>G锦投 | 600754<br>G锦江 | 600873<br>W洲明珠 |
|---|---|---|---|---|---|---|---|---|---|---|
| 2003-02-28 | 1511.93 | 431.29 | 8.37 | 6.46 | 6.80 | 10.65 | 14.13 | 11.21 | 8.91 | 8.65 |
| 2003-03-31 | 1510.58 | 423.81 | 7.72 | 6.12 | 6.37 | 9.81 | 14.03 | 11.97 | 9.71 | 8.27 |
| 2003-04-30 | 1521.44 | 418.66 | 6.26 | 5.13 | 5.22 | 8.88 | 10.99 | 9.91 | 9.40 | 6.79 |
| 2003-05-30 | 1576.26 | 441.19 | 6.56 | 5.44 | 5.20 | 9.07 | 11.76 | 9.80 | 10.74 | 7.09 |
| 2003-06-30 | 1486.02 | 407.35 | 6.78 | 5.21 | 4.86 | 8.99 | 11.87 | 9.18 | 9.16 | 6.95 |
| 2003-07-31 | 1476.74 | 401.19 | 6.25 | 4.86 | 4.58 | 8.84 | 11.00 | 8.63 | 8.83 | 6.62 |
| 2003-08-29 | 1421.98 | 391.71 | 6.33 | 4.95 | 4.36 | 8.38 | 10.68 | 8.79 | 7.92 | 6.67 |
| 2003-09-30 | 1367.16 | 374.81 | 5.90 | 4.83 | 4.37 | 7.70 | 8.82 | 8.64 | 7.48 | 6.07 |
| 2003-10-31 | 1348.30 | 364.80 | 5.10 | 4.02 | 3.68 | 6.65 | 7.26 | 7.42 | 6.06 | 5.26 |
| 2003-11-28 | 1397.22 | 371.24 | 5.33 | 4.05 | 3.37 | 6.78 | 7.93 | 7.35 | 6.32 | 4.90 |
| 2003-12-31 | 1497.04 | 378.62 | 4.58 | 3.55 | 2.80 | 6.04 | 8.71 | 6.66 | 5.68 | 4.64 |
| 2004-01-30 | 1590.73 | 404.62 | 5.11 | 3.87 | 3.04 | 6.61 | 9.49 | 7.43 | 6.53 | 5.22 |
| 2004-02-27 | 1675.07 | 442.13 | 6.23 | 4.47 | 3.53 | 7.50 | 9.10 | 8.38 | 7.75 | 5.60 |
| 2004-03-31 | 1741.62 | 458.49 | 6.47 | 5.14 | 3.73 | 7.89 | 10.65 | 8.38 | 7.79 | 5.84 |
| 2004-04-30 | 1595.59 | 407.55 | 5.41 | 4.38 | 3.25 | 7.10 | 9.67 | 7.49 | 7.00 | 6.70 |
| 2004-05-31 | 1555.91 | 400.62 | 5.65 | 4.66 | 3.01 | 6.82 | 9.03 | 7.52 | 6.97 | 停牌 |
| 2004-06-30 | 1399.16 | 354.51 | 4.59 | 4.04 | 2.60 | 6.05 | 7.83 | 6.82 | 5.87 | 停牌 |
| 2004-07-30 | 1386.20 | 351.92 | 4.47 | 3.84 | 2.22 | 4.88 | 8.24 | 6.96 | 6.59 | 停牌 |
| 2004-08-31 | 1342.06 | 333.32 | 4.51 | 3.94 | 2.15 | 4.71 | 8.60 | 6.98 | 6.54 | 停牌 |
| 2004-09-30 | 1396.70 | 355.18 | 4.51 | 3.96 | 2.15 | 5.00 | 8.71 | 7.35 | 7.11 | 停牌 |
| 2004-10-29 | 1320.54 | 334.81 | 3.90 | 3.63 | 1.63 | 4.69 | 7.91 | 6.95 | 7.22 | 4.34 |
| 2004-11-30 | 1340.77 | 341.96 | 4.20 | 3.72 | 1.96 | 5.01 | 8.13 | 7.61 | 7.51 | 4.35 |
| 2004-12-31 | 1266.50 | 315.81 | 3.66 | 3.95 | 1.64 | 4.61 | 6.60 | 7.82 | 7.11 | 3.99 |
| 2005-01-31 | 1191.82 | 297.05 | 3.74 | 3.46 | 1.63 | 4.63 | 6.20 | 8.03 | 7.10 | 3.98 |
| 2005-02-28 | 1306.00 | 328.13 | 4.01 | 3.63 | 1.92 | 5.19 | 7.22 | 8.57 | 7.66 | 4.62 |
| 2005-03-31 | 1181.24 | 296.75 | 3.65 | 3.22 | 1.66 | 4.42 | 6.57 | 7.81 | 6.93 | 3.64 |

| 日期 | 上证综指 | 深证综指 | 000033 X 都酒店 | 000524 G 穗东方 | 000613 ST 东海 A | 600175 G 美都 | 600258 S 旅股份 | 600650 G 锦投 | 600754 G 锦江 | 600873 W 洲明珠 |
|---|---|---|---|---|---|---|---|---|---|---|
| 2005-04-29 | 1159.15 | 283.57 | 2.99 | 2.84 | 1.44 | 4.04 | 6.93 | 8.03 | 7.89 | 3.02 |
| 2005-05-31 | 1060.74 | 262.25 | 3.12 | 2.88 | 1.33 | 4.29 | 5.86 | 7.23 | 7.50 | 3.11 |
| 2005-06-30 | 1080.94 | 260.73 | 2.87 | 2.70 | 1.16 | 4.53 | 5.52 | 7.15 | 7.21 | 2.89 |
| 2005-07-29 | 1083.03 | 254.47 | 2.55 | 2.36 | 1.05 | 3.42 | 5.31 | 7.03 | 7.16 | 2.88 |
| 2005-08-31 | 1162.80 | 278.58 | 3.16 | 3.08 | 1.35 | 4.28 | 6.00 | 8.77 | 7.98 | 3.17 |
| 2005-09-30 | 1155.61 | 281.72 | 3.36 | 2.91 | 1.48 | 4.31 | 6.71 | 8.40 | 8.30 | 3.36 |
| 2005-10-31 | 1092.82 | 265.39 | 3.25 | 2.50 | 1.59 | 4.05 | 6.04 | 8.11 | 7.88 | 3.07 |
| 2005-11-30 | 1099.26 | 266.86 | 3.21 | 2.56 | 1.50 | 3.92 | 6.33 | 8.10 | 7.85 | 3.23 |
| 2005-12-30 | 1161.06 | 278.74 | 2.97 | 2.56 | 1.61 | 4.30 | 6.90 | 8.48 | 7.90 | 3.16 |
| β 系数 | | | 1.31 | 1.26 | 1.28 | 1.07 | 1.08 | 0.94 | 1.03 | 0.91 |
| β 系数（平均值） | | | 1.112 | | | | | | | |

4. 折现率（r）的确定

$$r = R_g + (R_m - R_g) \times \beta$$
$$= 3.60\% + (7.495\% - 3.60\%) \times 1.112$$
$$= 7.93\%$$

本次评估折现率取整为 8%。

## （十一）经营性资产价值的计算

在确定了企业未来经营期内净利润的基础上，加上折旧与摊销金额，再减去资本性支出，收益值则取企业的净现金流，其计算公式为净现金流量＝税后净利润＋折旧及摊销－资本性支出，再将净现金流进行折现求和，可以测算出经营性资产的价值。具体测算过程如表 5-17 所示。

表 5-17　经营性资产评估值测算　　　　　　　单位：万元

| 年份 | 净利润 | 加：折旧 | 减：资本性支出 | 现金净流量 | 折现系数 | 折现值 |
|---|---|---|---|---|---|---|
| 2006 | 639.2 | 120.0 | | 759.2 | 0.9 | 703.0 |
| 2007 | 797.8 | 120.0 | | 917.8 | 0.9 | 786.9 |
| 2008 | -47.6 | 0 | 7282.0 | -7329.6 | 0.8 | -5818.5 |
| 2009 | 1727.1 | 325.2 | | 2052.3 | 0.7 | 1508.5 |
| 2010 | 1959.1 | 325.2 | | 2284.3 | 0.7 | 1554.7 |
| 2011 | 2267.7 | 325.2 | | 2592.9 | 0.6 | 1634.0 |
| 2012 | 2343.1 | 325.2 | | 2668.3 | 0.6 | 1556.9 |
| 2013 | 2411.5 | 325.2 | | 2736.7 | 0.5 | 1478.6 |
| 2014 | 2410.7 | 325.2 | 300.0 | 2435.9 | 0.5 | 1218.6 |
| 2015 | 2401.9 | 325.2 | | 2727.1 | 0.5 | 1263.2 |
| 2016 | 2400.9 | 325.2 | | 2726.1 | 0.4 | 1169.2 |
| 2017 | 2393.2 | 325.2 | | 2718.4 | 0.4 | 1079.5 |
| 2018 | 2392.2 | 325.2 | | 2717.4 | 0.4 | 999.2 |
| 2019 | 2384.3 | 325.2 | | 2709.5 | 0.3 | 922.5 |
| 2020 | 2383.1 | 325.2 | 400.0 | 2308.3 | 0.3 | 727.7 |
| 2021 | 2375.1 | 325.2 | | 2700.3 | 0.3 | 788.2 |
| 2022 | 2375.0 | 325.2 | | 2700.2 | 0.3 | 729.8 |
| 2023 | 2366.9 | 325.2 | | 2692.1 | 0.3 | 673.7 |
| 2024 | 2365.4 | 325.2 | | 2690.6 | 0.2 | 623.4 |
| 2025 | 2357.1 | 325.2 | | 2682.3 | 0.2 | 575.5 |
| 2026 | 2355.4 | 325.2 | 400.0 | 2280.6 | 0.2 | 453.1 |
| 2027 | 2346.9 | 325.2 | | 2672.1 | 0.2 | 491.5 |
| 2028 | 2344.9 | 325.2 | | 2670.1 | 0.2 | 454.8 |
| 2029 | 2336.2 | 325.2 | | 2661.4 | 0.2 | 419.7 |
| 2030 | 2334.1 | 325.2 | | 2659.3 | 0.1 | 388.3 |
| 2031 | 2105.9 | 325.2 | | 2431.1 | 0.1 | 328.7 |
| 2032 | 1954.5 | 325.2 | 400.0 | 1879.7 | 0.1 | 235.3 |

续表

| 年份 | 净利润 | 加：折旧 | 减：资本性支出 | 现金净流量 | 折现系数 | 折现值 |
|------|--------|----------|----------------|------------|----------|--------|
| 2033 | 1807.7 | 325.2 | | 2132.9 | 0.1 | 247.2 |
| 2034 | 1610.3 | 325.2 | | 1935.5 | 0.1 | 207.7 |
| 2035 | 1468.7 | 325.2 | | 1793.9 | 0.1 | 178.3 |
| 净现金流量评估企业经营性资产权益价值 | | | | | | 17579.20 |

### （十二） 溢余资产和溢余负债价值的测算

在评估过程中，评估人员认为流动资产中其他应收款有 101927744.48 元为溢余资产，其中应收 X 集团的代借款及利息 90019575.00 元，应收 HS 市旅游暂存款 11908169.48 元，负债中有银行借款 115000000.00 元。由于上述资产与负债并非企业经营所必需，且故对上述资产和负债归类为溢余资产和溢余负债。因此本次评估主要采用流动资产的评估方法进行评估。

评估人员进驻现场指导企业财务人员填表、准备资料，通过查阅账簿，核实其账面价值的真实性，并向 X 集团、HS 市旅游和贷款银行进行询证，确定其资产和负债的真实性和完整性，在此基础上采用流动资产的评估方法进行评估，得出评估价值。

溢余资产的评估价值为 101927744.48 元，其中，X 集团欠款 90019575.00元，HS 市旅游欠款 11908169.48 元。溢余负债的评估价值为 115000000.00 元。

## 六、评估结论

经评估，截至评估基准日 2005 年 12 月 31 日，在持续经营前提下 HSX 饭店全部股权（净资产）的评估价值如下：

收益法评估的经营性资产价值+溢余资产评估价值−溢余负债评估价值
=17579.2+10192.8−11500≈16272.00（万元）

# 附录5　案例使用说明

## 一、教学目的与用途

1. 适用的课程

本案例主要适用于资产评估案例分析课程，也适用于企业价值评估、旅游资产价值评估等课程。

2. 适用对象

资产评估专业的硕士研究生、普通本科生、专科生以及各类培训人员。

3. 教学目的

通过此案例的教学，使学生对评估目的、价值类型、评估对象和范围、评估基准日、评估方法、评估假设等评估基本事项的确定有一个比较全面的了解，能对收益法在企业价值评估中的运用有一定了解，掌握企业价值评估的基本思路，熟悉运用收益法评估企业价值的分析过程，特别是企业存在的溢余性资产和溢余负债的评估，掌握收益法中的相关参数折现率、净收益和收益期限的测算，理解各类参数求取的思路、方法、确定的依据，这些都对灵活掌握旅游公司全部股权价值评估具有借鉴意义，有助于提高学生分析问题和解决问题的能力。

## 二、启发思考

（1）什么是股权价值？如何对它进行认识？公司股权价值评估的思路有哪几种？采用收益法时为什么要区分溢余资产和溢余负债，如何区分这两类资产？

（2）企业价值评估可以采取哪些评估方法？这些方法的使用条件是什么？运用这些评估方法需要求取哪些参数？

（3）案例中的现金流为什么采用的是股权净现金流？什么情况下采用的是自由净现金流？运用收益法时要求收益额与折现率口径一致的原则该怎样理解？在评估实践中如何与这一原则相匹配？掌握如何恰当估算折现率至关重要。收益法在评估过程中所指的税费项目是指资产在运营过程（出租、经营、生产期间）中所需缴纳的项目。本案例中，饭店应当考虑的税费项目有哪些？

（4）如何预测折旧与资本性支出？本案例中所得税、营业、管理费用、营业税金及附加、营运资金追加的预测是否完整、合理？无风险报酬率 $R_f$、风险系数 $\beta$、市场预期收益率 $E_{Rm}$ 等参数的求取需要注意哪些问题，这些参数的取值依据是什么？

（5）企业的收益有两种表现形式，即企业净利润和企业净现金流量，为何一般选择净现金流量作为收益法中的收益基础？什么情况下又选择净现金流量和息税前净现金流？两者折现值的价值内涵分别代表什么？

## 三、分析思路

本案例评估是为 HS 市旅游公司拟收购景区的 X 饭店提供价值参考意见，评估对象为 X 饭店评估基准日的全部股东权益价值，案例中采用收益法对 X 酒店的经营性资产进行评估，采用市场法对 X 酒店溢余资产和溢余负债进行评估，将 X 酒店经营性资产的评估值与溢余资产评估值相加，然后减去溢余负债评估值，最后得出 X 饭店股东全部价值。

评估企业经营性资产时，采用的是股权现金流折现的方法。这种方法的基本条件是企业具备经营期内持续经营的基础和条件，经营收益和费用之间存在较稳定的对应关系，并且未来收益和风险能够预测及可量化。即首先通过预测 X 酒店各年的经营收入、营业成本、营业税金及附加、经营期间费用、资本性支出来估算出年净利润，然后按照公式净现金流量＝（税后净利润＋折旧及摊销）－（资本支出＋营运资本增加），再选择恰当的折现率和有关协议确定收益期限，最后估算出 X 酒店经营性资产的价值。以此为基础加上溢余资产价值减去溢余负债价值就是全部股东权益价值。

## 四、理论依据与分析

### 1. 预期收益原则

预期收益原则是以企业未来持续经营为前提，投资者购买企业的股权是因为当被投资单位实现净利润时能够为投资者带来相应持股比例的收益。因而，也可以认为企业资产之所以有价值是因为它能为其所有者或控制者带来经济利益，资产价值的高低主要取决于它能为其所有者或控制者带来的预期收益量多少。预期收益原则也是以技术原则的形式概括出资产及其资产价值的最基本的决定因素，它是评估人员判断资产价值的一个最基本的依据。

本案例采用收益法对 X 饭店的股权价值进行评估，就是根据预期收益原则，测算其未来的收益，并采用适当的折现率折现，确定经营性资产的价值。

2. 收益法的原理

资产评估方法主要包括资产基础法、市场法和收益法。

（1）资产基础法从资产重置的角度间接地评价资产的价值。该方法通常适用于评估待评估资产的收益资料不完善或不明确时资产的价值。该方法的主要缺点是会受到资产通常难以重置和资产价值与成本关系不确定性的影响。

（2）市场法按照市场替代的原则，根据市场上类似资产的价格间接地评价资产的价值。该方法通常适用于待评估的资产存在充分活跃有效的交易市场，该市场上能够找到与待评估资产相同或相似的资产或交易事项，从而能够通过调整得到待评估资产的价值。该方法使用的前提是能找到参照的相似资产和存在活跃的交易市场。

（3）收益法是从决定资产市场价值的基本依据——资产预期获利能力的角度评价资产，符合市场经济条件下的价值观念。从理论上讲，收益法的评估过程和结论更符合市场上投资者的投资理念，该方法评估的资产价值更多体现了待评估资产未来的获利情况。但该方法的主要缺点为在对资产未来收益进行预测时也存在评估人员的主观判断和受未来不可预见因素的影响。

收益法是依据资产未来预期收益经折现或本金化处理来估测资产价值的，它涉及三个基本要素：其一，被评估资产的预期收益；其二，折现率或资本化率；其三，被评估资产取得预期收益的持续时间。应用收益法的前提条件：①被评估资产的未来预期收益可以预测并可以用货币来衡量；②资产拥有者获得预期收益所承担的风险也可以预测并可以用货币来衡量；③被评估资产预期获利年限可以预测。

3. 评估视角的企业资产构成

在运用收益法对企业价值进行评估时，实质上评估的是企业经营性的资产，对经营性资产以外的资产需要根据具体情况进行分析，一般情况下，企业经营性以外的资产分析主要包括溢余资产、非经营性资产、对外长期投资等。溢余资产是指与企业收益无直接关系的，超过企业经营所需的多余资产。非经营性资产是指与企业收益无直接关系的，不产生效益的资产，此类资产不产生利润，正确界定企业中哪些资产属于非经营性资产是实施非经营性资产剥离的前提条件。对外长期投资指企业基准日时已形成的对外其他股权投资。对公司拥有的长期股权投资，根据被投资企业基准日经审计的账面净资产乘以股东所持有的股权比例计算得出拟评估股权的价值。本案例企业无对外长期投资。

## 五、案例分析的关键要点

### 1. 对评估对象和范围的认识

本案例的评估对象为 X 饭店的股权价值，是 X 饭店全部资产扣除负债后的剩余部分。评估范围应该是与 X 饭店股权相关的全部资产和负债，包括经营性资产以及与经营性活动没有关系的溢余资产、长期股权投资等资产。

同时，对 X 饭店资产有一个较为全面的了解，能够从资产负债表中分离出溢余资产、非经营性资产、长期股权投资等与企业生产经营不相关的一些资产，这对企业整体资产价值的评估起到较关键的作用，否则就会导致价值的高评或者低评。

### 2. 评估方法的选择

能够根据案例的实际情况，选用恰当的评估方法。本案例选择的是收益法，具体为直接采用股权现金流测算股东权益价值，当然，也可以采用公司全部资产价值减去付息负债的价值，可以得出全部股东权益价值。这个可以留给学生自己进行测算。

### 3. 收益法参数确定

收益法的主要参数有净收益、折现率和收益期限，要能够根据收益法评估的模型，确定预测期的现金流量。本案例的收益期限受到经营协议的制约，需要在经营期限内进行预测，具体为 2006 年 1 月 1 日至 2035 年 12 月 31 日。净收益采用企业净现金流数据计算，这里需要注意收益额应与折现率匹配，即税前现金流与税前折现率匹配，税后现金流与税后折现率匹配，股权现金流与股权资本成本匹配，自由现金流与全投资资本成本匹配，本次评估的净收益为税后的，则折现率也需要采用税后的，收益额口径为股权现金流量，折现率则选取股权资本成本（CAPM）。

### 4. 经营性资产和非经营性资产的分离

收益法只能测算经营性资产的价值，测算非经营性资产的价值需要先对资产负债表中的各个科目进行分析，剥离出非经营性资产。本案例是对 X 饭店 2005 年 12 月 31 日的会计报表进行分析，剥离出 X 饭店的非经营性资产，主要是溢余资产和溢余负债。在通常情况下，企业的具体非经营性资产主要有溢余资金、与主营业务不相关的往来款项、长期股权投资、闲置设备、在建工程等。在测算出营业性资产的价值后，再加上这些非经营性净资产的价值，就可以测算出全部股东权益价值。

5. 评估基本事项的确定

能够根据本案例分析出评估目的、评估对象、评估方法、评估基准日、价值类型、评估结果等，并用准确的语言表述上述基本事项。

## 六、建议课堂计划

1. 课时安排

总课时为 4 课时。第 1 课时进行案例介绍讲解，第 2 课时、第 3 课时进行小组讨论，第 4 课时做讨论总结。

2. 黑板板书布置

黑板板书分三个版面：第一版面是案例背景介绍和启发性思考题的列示；第二版面是关键问题的列示，主要是评估思路、评估方法、参数选择、评估基本事项确定等；第三版面是小组问题讨论的结果以及对讨论问题的点评，这里分小组逐项列示，以便各小组成员能够对问题有更清晰认识和更准确的理解。

投影仪可以将背景和问题分别列示出来，关键知识点以提纲的形式列示。

3. 案例背景了解

案例教学开始阶段就需要学生掌握有关的案例背景，有关的材料可以在第 1 课时、第 2 课时让学生熟悉，边讲解边解答学生提出的问题，按照本案例的相关背景介绍、评估目的、评估方法、评估假设、评估测算、评估结果逐项列示主要的背景情况，在介绍过程中，有意识引导学生就上述的评估主要基本事项进行思考。

4. 小组分组

本案例以 25 人左右班级为宜，分为 5 个小组，每个小组 5 人。

5. 小组讨论内容

（1）市场法、成本法、收益法各自的特点，对于本案例适用的评估方法。

（2）本案例评估的对象、评估目的、价值类型、假设条件、评估基准日如何确定及理由。

（3）本案例对经营性资产和非经营性资产的划分。

（4）本案例的评估思路与评估方法是如何选择的，运用收益法的各项相关经济参数的求取是否合理准确，并说明理由。

（5）本案例对公司各项财务指标的计算和分析是否正确，并说明理由，进行分析的作用是什么。

（6）公司所在行业面临的外部环境还有什么，机遇和风险怎样影响企业当前的现状和未来发展状况，这些对企业价值有何影响及怎样影响。

6. 案例开场白和结束总结

（1）开场白。本案例是评估实务中的真实案例，是关于 HS 市旅游公司为做大做强上市公司，完善产业链条，拟收购 HS 市风景区内 X 饭店，委托评估机构对 X 饭店的股权价值进行评估。对公司收购的事例很多，相关知识同学们可以查阅有关会计课本和资料。在进行企业价值评估前，应对企业整体价值和企业股权价值的相关概念有所了解，并分析两者有何区别。每位同学应学会如何测算企业的价值，按照程序进行评估测算，并按要求每一组完成一份完整的评估报告书，评估报告中应包括资产评估的基本要素和评估程序实施过程和情况以及其他的特别事项，关键是阐明评估技术路线、评估步骤、需要关注的问题。

（2）结束总结。本案例主要介绍了采用收益法对企业股权价值进行评估，在评估过程中同学们应该对收益法的概念、应用前提条件、运用程序、主要经济技术参数求取等有一个大致了解。由于本案例评估范围是 X 饭店所有的资产和负债，所以，在评估之前要对资产负债表中的科目十分熟悉，并且要有区分经营性资产、经营性负债和非经营性资产、非经营性负债的能力，也能够从财务报表中分析企业经营状况的能力。运用收益法评估时，需要分析资产未来的收益、风险和收益期限等要素，这些要求学生有一定的预测水平。另外，也需要掌握评估目的、评估对象、价值类型、评估假设、评估方法、评估基准日等基本要素。最后，需对各小组的表现进行综合点评，指出其合理的创新地方以及存在的不足，便于在实务中引起关注并尽量减少此类问题的出现。

7. 案例的组织引导

在案例开场白之后，对委托评估单位和被评估单位进行简单的介绍，重点是分析被评估单位的行业背景、发展状况、制约发展及有利发展的内外部环境，然后明确需要关注的问题，并明确评估的评估思路和技术路线。各小组对收集到的资料进行分析比较以此确定待选评估方法，小组间讨论后确定最终的评估方法，评估方法可能不止一种，那就需要小组分任务分别测算评估价值。一个小组可以选用一种评估方法进行评估，也可以同时采用多种评估方法测算评估。确定评估方法后，再就评估的有关事项进行小组讨论，例如评估步骤、评估范围和对象、评估参数的确定、假设条件和限制条件、评估基准日等。对于评估参数确定这样的关键点可以让学生充分讨论，提出自己的观点，再综合比较点评。

接下来是具体评估方法的运用，收益法的关键是三个参数的确定，即净收益、收益期限、折现率的预测，可以根据时间和学生水平的高低，让每个小组的学生自己讨论应该如何确定这些参数，并测算评估结果。注意到参数的确定是考察报告合理性的重点，所以，像参数求取这样关键点内容的分配应该合理，视学生能力水平的高低以及学生学习态度来确定。各小组得出评估结论后，应该按照标准评估规范撰写一份完整的评估报告，规定在一定时期内上交，课后给予点评。

## 七、案例的后续进展

本案例虽然是真实的评估案例，但也存在不足之处，在后面的教学过程中，将针对案例的不足之处，比如控股股权溢价的问题，特有企业风险的考虑等问题，案例中将对未来现金流量的预测、影响企业经营收入和经营成本及其他费用的内外部环境等内容进一步探讨和完善。需要特别说明的是，本案例的评估时间较早，能够对收益法做较深入的分析，在当时应该是比较好的评估报告了。

## 八、其他教学支持材料

1. 计算机支持

计算机要能够接通互联网，具备供至少 6 个小组同时上网的接线工具。

2. 技术支持

参与案例小组的学生能够熟练使用 Word、Excel 等常用办公软件，具备可查询各类资源的网址。

3. 查询功能支持

教学单位具备上网查阅 Wind 金融数据库或者是巨灵金融服务平台有关信息的条件。

4. 多媒体教学设施设备支持

可以通过 PPT 等形式播放案例的背景资料、启发性问题等内容，增进学生对案例材料的理解。

# 案例六

## 高速公路服务区经营权由于
## 高铁上跨导致价值贬损的评估

本案例起始于 2009 年 9 月，是当时整个中部地区不多的涉及高速公路服务区赔偿问题的评估项目，10 月 1 日在部分高校学者、评估机构和委托方共同努力下，在委托方会议室召开了该案例的评估会议，就评估项目涉及的关键问题：如何确定评估的评估技术路线、评估方法；明确评估具体对象和范围等基本事项；主要参数的获取及获取方式（收益法使用时净收益、折现率和收益期限的确定）；需要关注的风险因素；如何进行敏感性分析以及确定评估结果的表达方式等达成一致意见，最后评估公司确定了本案例的评估方案，并依据方案测算了服务区经营权的贬损价值，形成了本案例评估的主体内容。

该案例具有一定的典型性和代表性，反映了中部地区有关高速公路服务区的实际评估问题，选用该案例作为教学案例比较适合。

本案例的评估委托方为 Z 高速公路服务区公司，该公司在 2005 年取得了高速公路服务区的开发经营权，经营期限为 20 年，从服务区建成营业开始计算。服务区原计划于 2009 年 11 月底完工交付使用，但因高铁上跨服务区，使服务区后续建设停工，导致服务区的建设延期 1 年，并对未来的经营产生了实质性的影响，造成了 Z 公司的服务区项目经营权价值的贬损，虽然高铁部门通过当地政府的帮助延长 Z 公司服务区的土地使用权 5 年，但 Z 公司认为土地使用权的延长不足以弥补由此造成的损失，为了确认损失的额度并进一步向相关部门申请损失索赔，Z 公司需要对服务区经营权价值的贬损情况作一个评估，为赔偿事宜提供参考依据。

高铁部门与 Z 公司就服务区的赔偿进行过沟通，但在具体金额方面一直存在争议，除此之外，以下几点背景材料需要介绍：一是进出服务区匝道由于高铁桥墩的原因需要改道，由此造成增加相应匝道的设计、施工等相关费用；二是服务区尚未开始营业，各项服务项目没有启动，服务区处在刚刚完成主体功能区，辅助设施需要继续完善的状况;三是高速公路管理方对服务区和高铁部门的受损价值曾进行过协商,认为高铁施工影响服务区经营期限,并达成延长服务区经营期限 5 年的结果,但具体赔偿还是以双方商定的价格为准;四是 Z 公司的债权债务清晰,各项往来账目齐全,不存在担保、产权纠纷等事项。

# 一、评估的基本事项

## (一) 委托方简要介绍

Z 公司成立于 2005 年,是某省商务厅批准设立的经营服务区专业公司,Z 公司主要从事高速公路服务区的经营和管理,主营业务是从事高速公路服务区的建设与经营,包括加油、餐饮、住宿、汽车修理修配、超市等常规服务和休闲、旅游等特种服务,现阶段以常规服务为主。

## (二) 评估目的

本次评估的目的是反映高铁上跨造成的 Z 公司服务区经营权的价值贬损,为 Z 公司向相关方索赔提供价值贬损的参考意见。

## (三) 价值类型

因高铁上跨对 Z 公司拥有的服务区经营权造成的经济价值贬损,表现为 Z 公司拥有的该服务区经营权在评估基准日市场价值损失。因此,本次评估咨询中采用的价值类型为市场价值。

市场价值是指自愿买方和自愿卖方在各自理性行事且未受任何强迫压制的情况下,资产在基准日进行正常公平交易的价值估计数额。

## (四) 评估对象和范围

本次评估咨询涉及的资产范围是高铁上跨服务区对该服务区未来经营产生影响涉及的相关资产。评估咨询涉及的资产对象是 Z 公司拥有的服务区经营权。

### （五）评估基准日

根据委托方的意见，并综合考虑服务区实际受损开始的时间，最终确定评估以 2009 年 11 月 30 日为评估基准日。

## 二、资产清查简要说明

列入本次清查范围的资产为 Z 公司于评估基准日所拥有的服务区的经营权及相关资产。基于待评估的服务区经营权价值是依托在服务区实体资产上，本次清查的实物资产主要是新郑服务区西区的各类服务设施，非实物资产主要是 Z 公司拥有的服务区的经营权相关协议。

## 三、评估思路

首先，明确因高铁上跨服务区对该服务区未来经营产生的影响，并对产生影响的原因进行调查分析。

其次，在定性分析的基础上，分别考虑在高铁上跨服务区前后两种情况下，评估公司拥有的该服务区经营权在评估基准日的市场价值差异，反映了因高铁上跨服务区导致该服务区未来经营受到损害，而对 Z 公司拥有的服务区经营权造成经济价值贬损。

最后，运用收益法分别考虑评估对象在评估基准日的市场价值，二者的差额就是服务区经营权的经济价值贬损。

上述评估思路可用下面的价值贬损模型表示：

$$D = V_0 - V_1$$

式中，$D$ 为评估对象的价值贬损值；$V_0$ 为在没有铁路上跨情况下，评估对象在评估基准日的市场价值；$V_1$ 为在铁路上跨情况下，评估对象在评估基准日的市场价值。

# 四、评估技术说明

## (一) 评估方法的选择与确定

资产评估方法主要包括成本法、市场法和收益法。

1. 成本法

成本法从资产重置的角度间接地评价资产的价值。该方法通常适用于评估待评估资产的收益资料不完善或不明确时资产的价值。该方法的主要缺点是受到资产通常难以重置和资产价值与成本关系不确定性的影响。

2. 市场法

市场法按照市场替代的原则，根据市场上类似资产的价格间接地评价资产的价值。该方法通常适用于待评估的资产存在充分活跃有效的交易市场，该市场上能够找到与待评估资产相同或相似的资产或交易事项，从而能够通过调整得到待评估资产的价值。该方法使用的前提是能找到参照的相似资产和存在活跃的交易市场。

3. 收益法

收益法是从决定资产市场价值的基本依据——资产预期获利能力的角度评价资产，符合市场经济条件下的价值观念，从理论上讲，收益法的评估过程和结论更符合市场上投资者的投资理念，该方法评估的资产价值更多体现了待评估资产未来的获利情况。但该方法的主要缺点是在对资产未来收益进行预测时也存在评估人员主观判断和受未来不可预见因素的影响。

基于本项目的评估目的以及从资产评估的科学性和合理性要求考虑评估方法本身的合理性、效率性等方面，本次评估选用收益法进行评估。在具体方法的运用上，考虑评估对象的经营权资产特性，采用每年税后净利润折现法。

## （二）评估假设

其一，持续经营假设。假定Z公司在评估目的实现后，仍按照原来的经营目的、经营方式持续地经营下去。其二，宏观经济环境相对稳定假设。当时，国家从产业政策上积极支持基础设施建设，特别是交通运输行业的发展。因此，本评估咨询报告假定未来国家的产业政策、税收政策和宏观经济环境仍相对稳定。其三，不考虑通货膨胀对服务区各经营项目销售价格和成本的影响。其四，资金的无风险报酬率保持在评估基准日的水平。其五，收益的计算以会计年度为准，假定收支在计算期间均匀发生。

## （三）评估程序实施过程及情况

按照资产评估业务约定书，评估人员已实施了对被评估单位提供的法律性文件等相关资料的核对，对资产进行实地查看，并取得了相关的产权证明文件复印件。资产评估的过程如下：

第一，接受委托阶段，了解被评估单位组织架构、机构分布和经营业务特点，明确评估目的、评估对象及范围和评估基准日。

第二，清查核实阶段，首先根据项目评估要求指导被评估单位清查资产，填报资产评估申报表，准备评估资料。然后在企业如实申报资产并对委估资产进行自查的基础上，对纳入评估范围内的资产和负债进行了抽查核实，包括评估对象真实性和合法性的查证、账面价值构成的调查、评估资料的收集以及了解并分析企业的生产、管理和经营情况等。

第三，评定估算阶段，依据评估准则及国家相关的法律法规，结合委估资产情况及评估资料收集情况确定采用的评估方法，根据各类资产的作价方案，明确评估参数和价格标准，收集相关作价资料，进行评定估算工作。

第四，汇总与审核阶段，项目组完成初稿，最终汇总确定评估结果，并对项目组提供的评估明细表、评估说明、评估报告及相关的工作底稿进行了全面审核并提出具体的审核修改意见和建议，完善后将评估报告征求意见稿提供给委托方交换意见。

第五，出具报告阶段，在将评估结果与委托方沟通后正式出具评估报告。

# 五、评估测算过程

## (一) Z公司服务区经营变更状况及区位分析

Z公司是某省商务厅批准设立的经营服务区的专业公司，2006年该市发改委下文批准该公司建设京港澳、连霍高速公路服务区。2008年由于高铁建设的需要，该公司参与了高铁上跨服务区线路走向的协调会，参会方都同意在保证高铁正常施工的前提下，高铁上跨服务区导致价值贬损的事项进一步商议，初步确定给予服务区延长经营期限5年的基础上，再根据具体的贬损价值给予赔偿。2009年该省重点项目建设办公室形成会议纪要，对服务区匝道改道在土地征用审批上给予优惠，农地拆迁等问题由政府予以解决，设计费、改道损失费等由高铁部门给予补偿。

高速公路管理公司于2005年对外发布公告，该管理公司所管理的路段允许民间资本进行服务区合作开发建设，并提供经营协议书与许可证。2005年，Z公司曾经与香港HT公司合作开发本案例的服务区，后由于经营理念存在差异，香港恒泰公司退出服务区经营，改由Z公司独家经营，其产权关系已经划清并办理了相关手续，各项证件齐全。

该服务区位于京珠高速公路中部某省路段，主干线全长2291千米，于1986年开工建设，始于北京市，经过河北省、河南省、湖北省、湖南省，止于广东省的珠海市，贯穿五省一市，是连接华北、华中、华南的交通大动脉，在国家公路网中具有十分重要的地位和作用。上跨服务区的高铁属于京港高铁某段，京港高铁纵贯中国北部、中部、南部的高速交通大动脉，设计时速为350千米，最高试车时速、最高时速可达390千米，是世界上线路最长及时速350千米以上的高铁线路，线路全长约2240千米，具有极其重要的政治、经济、文化、军事战略意义。京港实现了从北京到香港的夕发朝至，最多只需3~4个小时抵达中国中部地区，8~10小时即从香港抵达北京。

由于高铁上跨导致Z公司的经营权受损，Z公司向高铁相关部门提出过财产损失的索赔报告，但该报告并没有明确的索赔金额，原因在于在评估前并不能确切估计损失金额。同时，服务区尚未处于经营阶段，具体的经营绩效也不能有确切的依据。

## （二）高铁上跨服务区对该服务区经营的影响分析

1. 对服务区规划设计和施工的影响

在服务区施工建设过程中，由于高铁上跨该服务区使 Z 公司对服务区总平面布置图进行重新规划设计，并多次变更施工图设计，由此原因增加勘察设计费用约 60 万元，同时追加施工费用 120 万元。

2. 对该服务区未来经营的影响

（1）服务区对过往车辆吸引力下降导致经营收入下降。一是高铁上跨服务区对车辆的吸引率下降。由于高铁上跨对服务区产生遮挡，使司机难以了解服务区的设施状况，降低了服务区的吸引率；另外导致高速公路与服务区连接线不便利。铁路上跨服务区后，使高速公路主线与服务区连接线（加速、减速匝道、贯通道）的设计受限，匝道不仅需要延长，而且下穿高速铁路桥墩，导致大型车辆进出服务区难度加大。二是高铁上跨服务区经营项目受限制。根据规划，服务区将建设大型电子显示屏，发布服务区信息和广告信息。铁路上跨服务区后，形成的遮挡导致电子广告牌业务项目无法实施。

（2）服务区未来经营成本加大。铁路上跨服务区，不仅导致施工期间对场区硬化、绿化、施工费用的增加，而且导致在经营期间因对重叠部分置换扩大的场区增加管理费用。

（3）服务区未来经营风险加大。

其一，铁路上跨服务区导致服务区未来经营管理难度加大。由于铁路上跨桥的遮挡，Z 公司必须在服务区营销推广上付出更大努力；同时，遮挡也导致服务区在功能设计、经营模式方面相对其他服务区的优势降低。另外，由于铁路上跨服务区，使公司未来预期现金流下降，增大了公司财务管理风险。

其二，铁路上跨服务区打乱了 Z 公司经营规划和布局。服务区受高铁上跨影响后，不仅导致该服务区经营直接受到影响，而且破坏了 Z 公司整体经营计划，导致经营风险增大。

（4）推迟了服务区开业时间并导致违约风险。由于高铁上跨服务区，导致服务区总平面布置图和施工图设计未能在合理期限内提供给施工单位，该服务区项目建设前期各项工作无法按时推进，施工单位因此停工、误工并向 Z 公司索赔。而且连锁导致 Z 公司与其他公司签订的合作经营协议未能完全履行，致使 Z 公司承担合同违约责任。

## （三）收益期限的确定

根据本次评估确定的基本评估思路，未发生上跨情况下，收益期限为 2009 年 11 月 20 日起 20 年；发生上跨情况下，收益期限为 2010 年 10 月 1 日起 25 年。

## （四）净收益的确定

### 1. 车流量预测

（1）近年来的车流量情况。高速段公路 2006～2009 年上半年的日均车流量情况见表 6-1。由于高速公路的车型、载重量、排气量、车座等不一致，统一以一种车型、载重量、排气量和车座衡量较为困难，以绝对车流量为基础，按收费标准折算为收费标准最低车型的交通量，如表 6-1 所示。

表 6-1 高速公路 2006～2009 年上半年的日均车流量情况

| 年份\项目 | 2006 年 | | 2007 年 | | 2008 年 | | 2009 年上半年 | | 平均 | |
|---|---|---|---|---|---|---|---|---|---|---|
| 分地区 | 绝对数 | 折算数 | 绝对数 | 折算数 | 绝对数 | 折算数 | 绝对数 | 折算数 | 绝对数 | 折算数 |
| 日车流量（辆） | 20294 | 35963 | 21258 | 38254 | 21186 | 38712 | 22808 | 40006 | 21387 | 38234 |
| 增长率 | — | — | 4.75% | 6.37% | -0.34% | 1.20% | 7.66% | 3.34% | 4.02% | 3.64% |
| 折算倍数 | — | 1.77 | — | 1.8 | — | 1.83 | — | 1.75 | — | 1.79 |

资料来源：ZT 高速公司 2008 年年度报告和 2009 年上半年报告。折算数为按收费标准折算为收费标准最低车型的交通量。2009 年数据为上半年平均数据。

根据上述分析，我们以 2006～2009 年上半年的日平均折算小型车 38234 辆为基准数，作为服务区 2009 年所处的高速公路段日均车流量折算数。

（2）未来车流量增长分析。根据国家铁路建设计划，"十一五"规划期间建设北京至郑州铁路客运专线，客运专线的建成也会相对提高京广铁路货运能力空间，对高速公路将产生一定的分流影响。但基于公铁运输特点和市场的差别以及社会客货运输需求不断增长的情况，客运专线的建成应不会对京珠高速形成较大的分流影响。

根据前述的分析，综合考虑各种影响因素，估计服务区所处路段车流量按折算后日均车流量计算，2010 年和 2011 年由于受四车道改八车道工程影响，以及金融危机影响继续存在，因此估计年增长率为 3%；综合考虑经济的长期增长率、郑漯高速段过去几年的车流量平均增长率，估计 2012 年起车流量折算数保持年均增长 3.5% 不变。服务区所处公路段未来车流量（折算数）及增长预测情况如附表 6-3 所示。

　　2. 车辆吸引率估计

　　（1）没有铁路上跨情况下，服务区的车辆吸引率估计。在没有铁路上跨的情况下，考虑一般服务区的开业后有一个 1~2 年的引入期，估计服务区 2010 年和 2011 年的车辆吸引率分别为 8% 和 9%；2012~2016 年车辆吸引率为 10%；；2017~2022 年车辆吸引率为 11%；2022~2026 年车辆吸引率为 12%；2027~2029 年车辆吸引率为 13%。

　　（2）铁路上跨情况下，服务区的车辆吸引率估计。由于铁路上跨对服务区经营的影响，将导致服务区吸引率下降，而且需要更长的引入期。根据评估咨询人员的调查，并结合与 Z 公司管理层的分析讨论情况，估计受铁路上跨影响后的服务区第 1 个经营年度车辆吸引率为 5%（约为未受影响情况下第 1 个经营年度车辆吸引率的 60%），然后逐渐递增，2011~2015 年的车辆吸引率分别为 5%、6%、7%、8% 和 9%；2016 年及以后，经过服务区的经营努力，车辆吸引率保持在 10%。

　　3. 各经营项目净收益预测

　　（1）主要经营项目的经营参数。根据服务区的可行性研究报告，结合我们的调查分析，对服务区主要经营项目的经营参数进行了预测，如表 6-2 所示。

表 6-2　服务区主要经营项目的经营参数估计一览

| 经营参数 | 加油 | 餐饮 | 超市 | 汽修 | 加水降温 |
|---|---|---|---|---|---|
| 服务率（%） | 60 | 15 | 10 | 0.80 | 1 |
| 收费 | 6.28 元/升 | 25 元/人·次 | 30 元/人·次 | 300 元/次 | 20 元/次 |
| 税前销售净利率（%） | 5 | 40 | 30 | 30 | 70 |

　　注：表中税前销售净利率是各经营项目分摊了服务区固定资产折旧和各项经营成本之后，但未分摊服务区经营许可费的税前销售净利率。

（2）加油站受铁路上跨影响前后的预期税前净收益估计。根据服务区的可行性研究报告，服务区吸引进入的车辆加油率为45%。评估咨询人员对其他服务区加油站收入状况的了解，服务区加油日收入在80万~100万元。综合上述情况，估计服务区吸引入服务区的车辆加油率为60%，平均每辆车（折算后的小型车辆）加油量为50升，油价按评估基准日油价6.28元/升计算，加油站服务项目分摊服务区固定资产折旧和各项经营成本后的税前销售净利率为5%。根据折算后的日均车流量，估算加油站每年税前净收益的公式如下：

加油站每日税前净收益=日吸引车辆×加油率×平均加油量×单位油价×税前销售净利率

根据上述估算服务区加油站项目受铁路上跨影响前后的各年税前利润情况（见附表6-4和附表6-5）。

（3）餐饮服务项目受铁路上跨影响前后的预期税前净收益估计。根据评估咨询人员对其他服务区餐饮服务收入状况的了解以及服务区的可行性研究报告估计，服务区吸引入服务区车辆的就餐率为15%，分摊服务区固定资产折旧和各项经营成本后的税前销售净利率为40%，按照折算后车型平均每辆车载3人，人均餐饮消费25元计算。根据折算后的日均车流量，估算服务区每年税前净收益的公式如下：

餐饮服务日均税前净收益=日吸引车辆×平均车载人数×就餐率×人均消费×税前销售净利率

根据上述公式估算服务区餐饮服务受铁路上跨影响前后的各年税前净利润情况（见附表6-6和附表6-7）。

（4）超市项目受铁路上跨影响前后的预期净收益估计。根据对其他服务区超市项目收入状况的了解以及服务区的可行性研究报告估计，服务区吸引入服务区的车辆超市购买率为10%，分摊服务区固定资产折旧和各项经营成本后的税前销售净利率为30%，按照折算后车型平均每辆车载3人，人均超市购物消费30元计算。根据折算后的日均车流量，估算服务区超市项目每年税前净收益的公式如下：

超市日均税前净收益=日吸引车辆×平均车载人数×购买率×人均消费×税前销售净利润率

根据上述公式估算服务区超市项目受铁路上跨影响前后的各年税前净利润情况（见附表6-8和附表6-9）。

（5）客房服务受铁路上跨影响前后的预期净收益估计。根据对其他服务区客房服务项目的调查，通常服务区的客房平均入住率在30%左右。结合服务区的可行性研究报告估计，服务区不受铁路上跨影响情况下，客房平均入住率为30%；在受到铁路上跨影响情况下，客房平均入住率下降，按20%估算。服务区双边共设客房40间，西区客房20间，按每间客房日均收费120元，分摊服务区固定资产折旧和各项经营成本后的税前销售净利率为45%。估算服务区客房服务项目每年税前净收益的公式如下：

客房日均税前净收益=客房数×入住率×每间客房日均收费×税前销售净利率

根据上述公式估算服务区客房项目受铁路上跨影响前后的各年税前净收益情况（见附表6-10和附表6-11）。

（6）汽修与汽配项目受铁路上跨影响前后的预期净收益估计。根据对其他服务区汽修和汽配服务项目的调查，结合服务区的可行性研究报告，估计服务区吸引进入服务区的车辆的维修率为0.8%，平均收费为300元/次，分摊服务区固定资产折旧和各项经营成本后的税前销售净利率为30%。估算服务区汽修与汽配服务项目每年税前净收益的公式如下：

汽修汽配日均税前净收益=日吸引车辆×维修率×平均收费×税前销售净利率

根据上述公式估算服务区汽修汽配项目受铁路上跨影响前后的各年税前净收益情况（见附表6-12和附表6-13）。

（7）加水降温服务项目受铁路上跨影响前后的预期净收益估计。根据对其他服务区加水降温服务项目的调查，结合服务区的可行性研究报告，估计服务区吸引进入车辆的日均加水降温服务接受率为1%，平均收费为20元，分摊服务区固定资产折旧和各项经营成本后的税前销售净利率为70%。估算服务区加水降温服务项目每年税前净收益的公式如下：

加水降温日均税前净收益=日吸引车辆×加水降温接受率×平均收费×税前销售净利率

根据上述公式估算服务区加水降温服务项目受铁路上跨影响前后的各年税前净收益情况（见附表6-14和附表6-15）。

（8）LED显示屏广告经营权受铁路上跨影响前后的预期净收益估计。根据与Z公司管理层的分析讨论，服务区3处LED电子显示屏的广告经营权租金收入为120万元，税前销售净利率为70%。服务区LED显示屏广告经营权每年的税前净收益为84万元。铁路上跨服务区后，挤占了服务区空间并对服务区形成了遮挡，无法再设置LED电子显示广告屏，因此，受铁路影响后该项目收益为0。

4. 净利润预测

根据前面服务区各经营项目受铁路上跨影响前后的净收益预测，汇总后得到该服务区每年的税前净收益，同时还需要扣减每年支付的服务区经营许可费，再扣减所得税，得到该服务区受铁路上跨影响前后的每年税后净利润。具体计算公式如下：

R＝[∑（经营项目年经营收入×税前收入利润率）－年度经营许可费]×（1－T）

（1）经营许可费的确定。根据协议，高速公司每年缴纳服务区经营许可费计算公式保持不变：每年经营许可费＝高速公司投入征地费用×（当年同期同类银行贷款利率+2%）÷2，其中高速公司投入征地费用经测算按6300000元计算，当年同期同类银行贷款利率按付款之日央行5年期以上同期贷款基准利率计算。

在本次评估中，我们按评估基准日央行5年期以上贷款基准利率5.94%保持不变，估算服务区每年支付的经营权许可费。

服务区每年经营许可费＝高速公司投入征地费用×（当年同期同类银行贷款利率+2%）÷2

＝6300000×（5.94%+2%）÷2

＝250110（元）

（2）受铁路上跨影响前后的年税后净利润。当时，Z公司所得税税率为25%。根据前面估算的各服务项目的税前净收益情况，估算服务区受铁路上跨影响前后的每年税后净利润情况（见附表6-16）。

## （五）折现率的确定

1. 确定折现率的方法

在未受影响的情况下，运用Z公司的权益回报率作为未来净利润对应的折现率；在受影响的情况下，运用Z公司的权益回报率再加上适当的风险调整作为未来净利润对应的折现率。权益回报率的确定方法采用国际上通行的CAPM模型。

$$K_e = R_f + [E_{Rm} - R_f] \times \beta + \xi$$

式中，$R_f$为无风险收益率；$E_{Rm}$为市场预期收益率；$\beta$为风险系数；$\xi$为风险调整。

2. 折现率的具体计算

（1）无风险收益率 $R_f$。参照国家 2008 年已发行的 10 年期以上的中长期国债利率的平均水平（见附表 6-17），按照 10 年期以上的中长期国债利率的平均值作为无风险收益率的取值，即 $R_f = 4.02\%$。

（2）市场预期收益率 $E_{Rm}$。在本次评估中，根据 2004~2008 年 Z 公司平均净资产收益率的 5 年平均值来测算市场预期收益率。5 年加权平均净资产收益率为 11.06%，作为本次评估中的市场预期收益率。

表 6-3　2004~2008 年上市公司平均净资产收益率

| 年份 | 2004 | 2005 | 2006 | 2007 | 2008 | 平均 |
|---|---|---|---|---|---|---|
| 平均净资产收益率（%） | 9.01 | 9.43 | 10.54 | 14.79 | 11.52 | 11.06 |

资料来源：巨灵金融服务平台。

（3）风险系数 β 的确定。在本次评估中，选取 Z 公司的 10 家上市公司作为参照企业。选取的参照企业基本情况见附表 6-18。利用"巨灵金融服务平台"查询上述参照企业 2009 年 11 月 30 日的财务数据及之前 100 周的 β 值（见附表 6-18），根据公式可计算出参照企业无财务杠杆的 β 值。

企业无财务杠杆的 β 值计算公式如下：

$$\beta_u = \beta / [1 + D/E \times (1-T)]$$

式中，$\beta_u$（$\beta_{u1}$，$\beta_{u2}$，…）为参照企业的无财务杠杆 β 值；β（$\beta_1$，$\beta_2$，…）为参照企业（100 周）的有财务杠杆 β 值；D 为各参照企业的有息负债；E 为各参照企业的所有者权益；T 为各参照企业的所得税率。

$$\beta_u（平均）= 1/10 \times (\beta_{u1} + \beta_{u2} + \cdots \beta_{u10})$$

将上式计算得出的 $\beta_u$（平均）转换为目标企业有财务杠杆的 β 值。

公式：$\beta(Z高速) = \beta_u（平均）\times [1 + D/E \times (1-T)]$

根据附表 6-18 的数据及 Z 公司评估基准日的财务数据和税率（25%）计算得出：$\beta(Z高速) = 0.571$。

（4）折现率的确定。根据前面计算的相关参数和资本资产定价模型（CAPM），可以计算 Z 公司的权益回报率。由于选择的上市公司规模较大，而且大多具有较为稳定的高速公路收费业务，因此 Z 公司的投资收益风险要大于所选择的参照公司，在运用资本资产定价模型计算 Z 公司权益回报率时，增加 1% 的风险调整。Z 公司权益回报率计算如下：

$$K_e = R_f + [\,E_{Rm} - R_f\,] \times \beta + \xi$$
$$= 4.02\% + (11.06\% - 4.02\%) \times 0.571 + 1.0\%$$
$$= 8.04\% + 1.0\%$$
$$= 9.04\%$$

在未受影响的情况下，我们取 Z 公司权益回报率 9% 作为折现率。

在受影响的情况下，考虑铁路上跨对其未来经营管理风险增加的影响，在 Z 公司权益回报率基础上，再增加 2% 的风险调整，作为受影响后的折现率：

$$K_e(\text{受影响后}) = 9\% + 2\% = 11\%$$

## （六）服务区经营权价值贬损的确定

根据前面估算的净利润情况和相关评估参数，分别计算服务区受铁路上跨影响前后的经济价值，见附表 6-19。

根据上述评估结论，服务区经营权价值在未受铁路上跨影响情况下在评估基准日的市场价值评估值为 12760 万元，受铁路上跨影响情况下在评估基准日的市场价值评估值为 9067 万元，因受高铁上跨影响导致该经营权价值发生的价值贬损，就是受影响前后市场价值的差额：

服务区经营权价值贬损 = 12767 - 9067 = 3700（万元）

为了检验上述评估结果的合理性，需要进一步对上述评估结论进行敏感性分析。通过"巨灵金融服务平台"查询，Z 股上市公司中高速公路行业共有 11 家上市公司，除海南高速没有可比性外，10 家高速公路类上市公司在 2004~2008 年 5 年间的销售净利率平均为 37.37%，净资产收益率平均值为 10.94%。服务区受铁路影响前预测收益的销售净利率平均为 6.41%，受影响后预测收益的销售净利率平均为 6.14%，均远低于高速公路类上市公司平均数据。考虑受高铁影响后收益风险的调整，调整后的折现率 11% 也接近于高速公路类上市公司平均净资产收益率。考虑扩大风险调整的范围来测算不同风险调整下服务区经营权价值的贬损值，评估咨询人员分别测算了受铁路影响后风险调整值从 0~5 的不同情况下服务区经营权价值的贬损，如表 6-4 所示。

表6-4　不同风险调整情况下的价值贬损敏感性分析　　　单位：万元

| 受损风险溢价 | 受损情况下折现率 | 受损后市场价值 | 价值贬损 | 价值贬损率 |
|---|---|---|---|---|
| 0.00% | 9.00% | 11117 | 1643 | 12.88% |
| 1.00% | 10.00% | 10017 | 2743 | 21.50% |
| 2.00% | 11.00% | 9067 | 3693 | 28.94% |
| 3.00% | 12.00% | 8243 | 4518 | 35.40% |
| 4.00% | 13.00% | 7524 | 5236 | 41.03% |
| 5.00% | 14.00% | 6896 | 5864 | 45.96% |

　　综合上述分析，Z公司拥有的服务区经营权因受高铁上跨影响导致的价值贬损最可能的区间为3700万~4500万元。

　　在持续经营前提下，在评估基准日2009年11月30日，运用收益法评估，得出Z公司拥有的服务区经营权价值因高铁上跨该服务区导致的价值贬损最可能的区间为人民币3700万~4500万元。

附表6-1　Z公司近年来的资产负债　　　单位：元

| 资产＼时间 | 2006.12.31 | 2007.12.31 | 2008.12.31 | 2009.10.31 |
|---|---|---|---|---|
| 流动资产： | | | | |
| 货币资金 | 7565939.55 | 94206878.44 | 3036641.90 | 3396664.05 |
| 短期投资 | | 11020000.00 | 0.00 | 0.00 |
| 应收账款 | | | | 5464000.00 |
| 其他应收款 | 10658428.50 | 81113577.00 | 91369939.84 | 91569696.57 |
| 预付账款 | 7492273.37 | 80268722.47 | 90563254.11 | 75885145.85 |
| 待摊费用 | | 534146.00 | 838655.00 | |
| 流动资产合计 | 25716641.42 | 267143323.91 | 185808490.85 | 176315506.47 |
| 长期投资： | | | | |
| 长期股权投资 | | | | |
| 长期债权投资 | | | | |

续表

| 时间<br>资产 | 2006.12.31 | 2007.12.31 | 2008.12.31 | 2009.10.31 |
|---|---|---|---|---|
| 长期投资合计 | | | | |
| 固定资产： | | | | |
| 固定资产原价 | 2753016.77 | 5565205.77 | 114470774.70 | 451577708.57 |
| 减：累计折旧 | 239310.61 | 938671.80 | 4876135.77 | 18109239.33 |
| 固定资产净值 | 2513706.16 | 4626533.97 | 109594638.93 | 433468469.24 |
| 减：固定资产减值准备 | | | | |
| 固定资产净额 | 2513706.16 | 4626533.97 | 109594638.93 | 433468469.24 |
| 在建工程 | 12465187.35 | 154510169.49 | 226056275.29 | 31721999.18 |
| 固定资产清理 | | | | |
| 固定资产合计 | 14978893.51 | 159136703.46 | 335650914.22 | 465190468.42 |
| 无形资产及其他资产： | | | | |
| 无形资产 | 9610.69 | 86451.37 | 100042.03 | 86645.33 |
| 长期待摊费用 | 887225.26 | 682480.90 | 477736.54 | 2660338.44 |
| 其他长期资产 | | | | |
| 无形资产及其他资产合计 | 896835.95 | 768932.27 | 577778.57 | 2746983.77 |
| 资产总计 | 41592370.88 | 427048959.64 | 522037183.64 | 644252958.66 |
| 负债和所有者权益 | | | | |
| 流动负债： | | | | |
| 短期借款 | | | | |
| 应付票据 | | | | |
| 应付账款 | 28800.00 | 0.00 | 14299983.39 | 100759172.46 |
| 预收账款 | 0.00 | 0.00 | 0.00 | 0.00 |
| 应付工资 | 0.00 | 288960.00 | 30700.00 | 0.00 |
| 应付福利费 | 149514.05 | 440698.11 | 235658.82 | 116648.32 |
| 应交税金 | 1030.00 | −18215436.52 | −24922122.20 | −25015925.39 |

续表

| 资产＼时间 | 2006.12.31 | 2007.12.31 | 2008.12.31 | 2009.10.31 |
|---|---|---|---|---|
| 其他应付款 | 5013251.84 | 353072540.07 | 446006969.32 | 483947841.28 |
| 预提费用 | | 216000.00 | | |
| 流动负债合计 | 5192595.89 | 335802761.66 | 435651189.33 | 559807736.67 |
| 长期负债： | | | | |
| 长期借款 | | | | |
| 其他长期负债 | | | | |
| 长期负债合计 | | | | |
| 递延税项： | | | | |
| 递延税款贷项 | | | | |
| 负债合计 | 5192595.89 | 335802761.66 | 435651189.33 | 559807736.67 |
| 所有者权益： | | | | |
| 实收资本 | 41167500.00 | 100000000.00 | 100000000.00 | 100000000.00 |
| 减：已归还投资 | | | | |
| 实收资本净额 | 41167500.00 | 100000000.00 | 100000000.00 | 100000000.00 |
| 资本公积 | | | | |
| 盈余公积 | | | | |
| 法定公益金 | | | | |
| 未分配利润 | -4767725.01 | -8753802.02 | -13614005.69 | -15554778.01 |
| 所有者权益合计 | 36399774.99 | 91246197.98 | 86385994.31 | 84445221.99 |
| 负债和所有者权益总计 | 41592370.88 | 427048959.64 | 522037183.64 | 644252958.66 |

**附表 6-2 Z 公司近年来的损益** 单位：元

| 项　　目 | 2006.12.31 | 2007.12.31 | 2008.12.31 | 2009.10.31 |
|---|---|---|---|---|
| 一、营业收入 | 0.00 | 0.00 | 3868222.19 | 2308666.66 |
| 减：营业成本 | 0.00 | 0.00 | 3506472.87 | 1607192.90 |

续表

| 项　　目 | 2006.12.31 | 2007.12.31 | 2008.12.31 | 2009.10.31 |
|---|---|---|---|---|
| 营业费用 | 0.00 | 0.00 | 0.00 | 0 |
| 营业税金及附加 | 0.00 | 0.00 | 193411.15 | 115433.34 |
| 二、经营利润 | 0.00 | 0.00 | 168338.17 | 586040.42 |
| 减：管理费用 | 4402002.90 | 7138815.46 | 7416161.66 | 891458.04 |
| 财务费用 | 280322.11 | −54718.79 | −567168.79 | 485.64 |
| 三、营业利润 | −4682325.01 | −7084096.67 | −6680654.70 | −305903.26 |
| 加：投资收益 | 0.00 | 4101564.77 | 1918691.03 | 0 |
| 补贴收入 | 0.00 | 0.00 | 0.00 | 0 |
| 营业外收入 | 0.00 | 0.00 | 3000.00 | 100000.00 |
| 减：营业外支出 | 85400.00 | 1003545.11 | 101240.00 | 200000.00 |
| 四、利润总额 | −4767725.01 | −3986077.01 | −4860203.67 | −405903.26 |
| 减：所得税 | 0.00 | 0.00 | 0.00 | 0 |
| 五、净利润 | −4767725.01 | −3986077.01 | −4860203.67 | −405903.26 |

**附表 6-3　服务区所处公路段未来车流量（折算数）估计**　　　单位：辆

| 年度 | 受损前经营期 | 受损后经营期 | 全线车流量（折算数） | 车流量递增率（%） |
|---|---|---|---|---|
| 2009 | | | 38234 | |
| 2010 | 1 | | 39381 | 3.00 |
| 2011 | 2 | 1 | 40562 | 3.00 |
| 2012 | 3 | 2 | 41982 | 3.50 |
| 2013 | 4 | 3 | 43451 | 3.50 |
| 2014 | 5 | 4 | 44972 | 3.50 |
| 2015 | 6 | 5 | 46546 | 3.50 |
| 2016 | 7 | 6 | 48175 | 3.50 |
| 2017 | 8 | 7 | 49861 | 3.50 |
| 2018 | 9 | 8 | 51606 | 3.50 |

续表

| 年度 | 受损前经营期 | 受损后经营期 | 全线车流量（折算数） | 车流量递增率（%） |
|------|------|------|------|------|
| 2019 | 10 | 9 | 53412 | 3.50 |
| 2020 | 11 | 10 | 55281 | 3.50 |
| 2021 | 12 | 11 | 57216 | 3.50 |
| 2022 | 13 | 12 | 59219 | 3.50 |
| 2023 | 14 | 13 | 61292 | 3.50 |
| 2024 | 15 | 14 | 63437 | 3.50 |
| 2025 | 16 | 15 | 65657 | 3.50 |
| 2026 | 17 | 16 | 67955 | 3.50 |
| 2027 | 18 | 17 | 70333 | 3.50 |
| 2028 | 19 | 18 | 72795 | 3.50 |
| 2029 | 20 | 19 | 75343 | 3.50 |
| 2030 | | 20 | 77980 | 3.50 |
| 2031 | | 21 | 80709 | 3.50 |
| 2032 | | 22 | 83534 | 3.50 |
| 2033 | | 23 | 86458 | 3.50 |
| 2034 | | 24 | 89484 | 3.50 |
| 2035 | | 25 | 92616 | 3.50 |

附表6-4 服务区加油站项目未受铁路上跨影响情况下的税前净收益估算

单位：万元

| 年度 | 受损前经营期 | 全线车流量（折算数） | 车流量递增率（%） | 吸引率（%） | 日吸引车辆 | 加油率（%） | 单位油价（元） | 平均加油量（升） | 加油日收入 | 加油年收入 | 加油年收入 | 税前销售净利率（%） | 加油税前净收益 |
|---|---|---|---|---|---|---|---|---|---|---|---|---|---|
| 2010 | 1 | 39381 | 3.00 | 8.0 | 3150 | 60 | 6.28 | 50 | 59.35 | 21662.75 | 10831.38 | 5.00 | 541.57 |
| 2011 | 2 | 40562 | 3.00 | 9.0 | 3651 | 60 | 6.28 | 50 | 68.78 | 25104.70 | 12552.35 | 5.00 | 627.62 |
| 2012 | 3 | 41982 | 3.50 | 10.0 | 4198 | 60 | 6.28 | 50 | 79.09 | 28867.85 | 14433.93 | 5.00 | 721.70 |
| 2013 | 4 | 43451 | 3.50 | 10.0 | 4345 | 60 | 6.28 | 50 | 81.86 | 29878.90 | 14939.45 | 5.00 | 746.97 |
| 2014 | 5 | 44972 | 3.50 | 10.0 | 4497 | 60 | 6.28 | 50 | 84.72 | 30922.80 | 15461.40 | 5.00 | 773.07 |
| 2015 | 6 | 46546 | 3.50 | 10.0 | 4655 | 60 | 6.28 | 50 | 87.70 | 32010.50 | 16005.25 | 5.00 | 800.26 |
| 2016 | 7 | 48175 | 3.50 | 10.0 | 4818 | 60 | 6.28 | 50 | 90.77 | 33131.05 | 16565.53 | 5.00 | 828.28 |
| 2017 | 8 | 49861 | 3.50 | 11.0 | 5485 | 60 | 6.28 | 50 | 103.34 | 37719.10 | 18859.55 | 5.00 | 942.98 |
| 2018 | 9 | 51606 | 3.50 | 11.0 | 5677 | 60 | 6.28 | 50 | 106.95 | 39036.75 | 19518.38 | 5.00 | 975.92 |
| 2019 | 10 | 53412 | 3.50 | 11.0 | 5875 | 60 | 6.28 | 50 | 110.69 | 40401.85 | 20200.93 | 5.00 | 1010.05 |
| 2020 | 11 | 55281 | 3.50 | 11.0 | 6081 | 60 | 6.28 | 50 | 114.57 | 41818.05 | 20909.03 | 5.00 | 1045.45 |
| 2021 | 12 | 57216 | 3.50 | 11.0 | 6294 | 60 | 6.28 | 50 | 118.58 | 43281.70 | 21640.85 | 5.00 | 1082.04 |
| 2022 | 13 | 59219 | 3.50 | 12.0 | 7106 | 60 | 6.28 | 50 | 133.88 | 48866.20 | 24433.10 | 5.00 | 1221.66 |
| 2023 | 14 | 61292 | 3.50 | 12.0 | 7355 | 60 | 6.28 | 50 | 138.57 | 50578.05 | 25289.03 | 5.00 | 1264.45 |
| 2024 | 15 | 63437 | 3.50 | 12.0 | 7612 | 60 | 6.28 | 50 | 143.41 | 52344.65 | 26172.33 | 5.00 | 1308.62 |
| 2025 | 16 | 65657 | 3.50 | 12.0 | 7879 | 60 | 6.28 | 50 | 148.44 | 54180.60 | 27090.30 | 5.00 | 1354.52 |

续表

| 年度 | 受损前经营期 | 全线车流量（折算数） | 车流量递增率（%） | 吸引率（%） | 日吸引车辆 | 加油率（%） | 单位油价（元） | 平均加油量（升） | 加油日收入 | 加油年收入 | 加油年收入 | 税前销售净利率（%） | 加油税前净收益 |
|---|---|---|---|---|---|---|---|---|---|---|---|---|---|
| 2026 | 17 | 67955 | 3.50 | 12.0 | 8155 | 60 | 6.28 | 50 | 153.64 | 56078.60 | 28039.30 | 5.00 | 1401.97 |
| 2027 | 18 | 70333 | 3.50 | 13.0 | 9143 | 60 | 6.28 | 50 | 172.25 | 62871.25 | 31435.63 | 5.00 | 1571.78 |
| 2028 | 19 | 72795 | 3.50 | 13.0 | 9463 | 60 | 6.28 | 50 | 178.28 | 65072.20 | 32536.10 | 5.00 | 1626.81 |
| 2029 | 20 | 75343 | 3.50 | 13.0 | 9795 | 60 | 6.28 | 50 | 184.54 | 67357.10 | 33678.55 | 5.00 | 1683.93 |
| 合计 | | | | | | | | | | 793827.55 | 396913.82 | | 21529.65 |

附表6-5　服务区加油站项目受铁路上跨影响情况下的税前净收益估算

单位：万元

| 年度 | 受损后经营期 | 全线车流量（折算数） | 车流量递增率（%） | 吸引率（%） | 日吸引车辆 | 加油率（%） | 单位油价（元） | 平均加油量（升） | 加油日收入 | 加油站年收入 | 加油站年收入 | 税前销售净利率（%） | 加油站税前净收益 |
|---|---|---|---|---|---|---|---|---|---|---|---|---|---|
| 2011 | 1 | 40562 | 3.00 | 5.0 | 2028 | 60 | 6.28 | 50 | 38.21 | 13946.65 | 6973.33 | 5.00 | 348.67 |
| 2012 | 2 | 41982 | 3.50 | 6.0 | 2519 | 60 | 6.28 | 50 | 47.46 | 17322.90 | 8661.45 | 5.00 | 433.07 |
| 2013 | 3 | 43451 | 3.50 | 7.0 | 3042 | 60 | 6.28 | 50 | 57.31 | 20918.15 | 10459.08 | 5.00 | 522.95 |
| 2014 | 4 | 44972 | 3.50 | 8.0 | 3598 | 60 | 6.28 | 50 | 67.79 | 24743.35 | 12371.68 | 5.00 | 618.58 |
| 2015 | 5 | 46546 | 3.50 | 9.0 | 4189 | 60 | 6.28 | 50 | 78.92 | 28805.80 | 14402.90 | 5.00 | 720.15 |
| 2016 | 6 | 48175 | 3.50 | 10.0 | 4818 | 60 | 6.28 | 50 | 90.77 | 33131.05 | 16565.53 | 5.00 | 828.28 |
| 2017 | 7 | 49861 | 3.50 | 10.0 | 4986 | 60 | 6.28 | 50 | 93.94 | 34288.10 | 17144.05 | 5.00 | 857.20 |
| 2018 | 8 | 51606 | 3.50 | 10.0 | 5161 | 60 | 6.28 | 50 | 97.23 | 35488.95 | 17744.48 | 5.00 | 887.22 |

续表

| 年度 | 受损后经营期 | 全线车流量（折算数） | 车流量增速率（%） | 吸引率（%） | 日吸引车辆 | 加油率（%） | 单位油价（元） | 平均加油量（升） | 加油日收入 | 加油站年收入 | 加油站年收入 | 税前销售净利率（%） | 加油税前净收益 |
|---|---|---|---|---|---|---|---|---|---|---|---|---|---|
| 2019 | 9 | 53412 | 3.50 | 10.0 | 5341 | 60 | 6.28 | 50 | 100.62 | 36726.30 | 18363.15 | 5.00 | 918.16 |
| 2020 | 10 | 55281 | 3.50 | 10.0 | 5528 | 60 | 6.28 | 50 | 104.15 | 38014.75 | 19007.38 | 5.00 | 950.37 |
| 2021 | 11 | 57216 | 3.50 | 10.0 | 5722 | 60 | 6.28 | 50 | 107.80 | 39347.00 | 19673.50 | 5.00 | 983.68 |
| 2022 | 12 | 59219 | 3.50 | 10.0 | 5922 | 60 | 6.28 | 50 | 111.57 | 40723.05 | 20361.53 | 5.00 | 1018.08 |
| 2023 | 13 | 61292 | 3.50 | 10.0 | 6129 | 60 | 6.28 | 50 | 115.47 | 42146.55 | 21073.28 | 5.00 | 1053.66 |
| 2024 | 14 | 63437 | 3.50 | 10.0 | 6344 | 60 | 6.28 | 50 | 119.52 | 43624.80 | 21812.40 | 5.00 | 1090.62 |
| 2025 | 15 | 65657 | 3.50 | 10.0 | 6566 | 60 | 6.28 | 50 | 123.70 | 45150.50 | 22575.25 | 5.00 | 1128.76 |
| 2026 | 16 | 67955 | 3.50 | 10.0 | 6796 | 60 | 6.28 | 50 | 128.04 | 46734.60 | 23367.30 | 5.00 | 1168.37 |
| 2027 | 17 | 70333 | 3.50 | 10.0 | 7033 | 60 | 6.28 | 50 | 132.50 | 48362.50 | 24181.25 | 5.00 | 1209.06 |
| 2028 | 18 | 72795 | 3.50 | 10.0 | 7280 | 60 | 6.28 | 50 | 137.16 | 50063.40 | 25031.70 | 5.00 | 1251.59 |
| 2029 | 19 | 75343 | 3.50 | 10.0 | 7534 | 60 | 6.28 | 50 | 141.94 | 51808.10 | 25904.05 | 5.00 | 1295.20 |
| 2030 | 20 | 77980 | 3.50 | 10.0 | 7798 | 60 | 6.28 | 50 | 146.91 | 53622.15 | 26811.08 | 5.00 | 1340.55 |
| 2031 | 21 | 80709 | 3.50 | 10.0 | 8071 | 60 | 6.28 | 50 | 152.06 | 55501.90 | 27750.95 | 5.00 | 1387.55 |
| 2032 | 22 | 83534 | 3.50 | 10.0 | 8353 | 60 | 6.28 | 50 | 157.37 | 57440.05 | 28720.03 | 5.00 | 1436.00 |
| 2033 | 23 | 86458 | 3.50 | 10.0 | 8646 | 60 | 6.28 | 50 | 162.89 | 59454.85 | 29727.43 | 5.00 | 1486.37 |
| 2034 | 24 | 89484 | 3.50 | 10.0 | 8948 | 60 | 6.28 | 50 | 168.58 | 61531.70 | 30765.85 | 5.00 | 1538.29 |
| 2035 | 25 | 92616 | 3.50 | 10.0 | 9262 | 60 | 6.28 | 50 | 174.50 | 63692.50 | 31846.25 | 5.00 | 1592.31 |
| 合计 |  |  |  |  |  |  |  |  |  | 978897.15 | 489448.63 |  | 24472.43 |

附表6-6　服务区餐饮服务未受铁路上跨影响情况下的税前净收益估算

单位：万元

| 年度 | 受损前经营期 | 全线车流量（折算数） | 车流量速增率（%） | 吸引率（%） | 日吸引车辆 | 平均车载人数 | 餐饮接受服务率（%） | 人均消费（元/次） | 餐饮日收入 | 餐饮年收入 | 餐饮年收入 | 税前销售净利率（%） | 餐饮税前净收益 |
|---|---|---|---|---|---|---|---|---|---|---|---|---|---|
| 2010 | 1 | 39381 | 3.00 | 8.0 | 3150 | 3 | 15 | 25 | 3.54 | 1292.10 | 646.05 | 40 | 258.42 |
| 2011 | 2 | 40562 | 3.00 | 9.0 | 3651 | 3 | 15 | 25 | 4.11 | 1500.15 | 750.08 | 40 | 300.03 |
| 2012 | 3 | 41982 | 3.50 | 10.0 | 4198 | 3 | 15 | 25 | 4.72 | 1722.80 | 861.40 | 40 | 344.56 |
| 2013 | 4 | 43451 | 3.50 | 10.0 | 4345 | 3 | 15 | 25 | 4.89 | 1784.85 | 892.43 | 40 | 356.97 |
| 2014 | 5 | 44972 | 3.50 | 10.0 | 4497 | 3 | 15 | 25 | 5.06 | 1846.90 | 923.45 | 40 | 369.38 |
| 2015 | 6 | 46546 | 3.50 | 10.0 | 4655 | 3 | 15 | 25 | 5.24 | 1912.60 | 956.30 | 40 | 382.52 |
| 2016 | 7 | 48175 | 3.50 | 10.0 | 4818 | 3 | 15 | 25 | 5.42 | 1978.30 | 989.15 | 40 | 395.66 |
| 2017 | 8 | 49861 | 3.50 | 11.0 | 5485 | 3 | 15 | 25 | 6.17 | 2252.05 | 1126.03 | 40 | 450.41 |
| 2018 | 9 | 51606 | 3.50 | 11.0 | 5677 | 3 | 15 | 25 | 6.39 | 2332.35 | 1166.18 | 40 | 466.47 |
| 2019 | 10 | 53412 | 3.50 | 11.0 | 5875 | 3 | 15 | 25 | 6.61 | 2412.65 | 1206.33 | 40 | 482.53 |
| 2020 | 11 | 55281 | 3.50 | 11.0 | 6081 | 3 | 15 | 25 | 6.84 | 2496.60 | 1248.30 | 40 | 499.32 |
| 2021 | 12 | 57216 | 3.50 | 11.0 | 6294 | 3 | 15 | 25 | 7.08 | 2584.20 | 1292.10 | 40 | 516.84 |
| 2022 | 13 | 59219 | 3.50 | 12.0 | 7106 | 3 | 15 | 25 | 7.99 | 2916.35 | 1458.18 | 40 | 583.27 |
| 2023 | 14 | 61292 | 3.50 | 12.0 | 7355 | 3 | 15 | 25 | 8.27 | 3018.55 | 1509.28 | 40 | 603.71 |
| 2024 | 15 | 63437 | 3.50 | 12.0 | 7612 | 3 | 15 | 25 | 8.56 | 3124.40 | 1562.20 | 40 | 624.88 |
| 2025 | 16 | 65657 | 3.50 | 12.0 | 7879 | 3 | 15 | 25 | 8.86 | 3233.90 | 1616.95 | 40 | 646.78 |
| 2026 | 17 | 67955 | 3.50 | 12.0 | 8155 | 3 | 15 | 25 | 9.17 | 3347.05 | 1673.53 | 40 | 669.41 |

续表

| 年度 | 受损前经营期 | 全线车流量数（折算数） | 车流量增速率（%） | 吸引率（%） | 日吸引车辆 | 平均车载人数 | 餐饮接受服务率（%） | 人均消费（元/次） | 餐饮日收入 | 餐饮年收入 | 餐饮年收入 | 税前销售净利率（%） | 餐饮税前净收益 |
|---|---|---|---|---|---|---|---|---|---|---|---|---|---|
| 2027 | 18 | 70333 | 3.50 | 13.0 | 9143 | 3 | 15 | 25 | 10.29 | 3755.85 | 1877.93 | 40 | 751.17 |
| 2028 | 19 | 72795 | 3.50 | 13.0 | 9463 | 3 | 15 | 25 | 10.65 | 3887.25 | 1943.63 | 40 | 777.45 |
| 2029 | 20 | 75343 | 3.50 | 13.0 | 9795 | 3 | 15 | 25 | 11.02 | 4022.30 | 2011.15 | 40 | 804.46 |
| 合计 | | | | | | | | | | 47398.90 | 23699.50 | | 10284.24 |

附表 6—7　服务区餐饮服务受铁路上跨影响情况下的税前净收益估算

单位：万元

| 年度 | 受损后经营期 | 全线车流量数（折算数） | 车流量增速率（%） | 吸引率（%） | 日吸引车辆 | 平均车载人数 | 就餐率（%） | 人均消费（元/次） | 餐饮日收入 | 餐饮年收入 | 餐饮年收入 | 税前销售净利率（%） | 餐饮税前净收益 |
|---|---|---|---|---|---|---|---|---|---|---|---|---|---|
| 2011 | 1 | 40562 | 3.00 | 5.0 | 2028 | 3 | 15 | 25 | 2.28 | 832.20 | 416.10 | 40 | 166.44 |
| 2012 | 2 | 41982 | 3.50 | 6.0 | 2519 | 3 | 15 | 25 | 2.83 | 1032.95 | 516.48 | 40 | 206.59 |
| 2013 | 3 | 43451 | 3.50 | 7.0 | 3042 | 3 | 15 | 25 | 3.42 | 1248.30 | 624.15 | 40 | 249.66 |
| 2014 | 4 | 44972 | 3.50 | 8.0 | 3598 | 3 | 15 | 25 | 4.05 | 1478.25 | 739.13 | 40 | 295.65 |
| 2015 | 5 | 46546 | 3.50 | 9.0 | 4189 | 3 | 15 | 25 | 4.71 | 1719.15 | 859.58 | 40 | 343.83 |
| 2016 | 6 | 48175 | 3.50 | 10.0 | 4818 | 3 | 15 | 25 | 5.42 | 1978.30 | 989.15 | 40 | 395.66 |
| 2017 | 7 | 49861 | 3.50 | 10.0 | 4986 | 3 | 15 | 25 | 5.61 | 2047.65 | 1023.83 | 40 | 409.53 |
| 2018 | 8 | 51606 | 3.50 | 10.0 | 5161 | 3 | 15 | 25 | 5.81 | 2120.65 | 1060.33 | 40 | 424.13 |
| 2019 | 9 | 53412 | 3.50 | 10.0 | 5341 | 3 | 15 | 25 | 6.01 | 2193.65 | 1096.83 | 40 | 438.73 |

续表

| 年度 | 受损后经营期 | 全线车流量（折算数） | 车流量增率（%） | 吸引率（%） | 日吸引车辆 | 平均车载人数 | 就餐率（%） | 人均消费（元/次） | 餐饮日收入 | 餐饮年收入 | 餐饮年收入 | 税前销售净利率（%） | 餐饮税前净收益 |
|---|---|---|---|---|---|---|---|---|---|---|---|---|---|
| 2020 | 10 | 55281 | 3.50 | 10.0 | 5528 | 3 | 15 | 25 | 6.22 | 2270.30 | 1135.15 | 40 | 454.06 |
| 2021 | 11 | 57216 | 3.50 | 10.0 | 5722 | 3 | 15 | 25 | 6.44 | 2350.60 | 1175.30 | 40 | 470.12 |
| 2022 | 12 | 59219 | 3.50 | 10.0 | 5922 | 3 | 15 | 25 | 6.66 | 2430.90 | 1215.45 | 40 | 486.18 |
| 2023 | 13 | 61292 | 3.50 | 10.0 | 6129 | 3 | 15 | 25 | 6.90 | 2518.50 | 1259.25 | 40 | 503.70 |
| 2024 | 14 | 63437 | 3.50 | 10.0 | 6344 | 3 | 15 | 25 | 7.14 | 2606.10 | 1303.05 | 40 | 521.22 |
| 2025 | 15 | 65657 | 3.50 | 10.0 | 6566 | 3 | 15 | 25 | 7.39 | 2697.35 | 1348.68 | 40 | 539.47 |
| 2026 | 16 | 67955 | 3.50 | 10.0 | 6796 | 3 | 15 | 25 | 7.65 | 2792.25 | 1396.13 | 40 | 558.45 |
| 2027 | 17 | 70333 | 3.50 | 10.0 | 7033 | 3 | 15 | 25 | 7.91 | 2887.15 | 1443.58 | 40 | 577.43 |
| 2028 | 18 | 72795 | 3.50 | 10.0 | 7280 | 3 | 15 | 25 | 8.19 | 2989.35 | 1494.68 | 40 | 597.87 |
| 2029 | 19 | 75343 | 3.50 | 10.0 | 7534 | 3 | 15 | 25 | 8.48 | 3095.20 | 1547.60 | 40 | 619.04 |
| 2030 | 20 | 77980 | 3.50 | 10.0 | 7798 | 3 | 15 | 25 | 8.77 | 3201.05 | 1600.53 | 40 | 640.21 |
| 2031 | 21 | 80709 | 3.50 | 10.0 | 8071 | 3 | 15 | 25 | 9.08 | 3314.20 | 1657.10 | 40 | 662.84 |
| 2032 | 22 | 83534 | 3.50 | 10.0 | 8353 | 3 | 15 | 25 | 9.40 | 3431.00 | 1715.50 | 40 | 686.20 |
| 2033 | 23 | 86458 | 3.50 | 10.0 | 8646 | 3 | 15 | 25 | 9.73 | 3551.45 | 1775.73 | 40 | 710.29 |
| 2034 | 24 | 89484 | 3.50 | 10.0 | 8948 | 3 | 15 | 25 | 10.07 | 3675.55 | 1837.78 | 40 | 735.11 |
| 2035 | 25 | 92616 | 3.50 | 10.0 | 9262 | 3 | 15 | 25 | 10.42 | 3803.30 | 1901.65 | 40 | 760.66 |

单位：万元

附表6-8 服务区超市项目未受铁路上跨影响情况下的税前净收益估算

| 年度 | 受损前经营期 | 全线车流量（折算数） | 车流量递增率（%） | 吸引率（%） | 日吸引车辆 | 平均车载人数 | 购买率（%） | 人均消费（元/次） | 超市日收入 | 超市年收入 | 超市年收入 | 税前销售净利率（%） | 超市税前净收益 |
|---|---|---|---|---|---|---|---|---|---|---|---|---|---|
| 2010 | 1 | 39381 | 3.00 | 8.0 | 3150 | 3 | 10 | 30 | 2.84 | 1036.60 | 518.30 | 30 | 155.49 |
| 2011 | 2 | 40562 | 3.00 | 9.0 | 3651 | 3 | 10 | 30 | 3.29 | 1200.85 | 600.43 | 30 | 180.13 |
| 2012 | 3 | 41982 | 3.50 | 10.0 | 4198 | 3 | 10 | 30 | 3.78 | 1379.70 | 689.85 | 30 | 206.96 |
| 2013 | 4 | 43451 | 3.50 | 10.0 | 4345 | 3 | 10 | 30 | 3.91 | 1427.15 | 713.58 | 30 | 214.07 |
| 2014 | 5 | 44972 | 3.50 | 10.0 | 4497 | 3 | 10 | 30 | 4.05 | 1478.25 | 739.13 | 30 | 221.74 |
| 2015 | 6 | 46546 | 3.50 | 10.0 | 4655 | 3 | 10 | 30 | 4.19 | 1529.35 | 764.68 | 30 | 229.40 |
| 2016 | 7 | 48175 | 3.50 | 10.0 | 4818 | 3 | 10 | 30 | 4.34 | 1584.10 | 792.05 | 30 | 237.62 |
| 2017 | 8 | 49861 | 3.50 | 11.0 | 5485 | 3 | 10 | 30 | 4.94 | 1803.10 | 901.55 | 30 | 270.47 |
| 2018 | 9 | 51606 | 3.50 | 11.0 | 5677 | 3 | 10 | 30 | 5.11 | 1865.15 | 932.58 | 30 | 279.77 |
| 2019 | 10 | 53412 | 3.50 | 11.0 | 5875 | 3 | 10 | 30 | 5.29 | 1930.85 | 965.43 | 30 | 289.63 |
| 2020 | 11 | 55281 | 3.50 | 11.0 | 6081 | 3 | 10 | 30 | 5.47 | 1996.55 | 998.28 | 30 | 299.48 |
| 2021 | 12 | 57216 | 3.50 | 11.0 | 6294 | 3 | 10 | 30 | 5.66 | 2065.90 | 1032.95 | 30 | 309.89 |
| 2022 | 13 | 59219 | 3.50 | 12.0 | 7106 | 3 | 10 | 30 | 6.40 | 2336.00 | 1168.00 | 30 | 350.40 |
| 2023 | 14 | 61292 | 3.50 | 12.0 | 7355 | 3 | 10 | 30 | 6.62 | 2416.30 | 1208.15 | 30 | 362.45 |
| 2024 | 15 | 63437 | 3.50 | 12.0 | 7612 | 3 | 10 | 30 | 6.85 | 2500.25 | 1250.13 | 30 | 375.04 |
| 2025 | 16 | 65657 | 3.50 | 12.0 | 7879 | 3 | 10 | 30 | 7.09 | 2587.85 | 1293.93 | 30 | 388.18 |
| 2026 | 17 | 67955 | 3.50 | 12.0 | 8155 | 3 | 10 | 30 | 7.34 | 2679.10 | 1339.55 | 30 | 401.87 |

续表

| 年度 | 受损前经营期 | 全线车流量数（折算数） | 车流量递增率（%） | 吸引率（%） | 日吸引车辆 | 平均车载人数 | 购买率（%） | 人均消费（元/次） | 超市日收入 | 超市年收入 | 超市年收入 | 税前销售净利率（%） | 超市税前净收益 |
|---|---|---|---|---|---|---|---|---|---|---|---|---|---|
| 2027 | 18 | 70333 | 3.50 | 13.0 | 9143 | 3 | 10 | 30 | 8.23 | 3003.95 | 1501.98 | 30 | 450.59 |
| 2028 | 19 | 72795 | 3.50 | 13.0 | 9463 | 3 | 10 | 30 | 8.52 | 3109.80 | 1554.90 | 30 | 466.47 |
| 2029 | 20 | 75343 | 3.50 | 13.0 | 9795 | 3 | 10 | 30 | 8.82 | 3219.30 | 1609.65 | 30 | 482.90 |
| 合计 | | | | | | | | | | 37930.80 | 18965.45 | | 6172.55 |

附表6-9　服务区超市项目受铁路上跨影响情况下的税前净收益估算

单位：万元

| 年度 | 受损后经营期 | 全线车流量数（折算数） | 车流量递增率（%） | 吸引率（%） | 日吸引车辆 | 平均车载人数 | 购买率（%） | 人均消费（元/次） | 超市日收入 | 超市年收入 | 超市年收入 | 税前销售净利率（%） | 超市税前净收益 |
|---|---|---|---|---|---|---|---|---|---|---|---|---|---|
| 2011 | 1 | 40562 | 3.00 | 5.0 | 2028 | 3 | 10 | 30 | 1.83 | 667.95 | 333.98 | 30 | 100.19 |
| 2012 | 2 | 41982 | 3.50 | 6.0 | 2519 | 3 | 10 | 30 | 2.27 | 828.55 | 414.28 | 30 | 124.28 |
| 2013 | 3 | 43451 | 3.50 | 7.0 | 3042 | 3 | 10 | 30 | 2.74 | 1000.10 | 500.05 | 30 | 150.02 |
| 2014 | 4 | 44972 | 3.50 | 8.0 | 3598 | 3 | 10 | 30 | 3.24 | 1182.60 | 591.30 | 30 | 177.39 |
| 2015 | 5 | 46546 | 3.50 | 9.0 | 4189 | 3 | 10 | 30 | 3.77 | 1376.05 | 688.03 | 30 | 206.41 |
| 2016 | 6 | 48175 | 3.50 | 10.0 | 4818 | 3 | 10 | 30 | 4.34 | 1584.10 | 792.05 | 30 | 237.62 |
| 2017 | 7 | 49861 | 3.50 | 10.0 | 4986 | 3 | 10 | 30 | 4.49 | 1638.85 | 819.43 | 30 | 245.83 |
| 2018 | 8 | 51606 | 3.50 | 10.0 | 5161 | 3 | 10 | 30 | 4.64 | 1693.60 | 846.80 | 30 | 254.04 |
| 2019 | 9 | 53412 | 3.50 | 10.0 | 5341 | 3 | 10 | 30 | 4.81 | 1755.65 | 877.83 | 30 | 263.35 |

续表

| 年度 | 受损后经营期 | 全线车流量（折算数） | 车流量速增率（%） | 吸引率（%） | 日吸引车辆 | 平均车载人数 | 购买率（%） | 人均消费（元/次） | 超市日收入 | 超市年收入 | 超市年收入 | 税前销售净利率（%） | 超市税前净收益 |
|---|---|---|---|---|---|---|---|---|---|---|---|---|---|
| 2020 | 10 | 55281 | 3.50 | 10.0 | 5528 | 3 | 10 | 30 | 4.98 | 1817.70 | 908.85 | 30 | 272.66 |
| 2021 | 11 | 57216 | 3.50 | 10.0 | 5722 | 3 | 10 | 30 | 5.15 | 1879.75 | 939.88 | 30 | 281.96 |
| 2022 | 12 | 59219 | 3.50 | 10.0 | 5922 | 3 | 10 | 30 | 5.33 | 1945.45 | 972.73 | 30 | 291.82 |
| 2023 | 13 | 61292 | 3.50 | 10.0 | 6129 | 3 | 10 | 30 | 5.52 | 2014.80 | 1007.40 | 30 | 302.22 |
| 2024 | 14 | 63437 | 3.50 | 10.0 | 6344 | 3 | 10 | 30 | 5.71 | 2084.15 | 1042.08 | 30 | 312.62 |
| 2025 | 15 | 65657 | 3.50 | 10.0 | 6566 | 3 | 10 | 30 | 5.91 | 2157.15 | 1078.58 | 30 | 323.57 |
| 2026 | 16 | 67955 | 3.50 | 10.0 | 6796 | 3 | 10 | 30 | 6.12 | 2233.80 | 1116.90 | 30 | 335.07 |
| 2027 | 17 | 70333 | 3.50 | 10.0 | 7033 | 3 | 10 | 30 | 6.33 | 2310.45 | 1155.23 | 30 | 346.57 |
| 2028 | 18 | 72795 | 3.50 | 10.0 | 7280 | 3 | 10 | 30 | 6.55 | 2390.75 | 1195.38 | 30 | 358.61 |
| 2029 | 19 | 75343 | 3.50 | 10.0 | 7534 | 3 | 10 | 30 | 6.78 | 2474.70 | 1237.35 | 30 | 371.21 |
| 2030 | 20 | 77980 | 3.50 | 10.0 | 7798 | 3 | 10 | 30 | 7.02 | 2562.30 | 1281.15 | 30 | 384.35 |
| 2031 | 21 | 80709 | 3.50 | 10.0 | 8071 | 3 | 10 | 30 | 7.26 | 2649.90 | 1324.95 | 30 | 397.49 |
| 2032 | 22 | 83534 | 3.50 | 10.0 | 8353 | 3 | 10 | 30 | 7.52 | 2744.80 | 1372.40 | 30 | 411.72 |
| 2033 | 23 | 86458 | 3.50 | 10.0 | 8646 | 3 | 10 | 30 | 7.78 | 2839.70 | 1419.85 | 30 | 425.96 |
| 2034 | 24 | 89484 | 3.50 | 10.0 | 8948 | 3 | 10 | 30 | 8.05 | 2938.25 | 1469.13 | 30 | 440.74 |
| 2035 | 25 | 92616 | 3.50 | 10.0 | 9262 | 3 | 10 | 30 | 8.34 | 3044.10 | 1522.05 | 30 | 456.62 |
| 合计 | | | | | | | | | | 30561.45 | 15280.78 | | 4584.23 |

附表6-10 服务区客房未受铁路影响情况下的税前净收益估算

单位：万元

| 年度 | 受损前经营期 | 客房数 | 入住率（%） | 日均收费（元/天） | 客房日收入 | 客房年收入 | 客房年收入 | 税前销售净利率（%） | 客房税前净收益 |
|---|---|---|---|---|---|---|---|---|---|
| 2010 | 1 | 40 | 30.00 | 120 | 0.14 | 51.10 | 25.55 | 45 | 11.50 |
| 2011 | 2 | 40 | 30.00 | 120 | 0.14 | 51.10 | 25.55 | 45 | 11.50 |
| 2012 | 3 | 40 | 30.00 | 120 | 0.14 | 51.10 | 25.55 | 45 | 11.50 |
| 2013 | 4 | 40 | 30.00 | 120 | 0.14 | 51.10 | 25.55 | 45 | 11.50 |
| 2014 | 5 | 40 | 30.00 | 120 | 0.14 | 51.10 | 25.55 | 45 | 11.50 |
| 2015 | 6 | 40 | 30.00 | 120 | 0.14 | 51.10 | 25.55 | 45 | 11.50 |
| 2016 | 7 | 40 | 30.00 | 120 | 0.14 | 51.10 | 25.55 | 45 | 11.50 |
| 2017 | 8 | 40 | 30.00 | 120 | 0.14 | 51.10 | 25.55 | 45 | 11.50 |
| 2018 | 9 | 40 | 30.00 | 120 | 0.14 | 51.10 | 25.55 | 45 | 11.50 |
| 2019 | 10 | 40 | 30.00 | 120 | 0.14 | 51.10 | 25.55 | 45 | 11.50 |
| 2020 | 11 | 40 | 30.00 | 120 | 0.14 | 51.10 | 25.55 | 45 | 11.50 |
| 2021 | 12 | 40 | 30.00 | 120 | 0.14 | 51.10 | 25.55 | 45 | 11.50 |
| 2022 | 13 | 40 | 30.00 | 120 | 0.14 | 51.10 | 25.55 | 45 | 11.50 |
| 2023 | 14 | 40 | 30.00 | 120 | 0.14 | 51.10 | 25.55 | 45 | 11.50 |
| 2024 | 15 | 40 | 30.00 | 120 | 0.14 | 51.10 | 25.55 | 45 | 11.50 |
| 2025 | 16 | 40 | 30.00 | 120 | 0.14 | 51.10 | 25.55 | 45 | 11.50 |
| 2026 | 17 | 40 | 30.00 | 120 | 0.14 | 51.10 | 25.55 | 45 | 11.50 |

续表

| 年度 | 受损前经营期 | 客房数 | 入住率（%） | 日均收费（元/天） | 客房日收入 | 客房年收入 | 客房年收入 | 税前销售净利率（%） | 客房税前净收益 |
|---|---|---|---|---|---|---|---|---|---|
| 2027 | 18 | 40 | 30.00 | 120 | 0.14 | 51.10 | 25.55 | 45 | 11.50 |
| 2028 | 19 | 40 | 30.00 | 120 | 0.14 | 51.10 | 25.55 | 45 | 11.50 |
| 2029 | 20 | 40 | 30.00 | 120 | 0.14 | 51.10 | 25.55 | 45 | 11.50 |
| 合计 | | | | | | 970.90 | 485.45 | | 230.00 |

**附表 6-11 服务区客房受铁路影响情况下的税前净收益估算**

单位：万元

| 年度 | 受损后经营期 | 客房数 | 入住率（%） | 日均收费（元/天） | 客房日收入 | 客房年收入 | 客房年收入 | 税前销售净利率（%） | 客房税前净收益 |
|---|---|---|---|---|---|---|---|---|---|
| 2011 | 1 | 40 | 20.00 | 120 | 0.10 | 36.50 | 18.25 | 45 | 8.21 |
| 2012 | 2 | 40 | 20.00 | 120 | 0.10 | 36.50 | 18.25 | 45 | 8.21 |
| 2013 | 3 | 40 | 20.00 | 120 | 0.10 | 36.50 | 18.25 | 45 | 8.21 |
| 2014 | 4 | 40 | 20.00 | 120 | 0.10 | 36.50 | 18.25 | 45 | 8.21 |
| 2015 | 5 | 40 | 20.00 | 120 | 0.10 | 36.50 | 18.25 | 45 | 8.21 |
| 2016 | 6 | 40 | 20.00 | 120 | 0.10 | 36.50 | 18.25 | 45 | 8.21 |
| 2017 | 7 | 40 | 20.00 | 120 | 0.10 | 36.50 | 18.25 | 45 | 8.21 |
| 2018 | 8 | 40 | 20.00 | 120 | 0.10 | 36.50 | 18.25 | 45 | 8.21 |
| 2019 | 9 | 40 | 20.00 | 120 | 0.10 | 36.50 | 18.25 | 45 | 8.21 |
| 2020 | 10 | 40 | 20.00 | 120 | 0.10 | 36.50 | 18.25 | 45 | 8.21 |

续表

| 年度 | 受损后经营期 | 客房数 | 入住率（%） | 日均收费（元/天） | 客房日收入 | 客房年收入 | 客房年收入 | 税前销售净利率（%） | 客房税前净收益 |
|------|------|------|------|------|------|------|------|------|------|
| 2021 | 11 | 40 | 20.00 | 120 | 0.10 | 36.50 | 18.25 | 45 | 8.21 |
| 2022 | 12 | 40 | 20.00 | 120 | 0.10 | 36.50 | 18.25 | 45 | 8.21 |
| 2023 | 13 | 40 | 20.00 | 120 | 0.10 | 36.50 | 18.25 | 45 | 8.21 |
| 2024 | 14 | 40 | 20.00 | 120 | 0.10 | 36.50 | 18.25 | 45 | 8.21 |
| 2025 | 15 | 40 | 20.00 | 120 | 0.10 | 36.50 | 18.25 | 45 | 8.21 |
| 2026 | 16 | 40 | 20.00 | 120 | 0.10 | 36.50 | 18.25 | 45 | 8.21 |
| 2027 | 17 | 40 | 20.00 | 120 | 0.10 | 36.50 | 18.25 | 45 | 8.21 |
| 2028 | 18 | 40 | 20.00 | 120 | 0.10 | 36.50 | 18.25 | 45 | 8.21 |
| 2029 | 19 | 40 | 20.00 | 120 | 0.10 | 36.50 | 18.25 | 45 | 8.21 |
| 2030 | 20 | 40 | 20.00 | 120 | 0.10 | 36.50 | 18.25 | 45 | 8.21 |
| 2031 | 21 | 40 | 20.00 | 120 | 0.10 | 36.50 | 18.25 | 45 | 8.21 |
| 2032 | 22 | 40 | 20.00 | 120 | 0.10 | 36.50 | 18.25 | 45 | 8.21 |
| 2033 | 23 | 40 | 20.00 | 120 | 0.10 | 36.50 | 18.25 | 45 | 8.21 |
| 2034 | 24 | 40 | 20.00 | 120 | 0.10 | 36.50 | 18.25 | 45 | 8.21 |
| 2035 | 25 | 40 | 20.00 | 120 | 0.10 | 36.50 | 18.25 | 45 | 8.21 |
| 合计 | | | | | | 657.00 | 328.50 | | 147.78 |

附表 6—12　服务区汽修汽配未受铁路上跨影响情况下的税前净收益估算

单位：万元

| 年度 | 受损前经营期 | 全线车流量（折算数） | 车流量递增率（%） | 吸引率（%） | 日吸引车辆 | 维修率（%） | 日修理车数 | 平均收费（元/次） | 汽修日收入 | 汽修年收入 | 汽修年收入 | 税前销售净利率（%） | 汽修税前净收益 |
|---|---|---|---|---|---|---|---|---|---|---|---|---|---|
| 2010 | 1 | 39381 | 3.00 | 8.0 | 3150 | 0.8 | 25 | 300 | 0.76 | 277.40 | 138.70 | 30 | 41.61 |
| 2011 | 2 | 40562 | 3.00 | 9.0 | 3651 | 0.8 | 29 | 300 | 0.88 | 321.20 | 160.60 | 30 | 48.18 |
| 2012 | 3 | 41982 | 3.50 | 10.0 | 4198 | 0.8 | 34 | 300 | 1.01 | 368.65 | 184.33 | 30 | 55.30 |
| 2013 | 4 | 43451 | 3.50 | 10.0 | 4345 | 0.8 | 35 | 300 | 1.04 | 379.60 | 189.80 | 30 | 56.94 |
| 2014 | 5 | 44972 | 3.50 | 10.0 | 4497 | 0.8 | 36 | 300 | 1.08 | 394.20 | 197.10 | 30 | 59.13 |
| 2015 | 6 | 46546 | 3.50 | 10.0 | 4655 | 0.8 | 37 | 300 | 1.12 | 408.80 | 204.40 | 30 | 61.32 |
| 2016 | 7 | 48175 | 3.50 | 10.0 | 4818 | 0.8 | 39 | 300 | 1.16 | 423.40 | 211.70 | 30 | 63.51 |
| 2017 | 8 | 49861 | 3.50 | 11.0 | 5485 | 0.8 | 44 | 300 | 1.32 | 481.80 | 240.90 | 30 | 72.27 |
| 2018 | 9 | 51606 | 3.50 | 11.0 | 5677 | 0.8 | 45 | 300 | 1.36 | 496.40 | 248.20 | 30 | 74.46 |
| 2019 | 10 | 53412 | 3.50 | 11.0 | 5875 | 0.8 | 47 | 300 | 1.41 | 514.65 | 257.33 | 30 | 77.20 |
| 2020 | 11 | 55281 | 3.50 | 11.0 | 6081 | 0.8 | 49 | 300 | 1.46 | 532.90 | 266.45 | 30 | 79.94 |
| 2021 | 12 | 57216 | 3.50 | 11.0 | 6294 | 0.8 | 50 | 300 | 1.51 | 551.15 | 275.58 | 30 | 82.67 |
| 2022 | 13 | 59219 | 3.50 | 12.0 | 7106 | 0.8 | 57 | 300 | 1.71 | 624.15 | 312.08 | 30 | 93.62 |
| 2023 | 14 | 61292 | 3.50 | 12.0 | 7355 | 0.8 | 59 | 300 | 1.77 | 646.05 | 323.03 | 30 | 96.91 |
| 2024 | 15 | 63437 | 3.50 | 12.0 | 7612 | 0.8 | 61 | 300 | 1.83 | 667.95 | 333.98 | 30 | 100.19 |
| 2025 | 16 | 65657 | 3.50 | 12.0 | 7879 | 0.8 | 63 | 300 | 1.89 | 689.85 | 344.93 | 30 | 103.48 |
| 2026 | 17 | 67955 | 3.50 | 12.0 | 8155 | 0.8 | 65 | 300 | 1.96 | 715.40 | 357.70 | 30 | 107.31 |

续表

| 年度 | 受损前经营期 | 全线车流量（折算数） | 车流量递增率（%） | 吸引率（%） | 日吸引车辆 | 维修率（%） | 日修理车数 | 平均收费（元/次） | 汽修日收入 | 汽修年收入 | 汽修年收入 | 税前销售净利率（%） | 汽修税前净收益 |
|---|---|---|---|---|---|---|---|---|---|---|---|---|---|
| 2027 | 18 | 70333 | 3.50 | 13.0 | 9143 | 0.8 | 73 | 300 | 2.19 | 799.35 | 399.68 | 30 | 119.90 |
| 2028 | 19 | 72795 | 3.50 | 13.0 | 9463 | 0.8 | 76 | 300 | 2.27 | 828.55 | 414.28 | 30 | 124.28 |
| 2029 | 20 | 75343 | 3.50 | 13.0 | 9795 | 0.8 | 78 | 300 | 2.35 | 857.75 | 428.88 | 30 | 128.66 |
| 合计 | | | | | | | | | | 10121.45 | 5060.77 | | 1646.88 |

附表 6-13　服务区汽修配受铁路上跨影响情况下的税前净收益估算

单位：万元

| 年度 | 受损后经营期 | 全线车流量（折算数） | 车流量递增率（%） | 吸引率（%） | 日吸引车辆 | 维修率（%） | 日修理车数 | 平均收费（元/次） | 汽修日收入 | 汽修年收入 | 汽修年收入 | 税前销售净利率（%） | 汽修税前净收益 |
|---|---|---|---|---|---|---|---|---|---|---|---|---|---|
| 2011 | 1 | 40562 | 3.00 | 5.0 | 2028 | 0.8 | 16 | 300 | 0.49 | 178.85 | 89.43 | 30 | 26.83 |
| 2012 | 2 | 41982 | 3.50 | 6.0 | 2519 | 0.8 | 20 | 300 | 0.60 | 219.00 | 109.50 | 30 | 32.85 |
| 2013 | 3 | 43451 | 3.50 | 7.0 | 3042 | 0.8 | 24 | 300 | 0.73 | 266.45 | 133.23 | 30 | 39.97 |
| 2014 | 4 | 44972 | 3.50 | 8.0 | 3598 | 0.8 | 29 | 300 | 0.86 | 313.90 | 156.95 | 30 | 47.09 |
| 2015 | 5 | 46546 | 3.50 | 9.0 | 4189 | 0.8 | 34 | 300 | 1.01 | 368.65 | 184.33 | 30 | 55.30 |
| 2016 | 6 | 48175 | 3.50 | 10.0 | 4818 | 0.8 | 39 | 300 | 1.16 | 423.40 | 211.70 | 30 | 63.51 |
| 2017 | 7 | 49861 | 3.50 | 10.0 | 4986 | 0.8 | 40 | 300 | 1.20 | 438.00 | 219.00 | 30 | 65.70 |
| 2018 | 8 | 51606 | 3.50 | 10.0 | 5161 | 0.8 | 41 | 300 | 1.24 | 452.60 | 226.30 | 30 | 67.89 |
| 2019 | 9 | 53412 | 3.50 | 10.0 | 5341 | 0.8 | 43 | 300 | 1.28 | 467.20 | 233.60 | 30 | 70.08 |

续表

| 年度 | 受损后经营期 | 全线车流量（折算数）| 车流量递增率（%）| 吸引率（%）| 日吸引车辆 | 维修率（%）| 日修理车数 | 平均收费（元/次）| 汽修日收入 | 汽修年收入 | 汽修年收入 | 税前销售净利率（%）| 汽修税前净收益 |
|---|---|---|---|---|---|---|---|---|---|---|---|---|---|
| 2020 | 10 | 55281 | 3.50 | 10.0 | 5528 | 0.8 | 44 | 300 | 1.33 | 485.45 | 242.73 | 30 | 72.82 |
| 2021 | 11 | 57216 | 3.50 | 10.0 | 5722 | 0.8 | 46 | 300 | 1.37 | 500.05 | 250.03 | 30 | 75.01 |
| 2022 | 12 | 59219 | 3.50 | 10.0 | 5922 | 0.8 | 47 | 300 | 1.42 | 518.30 | 259.15 | 30 | 77.75 |
| 2023 | 13 | 61292 | 3.50 | 10.0 | 6129 | 0.8 | 49 | 300 | 1.47 | 536.55 | 268.28 | 30 | 80.48 |
| 2024 | 14 | 63437 | 3.50 | 10.0 | 6344 | 0.8 | 51 | 300 | 1.52 | 554.80 | 277.40 | 30 | 83.22 |
| 2025 | 15 | 65657 | 3.50 | 10.0 | 6566 | 0.8 | 53 | 300 | 1.58 | 576.70 | 288.35 | 30 | 86.51 |
| 2026 | 16 | 67955 | 3.50 | 10.0 | 6796 | 0.8 | 54 | 300 | 1.63 | 594.95 | 297.48 | 30 | 89.24 |
| 2027 | 17 | 70333 | 3.50 | 10.0 | 7033 | 0.8 | 56 | 300 | 1.69 | 616.85 | 308.43 | 30 | 92.53 |
| 2028 | 18 | 72795 | 3.50 | 10.0 | 7280 | 0.8 | 58 | 300 | 1.75 | 638.75 | 319.38 | 30 | 95.81 |
| 2029 | 19 | 75343 | 3.50 | 10.0 | 7534 | 0.8 | 60 | 300 | 1.81 | 660.65 | 330.33 | 30 | 99.10 |
| 2030 | 20 | 77980 | 3.50 | 10.0 | 7798 | 0.8 | 62 | 300 | 1.87 | 682.55 | 341.28 | 30 | 102.38 |
| 2031 | 21 | 80709 | 3.50 | 10.0 | 8071 | 0.8 | 65 | 300 | 1.94 | 708.10 | 354.05 | 30 | 106.22 |
| 2032 | 22 | 83534 | 3.50 | 10.0 | 8353 | 0.8 | 67 | 300 | 2.00 | 730.00 | 365.00 | 30 | 109.50 |
| 2033 | 23 | 86458 | 3.50 | 10.0 | 8646 | 0.8 | 69 | 300 | 2.08 | 759.20 | 379.60 | 30 | 113.88 |
| 2034 | 24 | 89484 | 3.50 | 10.0 | 8948 | 0.8 | 72 | 300 | 2.15 | 784.75 | 392.38 | 30 | 117.71 |
| 2035 | 25 | 92616 | 3.50 | 10.0 | 9262 | 0.8 | 74 | 300 | 2.22 | 810.30 | 405.15 | 30 | 121.55 |
| 合计 | | | | | | | | | | 8150.45 | 4075.27 | | 1222.59 |

附表6-14 服务区加水降温项目未受铁路上跨影响情况下的税前净收益估算

单位：万元

| 年度 | 受损前经营期 | 全线车流量（折算数） | 车流量递增率（%） | 吸引率（%） | 日吸引车辆 | 加水降温接受率（%） | 日加水车辆 | 平均费用（元/次） | 加水降温日收入 | 加水降温年收入 | 加水降温年收入 | 税前销售净利率（%） | 加水降温税前净收益 |
|---|---|---|---|---|---|---|---|---|---|---|---|---|---|
| 2010 | 1 | 39381 | 3.00 | 8.0 | 3150 | 1.0 | 32 | 20 | 0.06 | 21.90 | 10.95 | 70 | 7.67 |
| 2011 | 2 | 40562 | 3.00 | 9.0 | 3651 | 1.0 | 37 | 20 | 0.07 | 25.55 | 12.78 | 70 | 8.95 |
| 2012 | 3 | 41982 | 3.50 | 10.0 | 4198 | 1.0 | 42 | 20 | 0.08 | 29.20 | 14.60 | 70 | 10.22 |
| 2013 | 4 | 43451 | 3.50 | 10.0 | 4345 | 1.0 | 43 | 20 | 0.09 | 32.85 | 16.43 | 70 | 11.50 |
| 2014 | 5 | 44972 | 3.50 | 10.0 | 4497 | 1.0 | 45 | 20 | 0.09 | 32.85 | 16.43 | 70 | 11.50 |
| 2015 | 6 | 46546 | 3.50 | 10.0 | 4655 | 1.0 | 47 | 20 | 0.09 | 32.85 | 16.43 | 70 | 11.50 |
| 2016 | 7 | 48175 | 3.50 | 10.0 | 4818 | 1.0 | 48 | 20 | 0.10 | 36.50 | 18.25 | 70 | 12.78 |
| 2017 | 8 | 49861 | 3.50 | 11.0 | 5485 | 1.0 | 55 | 20 | 0.11 | 40.15 | 20.08 | 70 | 14.06 |
| 2018 | 9 | 51606 | 3.50 | 11.0 | 5677 | 1.0 | 57 | 20 | 0.11 | 40.15 | 20.08 | 70 | 14.06 |
| 2019 | 10 | 53412 | 3.50 | 11.0 | 5875 | 1.0 | 59 | 20 | 0.12 | 43.80 | 21.90 | 70 | 15.33 |
| 2020 | 11 | 55281 | 3.50 | 11.0 | 6081 | 1.0 | 61 | 20 | 0.12 | 43.80 | 21.90 | 70 | 15.33 |
| 2021 | 12 | 57216 | 3.50 | 11.0 | 6294 | 1.0 | 63 | 20 | 0.13 | 47.45 | 23.73 | 70 | 16.61 |
| 2022 | 13 | 59219 | 3.50 | 12.0 | 7106 | 1.0 | 71 | 20 | 0.14 | 51.10 | 25.55 | 70 | 17.89 |
| 2023 | 14 | 61292 | 3.50 | 12.0 | 7355 | 1.0 | 74 | 20 | 0.15 | 54.75 | 27.38 | 70 | 19.17 |
| 2024 | 15 | 63437 | 3.50 | 12.0 | 7612 | 1.0 | 76 | 20 | 0.15 | 54.75 | 27.38 | 70 | 19.17 |
| 2025 | 16 | 65657 | 3.50 | 12.0 | 7879 | 1.0 | 79 | 20 | 0.16 | 58.40 | 29.20 | 70 | 20.44 |
| 2026 | 17 | 67955 | 3.50 | 12.0 | 8155 | 1.0 | 82 | 20 | 0.16 | 58.40 | 29.20 | 70 | 20.44 |

续表

| 年度 | 受损前经营期 | 全线车流量(折算数) | 车流量增速(%) | 吸引率(%) | 日吸引车辆 | 加水降温接受率(%) | 日加水车辆 | 平均费用(元/次) | 加水降温日收入 | 加水降温年收入 | 加水降温年收入人 | 税前销售净利率(%) | 加水降温税前净收益 |
|---|---|---|---|---|---|---|---|---|---|---|---|---|---|
| 2027 | 18 | 70333 | 3.50 | 13.0 | 9143 | 1.0 | 91 | 20 | 0.18 | 65.70 | 32.85 | 70 | 23.00 |
| 2028 | 19 | 72795 | 3.50 | 13.0 | 9463 | 1.0 | 95 | 20 | 0.19 | 69.35 | 34.68 | 70 | 24.28 |
| 2029 | 20 | 75343 | 3.50 | 13.0 | 9795 | 1.0 | 98 | 20 | 0.20 | 73.00 | 36.50 | 70 | 25.55 |
| 合计 | | | | | | | | | | 839.50 | 419.80 | | 319.45 |

**附表 6-15 服务区加水降温项目受铁路上跨影响情况下的税前净收益估算**

单位：万元

| 年度 | 受损后经营期 | 全线车流量(折算数) | 车流量增速(%) | 吸引率(%) | 日吸引车辆 | 加水降温接受率(%) | 日加水车辆 | 平均费用(元/次) | 加水降温日收入 | 加水降温年收入 | 加水降温年收入人 | 税前销售净利率(%) | 加水降温税前净收益 |
|---|---|---|---|---|---|---|---|---|---|---|---|---|---|
| 2011 | 1 | 40562 | 3.00 | 5.0 | 2028 | 1.0 | 20 | 20 | 0.04 | 14.60 | 7.30 | 70 | 5.11 |
| 2012 | 2 | 41982 | 3.50 | 6.0 | 2519 | 1.0 | 25 | 20 | 0.05 | 18.25 | 9.13 | 70 | 6.39 |
| 2013 | 3 | 43451 | 3.50 | 7.0 | 3042 | 1.0 | 30 | 20 | 0.06 | 21.90 | 10.95 | 70 | 7.67 |
| 2014 | 4 | 44972 | 3.50 | 8.0 | 3598 | 1.0 | 36 | 20 | 0.07 | 25.55 | 12.78 | 70 | 8.95 |
| 2015 | 5 | 46546 | 3.50 | 9.0 | 4189 | 1.0 | 42 | 20 | 0.08 | 29.20 | 14.60 | 70 | 10.22 |
| 2016 | 6 | 48175 | 3.50 | 10.0 | 4818 | 1.0 | 48 | 20 | 0.10 | 36.50 | 18.25 | 70 | 12.78 |
| 2017 | 7 | 49861 | 3.50 | 10.0 | 4986 | 1.0 | 50 | 20 | 0.10 | 36.50 | 18.25 | 70 | 12.78 |
| 2018 | 8 | 51606 | 3.50 | 10.0 | 5161 | 1.0 | 52 | 20 | 0.10 | 36.50 | 18.25 | 70 | 12.78 |
| 2019 | 9 | 53412 | 3.50 | 10.0 | 5341 | 1.0 | 53 | 20 | 0.11 | 40.15 | 20.08 | 70 | 14.06 |

续表

| 年度 | 受损后经营期 | 全线车流量（折算数） | 车流量增速率（%） | 吸引率（%） | 日吸引车辆 | 加水降温接受率（%） | 日加水车辆 | 平均费用（元/次） | 加水降温日收入 | 加水降温年收入 | 加水降温年收益 | 税前销售净利率（%） | 加水降温税前净收益 |
|---|---|---|---|---|---|---|---|---|---|---|---|---|---|
| 2020 | 10 | 55281 | 3.50 | 10.0 | 5528 | 1.0 | 55 | 20 | 0.11 | 40.15 | 20.08 | 70 | 14.06 |
| 2021 | 11 | 57216 | 3.50 | 10.0 | 5722 | 1.0 | 57 | 20 | 0.11 | 40.15 | 20.08 | 70 | 14.06 |
| 2022 | 12 | 59219 | 3.50 | 10.0 | 5922 | 1.0 | 59 | 20 | 0.12 | 43.80 | 21.90 | 70 | 15.33 |
| 2023 | 13 | 61292 | 3.50 | 10.0 | 6129 | 1.0 | 61 | 20 | 0.12 | 43.80 | 21.90 | 70 | 15.33 |
| 2024 | 14 | 63437 | 3.50 | 10.0 | 6344 | 1.0 | 63 | 20 | 0.13 | 47.45 | 23.73 | 70 | 16.61 |
| 2025 | 15 | 65657 | 3.50 | 10.0 | 6566 | 1.0 | 66 | 20 | 0.13 | 47.45 | 23.73 | 70 | 16.61 |
| 2026 | 16 | 67955 | 3.50 | 10.0 | 6796 | 1.0 | 68 | 20 | 0.14 | 51.10 | 25.55 | 70 | 17.89 |
| 2027 | 17 | 70333 | 3.50 | 10.0 | 7033 | 1.0 | 70 | 20 | 0.14 | 51.10 | 25.55 | 70 | 17.89 |
| 2028 | 18 | 72795 | 3.50 | 10.0 | 7280 | 1.0 | 73 | 20 | 0.15 | 54.75 | 27.38 | 70 | 19.17 |
| 2029 | 19 | 75343 | 3.50 | 10.0 | 7534 | 1.0 | 75 | 20 | 0.15 | 54.75 | 27.38 | 70 | 19.17 |
| 2030 | 20 | 77980 | 3.50 | 10.0 | 7798 | 1.0 | 78 | 20 | 0.16 | 58.40 | 29.20 | 70 | 20.44 |
| 2031 | 21 | 80709 | 3.50 | 10.0 | 8071 | 1.0 | 81 | 20 | 0.16 | 58.40 | 29.20 | 70 | 20.44 |
| 2032 | 22 | 83534 | 3.50 | 10.0 | 8353 | 1.0 | 84 | 20 | 0.17 | 62.05 | 31.03 | 70 | 21.72 |
| 2033 | 23 | 86458 | 3.50 | 10.0 | 8646 | 1.0 | 86 | 20 | 0.17 | 62.05 | 31.03 | 70 | 21.72 |
| 2034 | 24 | 89484 | 3.50 | 10.0 | 8948 | 1.0 | 89 | 20 | 0.18 | 65.70 | 32.85 | 70 | 23.00 |
| 2035 | 25 | 92616 | 3.50 | 10.0 | 9262 | 1.0 | 93 | 20 | 0.19 | 69.35 | 34.68 | 70 | 24.28 |
| 合计 | | | | | | | | | | 678.90 | 339.49 | | 237.69 |

**附表6-16 服务区受铁路上跨影响前后的税后净利润估算** 单位：万元

| 年度 | 受铁路影响前 | | | | | 受铁路影响后 | | | |
|---|---|---|---|---|---|---|---|---|---|
| | 经营期 | 年收入 | 税前经营收益 | 扣许可费后净收益 | 税后净利润 | 经营期 | 年收入 | 税前经营收益 | 扣许可费后净收益 | 税后净利润 |
| 2010 | 1 | 12290.93 | 1100.26 | 1075.26 | 806.45 | | | | | |
| 2011 | 2 | 14221.79 | 1260.41 | 1235.41 | 926.56 | 1 | 7838.39 | 655.45 | 630.45 | 472.84 |
| 2012 | 3 | 16329.66 | 1434.24 | 1409.24 | 1056.93 | 2 | 9729.09 | 811.39 | 786.39 | 589.79 |
| 2013 | 4 | 16897.24 | 1481.95 | 1456.95 | 1092.71 | 3 | 11745.71 | 978.48 | 953.48 | 715.11 |
| 2014 | 5 | 17483.06 | 1530.32 | 1505.32 | 1128.99 | 4 | 13890.09 | 1155.87 | 1130.87 | 848.15 |
| 2015 | 6 | 18092.61 | 1580.50 | 1555.50 | 1166.63 | 5 | 16167.69 | 1344.12 | 1319.12 | 989.34 |
| 2016 | 7 | 18722.23 | 1633.35 | 1608.35 | 1206.26 | 6 | 18594.93 | 1546.06 | 1521.06 | 1140.80 |
| 2017 | 8 | 21293.66 | 1845.69 | 1820.69 | 1365.52 | 7 | 19242.81 | 1599.25 | 1574.25 | 1180.69 |
| 2018 | 9 | 22030.97 | 1906.18 | 1881.18 | 1410.89 | 8 | 19914.41 | 1654.27 | 1629.27 | 1221.95 |
| 2019 | 10 | 22797.47 | 1970.24 | 1945.24 | 1458.93 | 9 | 20609.74 | 1712.59 | 1687.59 | 1265.69 |
| 2020 | 11 | 23589.51 | 2035.02 | 2010.02 | 1507.52 | 10 | 21332.44 | 1772.18 | 1747.18 | 1310.39 |
| 2021 | 12 | 24410.76 | 2103.55 | 2078.55 | 1558.91 | 11 | 22077.04 | 1833.04 | 1808.04 | 1356.03 |
| 2022 | 13 | 27542.46 | 2362.34 | 2337.34 | 1753.01 | 12 | 22849.01 | 1897.37 | 1872.37 | 1404.28 |
| 2023 | 14 | 28502.42 | 2442.19 | 2417.19 | 1812.89 | 13 | 23648.36 | 1963.60 | 1938.60 | 1453.95 |
| 2024 | 15 | 29491.57 | 2523.40 | 2498.40 | 1873.80 | 14 | 24476.91 | 2032.50 | 2007.50 | 1505.63 |
| 2025 | 16 | 30520.86 | 2608.90 | 2583.90 | 1937.93 | 15 | 25332.84 | 2103.13 | 2078.13 | 1558.60 |
| 2026 | 17 | 31584.83 | 2696.50 | 2671.50 | 2003.63 | 16 | 26221.61 | 2177.23 | 2152.23 | 1614.17 |
| 2027 | 18 | 35393.62 | 3011.94 | 2986.94 | 2240.21 | 17 | 27132.29 | 2251.69 | 2226.69 | 1670.02 |
| 2028 | 19 | 36629.14 | 3114.79 | 3089.79 | 2317.34 | 18 | 28086.77 | 2331.26 | 2306.26 | 1729.70 |
| 2029 | 20 | 37910.28 | 3221.00 | 3196.00 | 2397.00 | 19 | 29064.96 | 2411.93 | 2386.93 | 1790.20 |
| 2030 | | | | | | 20 | 30081.49 | 2496.14 | 2471.14 | 1853.36 |
| 2031 | | | | | | 21 | 31134.50 | 2582.75 | 2557.75 | 1918.31 |
| 2032 | | | | | | 22 | 32222.21 | 2673.35 | 2648.35 | 1986.26 |
| 2033 | | | | | | 23 | 33351.89 | 2766.43 | 2741.43 | 2056.07 |
| 2034 | | | | | | 24 | 34516.24 | 2863.06 | 2838.06 | 2128.55 |
| 2035 | | | | | | 25 | 35728.03 | 2963.63 | 2938.63 | 2203.97 |
| 合计 | | 485735.07 | 41862.77 | 41362.77 | 31022.08 | | 297655.55 | 42628.85 | 47951.77 | 35963.83 |

附表6-17 2008年国家发行的中长期国债利率

| 序号 | 债券代码 | 债券简称 | 利息种类 | 期限 | 年利率（%） |
|---|---|---|---|---|---|
| 1 | 19802 | 08国债02 | 固定利息 | 15年 | 4.16 |
| 2 | 19803 | 08国债03 | 固定利息 | 10年 | 4.07 |
| 3 | 19806 | 08国债06 | 固定利息 | 30年 | 4.5 |
| 4 | 19810 | 08国债10 | 固定利息 | 10年 | 4.41 |
| 5 | 19813 | 08国债13 | 固定利息 | 20年 | 4.94 |
| 6 | 19818 | 08国债18 | 固定利息 | 10年 | 3.68 |
| 7 | 19820 | 08国债20 | 固定利息 | 30年 | 3.91 |
| 8 | 19823 | 08国债23 | 固定利息 | 15年 | 3.62 |
| 9 | 19825 | 08国债25 | 固定利息 | 10年 | 2.9 |
| 平均 | | | | | 4.02 |

资料来源：国家财政部网站。

附表6-18 参照公司评估基准日前100周β值及基本财务数据

| 公司名称 | β系数（100周） | 短期借款（D1） | 长期借款（D2） | 应付债券（D3） | E | D1+D2+D3 | D/E |
|---|---|---|---|---|---|---|---|
| 深高速 | 0.83 | 506000000 | 1678052766 | 2026846076 | 6802811695 | 4210898842 | 0.6190 |
| 宁沪高速 | 0.65 | 2360000000 | 3621314553 | 1091668500 | 16155656940 | 7072983053 | 0.4378 |
| 粤高速 | 0.75 | 258000000 | 2732664804 | 0 | 3933851454 | 2990664804 | 0.7602 |
| 山东高速 | 0.77 | 1200000000 | 1180000000 | 0 | 8774956598 | 2380000000 | 0.2712 |
| 赣粤高速 | 0.86 | 17000000 | 200000000 | 947637207 | 8562409719 | 1164637208 | 0.1360 |
| 皖通高速 | 0.70 | 2615000000 | 0 | 0 | 5195541789 | 2615000000 | 0.5033 |
| 中原公速 | 0.71 | 0 | 9088181815 | 1500000000 | 5625181726 | 10588181815 | 1.8823 |
| 楚天高速 | 0.71 | 650000000 | 0 | 0 | 2641509201 | 650000000 | 0.2461 |
| 华北高速 | 0.92 | 0 | 0 | 0 | 3547938391 | 0 | 0 |
| 福建高速 | 0.71 | 2930000000 | 1614327194 | 0 | 5356429043 | 4544327194 | 0.8484 |

资料来源：巨灵金融服务平台。

附表6-19　服务区经营权在受铁路上跨影响前后的经济价值 单位：万元

| 年度 | 受铁路影响前 | | | | | 受铁路影响后 | | | | |
|---|---|---|---|---|---|---|---|---|---|---|
| | 经营期 | 税后净利润 | 折现期 | 现值系数（9%） | 现值 | 经营期 | 税后净利润 | 折现期 | 现值系数（11%） | 现值 |
| 2010 | 1 | 806.45 | 0.50 | 0.96 | 772.43 | | | | | |
| 2011 | 2 | 926.56 | 1.50 | 0.88 | 814.20 | 1 | 460.43 | 1.33 | 0.8704 | 411.56 |
| 2012 | 3 | 1056.93 | 2.50 | 0.81 | 852.08 | 2 | 567.08 | 2.33 | 0.7841 | 462.48 |
| 2013 | 4 | 1092.71 | 3.50 | 0.74 | 808.19 | 3 | 676.88 | 3.33 | 0.7064 | 505.18 |
| 2014 | 5 | 1128.99 | 4.50 | 0.68 | 766.07 | 4 | 791.35 | 4.33 | 0.6364 | 539.79 |
| 2015 | 6 | 1166.63 | 5.50 | 0.62 | 726.25 | 5 | 910.03 | 5.33 | 0.5734 | 567.25 |
| 2016 | 7 | 1206.26 | 6.50 | 0.57 | 688.92 | 6 | 1042.80 | 6.33 | 0.5165 | 589.27 |
| 2017 | 8 | 1365.52 | 7.50 | 0.52 | 715.48 | 7 | 1073.86 | 7.33 | 0.4654 | 549.44 |
| 2018 | 9 | 1410.89 | 8.50 | 0.48 | 678.21 | 8 | 1105.90 | 8.33 | 0.4192 | 512.29 |
| 2019 | 10 | 1458.93 | 9.50 | 0.44 | 643.40 | 9 | 1140.57 | 9.33 | 0.3777 | 478.04 |
| 2020 | 11 | 1507.52 | 10.50 | 0.40 | 609.93 | 10 | 1175.45 | 10.33 | 0.3403 | 445.87 |
| 2021 | 12 | 1558.91 | 11.50 | 0.37 | 578.65 | 11 | 1210.61 | 11.33 | 0.3065 | 415.68 |
| 2022 | 13 | 1753.01 | 12.50 | 0.34 | 596.97 | 12 | 1246.87 | 12.33 | 0.2762 | 387.81 |
| 2023 | 14 | 1812.89 | 13.50 | 0.31 | 566.39 | 13 | 1285.25 | 13.33 | 0.2488 | 361.74 |
| 2024 | 15 | 1873.80 | 14.50 | 0.29 | 537.08 | 14 | 1323.80 | 14.33 | 0.2241 | 337.47 |
| 2025 | 16 | 1937.93 | 15.50 | 0.26 | 509.60 | 15 | 1363.40 | 15.33 | 0.2019 | 314.73 |
| 2026 | 17 | 2003.63 | 16.50 | 0.24 | 483.37 | 16 | 1405.66 | 16.33 | 0.1819 | 293.65 |
| 2027 | 18 | 2240.21 | 17.50 | 0.22 | 495.82 | 17 | 1447.24 | 17.33 | 0.1639 | 273.70 |
| 2028 | 19 | 2317.34 | 18.50 | 0.20 | 470.54 | 18 | 1491.81 | 18.33 | 0.1476 | 255.39 |
| 2029 | 20 | 2397.00 | 19.50 | 0.19 | 446.53 | 19 | 1537.23 | 19.33 | 0.1330 | 238.13 |
| 2030 | | | | | | 20 | 1583.66 | 20.33 | 0.1198 | 222.10 |
| 2031 | | | | | | 21 | 1631.13 | 21.33 | 0.1080 | 207.10 |
| 2032 | | | | | | 22 | 1680.39 | 22.33 | 0.0973 | 193.19 |
| 2033 | | | | | | 23 | 1730.61 | 23.33 | 0.0876 | 180.16 |
| 2034 | | | | | | 24 | 1783.89 | 24.33 | 0.0789 | 168.03 |
| 2035 | | | | | | 25 | 1837.04 | 25.33 | 0.0711 | 156.74 |
| 合计 | | 31022.08 | | | 12760 | | 35963.83 | | | 9067 |

# 附录6　案例使用说明

## 一、教学目的与用途

1. 适用的课程

本案例主要适用于资产评估案例分析课程，也适用于企业价值评估、无形资产评估课程。

2. 适用对象

资产评估专业学位硕士研究生、普通本科生及高年级专科生，也适用于资产评估机构及相关社会人员。

3. 教学目的

通过此案例的教学，使学生对评估目的、价值类型、评估对象和范围、评估基准日、评估方法、评估假设等评估基本事项有一个比较全面的了解，懂得在具体情况下如何确定这些基本评估事项；同时对收益法的具体运用有较深入的认识，较好地掌握各类参数的选取和确定，提高学生在评估特殊资产（权益）时需要具备的具体问题具体分析、具体解决能力。

## 二、启发思考题

（1）本案例的贬损价值评估不仅涉及服务区的实物资产，还涉及服务区的经营权问题，对贬损价值的考虑更应该从经营权上着手，对于案例中的经营权该如何考虑其贬损价值？如果是实物资产的价值贬损，收益法是否还适用？

（2）收益法中折现率微小的变化就会导致结果的较大差异，本案例是有关赔偿的问题，当事双方对赔偿金额都持较为认真态度，在折现率精确性较难掌握的情况下，该采用什么方法？或者也可以给出明确的提示：在一般的资产评估中，较少用到敏感性分析，而本案例为什么做了敏感性分析？其意义在哪里？

（3）本案例的服务区是没有开始经营的服务区，各项服务项目只能依靠测算其利润，其净收益该如何测算？如果服务区是经营多年、有经营业绩的服务区，其净利润又该如何确定？

## 三、分析思路

由于本案例是对服务区经营权价值贬损进行评估，该服务区具有明显的潜在收益特征，就选取收益法对 Z 公司的价值贬损进行评估，首先是根据服务区的不同经营项目，测算各个项目受损前后的盈利状况，即对该公司服务区的各个经营项目受铁路上跨影响前后的净收益进行了预测，加总得到该公司服务区受铁路上跨影响前后总的净收益；在扣除年度经营许可费和税收的基础上，得到该公司服务区受影响前后每年的税后净利润，将收益期限内各项目每年的税后净利润加总，得到该公司服务区受影响前后每年总的税后净利润；其次是确定折现率，将该公司服务区受影响前后的总税后净利润折现，得到该公司服务区受影响前后的总税后净利润的现值，受影响前后的现值之差即是铁路上跨给 Z 公司服务区造成的价值贬损；最后做敏感性分析，以确定最终的结果，如附图 6-1 所示。

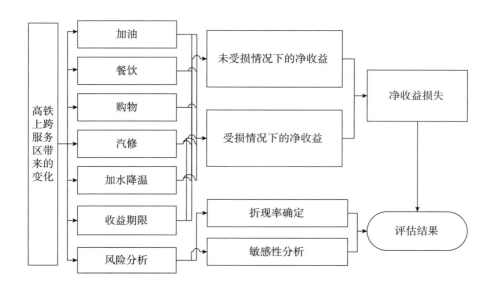

**附图 6-1 分析思路**

## 四、理论依据与分析

### 1. 预期收益原则

预期收益原则是以技术原则的形式概括出资产及其资产价值最基本的决定因素；资产之所以有价值是因为它能够为其拥有者或控制者带来未来经济利益，资产价值的高低主要取决于它能够为其所有者或控制者带来预期收益量的多少。

本案例评估高铁上跨给 A 公司服务区造成的价值贬损，就是根据预期收益原则，运用收益法，对该服务区未来的经营收益进行预测，并通过折现来确定价值贬损额。

### 2. 收益法运用

资产评估方法主要包括成本法、市场法和收益法。

（1）成本法从资产重置的角度间接地评价资产的价值。该方法通常适用于评估待评估资产的收益资料不完善或不明确时资产的价值。该方法的主要缺点是受到资产通常难以重置和资产价值与成本关系不确定性的影响。

（2）市场法按照市场替代的原则，根据市场上类似资产的价格间接地评价资产的价值。该方法通常适用于待评估的资产存在充分活跃、有效的交易市场，该市场上能够找到与待评估资产相同或相似的资产或交易事项，从而能够通过调整得到待评估资产的价值。该方法使用的前提是能找到参照的相似资产和存在活跃的交易市场。

（3）收益法是从决定资产市场价值的基本依据——资产的预期获利能力角度评价资产，符合市场经济条件下的价值观念，从理论上讲，收益法的评估过程和结论更最符合市场上投资者的投资理念，该方法评估的资产价值更多体现了待评估资产未来的获利情况。但该方法的主要缺点为在对资产未来收益进行预测时也存在评估人员的主观判断和受未来不可预见因素的影响。

1）收益法是依据资产未来预期收益经折现或本金化处理来估测资产价值的，它涉及三个基本要素：①被评估资产的预期收益；②折现率或资本化率；③被评估资产取得预期收益的持续时间。

2）应用收益法的前提条件。①被评估资产的未来预期收益可以预测并可以用货币来衡量；②资产拥有者获得预期收益所承担的风险也可以预测并可以用货币来衡量；③被评估资产预期获利年限可以预测。

3）收益法的基本程序。①收集并验证与评估对象未来预期收益有关的数据资料，包括经营前景、财务状况、市场形势以及经营风险等；②分析测算被评估对象的未来预期收益；③分析测算折现率或资本化率；④分析测算被评估资产预期收益持续的时间；⑤用折现率或资本化率将评估对象的未来预期收益折算成现值；⑥分析确定评估结果。

收益法最主要的参数是收益额、折现率、收益期限。

本案例就是选取收益法对 Z 公路服务区因高铁上跨造成价值贬损进行的评估，最主要的三个参数是收益期限、未来预期收益、折现率。本案例首先界定了受影响前后的收益期限，其次对该公司服务区的每个经营项目受铁路影响前后的未来预期收益进行了估计，最后用 CAPM 模型确定折现率，将未来的预期收益折算成现值，通过影响前后收益现值的差异来确定铁路上跨造成的价值贬损。

## 五、案例分析的关键要点

1. 本案例分析的关键点

（1）对评估对象的认识。本案例需要评估的是高铁上跨导致高速公路服务区经营受损的价值，具体而言是因为高铁上跨服务区，导致从高速公路上观看服务区的视线受挡，致使部分车辆不会到服务区进行消费造成损失，同时也会使服务区户外广告收入减少、匝道改道费用增加导致的一些损失，这些损失严格讲都是服务区经营权遭到的损失，属于无形资产损失，因此，本案例的评估本质上是无形资产的评估，其评估范围为服务区的所有资产，评估对象为服务区的经营权，只是这种经营权是在遭受损失情况下的经营权。

（2）评估方法的选择。市场法、收益法、成本法这三种资产评估方法有各自的适用范围和应用条件，在进行评估时要根据待估资产的特点来选择合适的评估方法。在本案例中，高铁上跨造成 A 公司服务区的经营权价值贬损，由于这种贬损情况是特殊的，并不存在一个公开市场，找不到参照物，所以不能使用市场法来进行评估；另外，这种经营权的价值贬损难以通过资产重置来弥补，无法应用成本法来进行评估。对于本案例中的这种经营权价值贬损的情况只能够通过收益法来评估，通过比较受影响前后的经营权价值来确定价值贬损。

（3）各经营项目未来收益的预测。应用收益法比较关键的环节就是分析测算收益期限内的未来预期收益。本案例中对服务区的加油站、餐饮服务、超市、客房、汽修与汽配、加水降温、LED 广告显示屏等各个项目的未来收益进行了预测，进行这些预测关键在于一些参数的确定。

（4）折现率的确定。折现率是一种期望投资报酬率，是指投资者在投资风险一定的情况下，对投资所期望的回报率。折现率由无风险报酬率和风险报酬率组成。无风险报酬率，亦称安全利率，是指没有投资限制和障碍，任何投资者都可以投资并能够获得的投资报酬率。风险报酬率是对风险投资的一种补偿，在数量上是指超过无风险报酬率之上的那部分投资回报率。在本案例中，采用 CAPM 模型确定折现率：$K_e = R_f + (E_{Rm} - R_f) \times \beta + \xi$。其中，以 2008 年已发行的 10 年期以上的中长期国债利率的平均水平作为无风险收益率的取值；以 2004～2008 年 A 股上市公司高速公路的平均净资产收益率的 5 年平均值来作为市场预期收益率。

2. 关键知识点及能力点

（1）评估范围和对象。能够认识到本案例的评估对象并不是实物资产的评估，而是经营权受到影响导致价值贬损的评估，属于无形资产的评估范畴，但又不同于一般的无形资产评估，一般无形资产是能够带来收益的正向的评估，而该案例是无形资产受损的负向的价值评估，认识此点非常关键。

（2）评估方法的选择。能够根据案例的情况确定选用收益法进行评估。

（3）收益法参数确定。能够区分受影响前后的收益差异，特别是由于收益期限不同产生的差异，明白收益是指净收益，即考虑了经营成本和税收之后的净收益。能够利用案例提供的材料分析收益期限存在的差异，这点与一般的评估不同，一般项目的评估收益期限是不变的，但本案例的收益期限需要从委托方提供的材料中分析得出受损前后收益期限是变化的。能够根据风险分析来确定折现率大小，具体要能够掌握本案例是股权价值评估，风险β系数带财务杠杆情况和不带财务杠杆情况下的换算，无风险报酬率的求取。能够根据案例进行敏感性分析。

（4）评估基本事项的确定。能够根据本案例分析出评估目的、评估对象、评估方法、评估基准日、价值类型、评估结果的确定等，并用准确的语言表述上述基本事项。

## 六、建议课堂计划

1. 课时安排

本案例总共安排 5 课时。第 1 课时进行案例介绍讲解，第 2 课时、第 3 课时、第 4 课时小组讨论，第 5 课时发言总结。

2. 黑板板书布置

黑板板书分三部分：左边是提出的问题，包括评估思路、评估方法、参数选择、评估基本事项确定等。中间是小组讨论的针对上述问题的结果。右边是对小组讨论结果的点评。

3. 学生背景了解

在案例教学开始时就需要学生掌握案例背景，有关的材料可以在第 1 课时让学生熟悉，边讲解边解答学生的疑问。

4. 小组分组

本案例以 30 人班级为宜，分为 5 个小组，每小组 6 人。

5. 小组讨论内容

（1）市场法、成本法、收益法各自的特点，对于本案例适用的评估方法。
（2）本案例评估的目的、价值类型、假设条件、评估基准日如何确定及理由。
（3）宏观经济环境分析和行业分析包含内容。
（4）收益法参数如何确定及理由。
（5）敏感性分析及其作用，本案例如何开展敏感性分析。
（6）假设和限制条件内容、评估结果如何确定等。

6. 案例开场白和结束总结

（1）开场白。本案例是评估实务中的真实案例，是关于 Z 公司高速公路服务区价值贬损的评估，由于高铁上跨服务区，造成从高速公路观看服务区的视线受阻，导致服务区经营权的价值受损，为了估计该服务区经营权价值受损的程度，需要对受损情况进行评估，并测算其受损价值大小。

（2）结束总结。本案例主要介绍了收益法的评估过程，通过分析资产未来的收益、风险和收益期限来测算资产价值，同时本案例还涉及了评估目的、评估对象、价值类型、评估假设、评估基准日、评估方法等评估基本事项，需要系统掌握资产评估的步骤和过程，以切实提高实际操作的能力及解决问题的能力。

7. 案例的组织引导

在开场白之后，对案例的基本评估思路进行讨论，明确评估的技术路线，这是案例评估把握正确方向的关键。然后对案例的具体材料进行分析，确定选择的评估方法，通过小组讨论的形式确定评估方法，并要求比较各种方法的适用条件。再就评估的有关事项进行小组讨论，如评估步骤、评估基准日、评估对象和范围、假设和限制条件、评估参数确定等，对于像评估参数确定这样的关键点可以让学生充分讨论，提出自己的观点，再综合比较点评。接下来是宏观经济分析、行业分析和敏感性分析内容，根据时间和学生水平的高低，可以让学生分组，每个小组讨论一两个方面的内容。最后是按照标准评估报告要求，可以将评估报告和工作底稿拆分若干部分，每个小组完成一部分，要求学生在本部分首页注明本部分的重点。

小组讨论可以将讨论内容分给不同的小组，各小组内容互不相同，也可以一个小组承担多项讨论内容，具体视人数和学生水平高低来确定。

## 七、案例的后续进展

案例在课堂进行讨论后，各小组可以单独完成评估报告内容，也可以每个小组完成评估报告的一部分，规定在一定时期内上交，并进行课后点评。

本案例虽然是真实的评估案例，但也存在一定的不足之处，我们将在后面的教学过程中，针对案例的不足之处，比如出现更科学的折现率计算方法，敏感性分析还可以采用其他方法等内容进一步探讨和完善。

## 八、相关附件

$\beta$的计算可以采用高速公路上市公司的$\beta$测算，具体是查阅一定期限的 Wind 金融数据库或者巨灵金融服务平台。本案例查阅了上市公司深高速、宁沪高速、粤高速、山东高速、赣粤高速、皖通高速、中原高速、楚天高速、华北高速、福建高速 100 周的$\beta$系数并计算平均值得出评估对象的$\beta$值。

## 九、其他教学支持材料

1. 计算机支持

计算机要能够接通互联网，具备供至少 6 个小组同时上网的接线工具。

2. 技术支持

参与案例小组的学生能够熟练使用 Word、Excel 等常用办公软件，能够熟练掌握查询各类资源的方法。

3. 查询功能支持

教学单位具备上网查阅 Wind 金融数据库或者是巨灵金融服务平台有关信息的条件。

# 案例七

## 为获取贷款拟将森林资源资产进行抵押的评估

本案例起始于 2011 年 7 月，W 林业有限责任公司为了获得资金需要抵押贷款，需要对本公司拥有的位于 Z 县、Y 县境内的林业基地内所有的园林绿化苗木、经济林进行评估。2011 年 7 月 20 日，在评估机构和委托方共同努力下，在委托方会议室召开了该案例的评估会议，就评估案例涉及的相关问题进行了讨论。评估人员根据讨论的结果专门召开了专题会议，就评估的关键问题，如评估技术路线的确定，评估方法的选取，评估对象和范围等基本事项的确定，主要参数的获取及获取方式，需要关注的风险因素以及评估结果的表达等达成一致意见，最后评估公司确定了本案例的评估方案，并依据方案测算了该企业林业资产的价值，形成了本案例评估的主体内容。森林资源资产是一种常见的资产，除具有一般资产的属性外，还具有可再生性，生长周期长，受自然因素影响大，兼具生态、社会和经济效益于一体的特性。与此同时，森林资源资产评估是一项专业性很强的评估，一般在森林资源资产评估前要对其进行实地勘察、市场调查、专业判断。

本案例具有一定的典型性和代表性，根据不同种类林木的特点分别采用重置成本法、收益法、市场价法对园林绿化苗木、杨梅树、茶树等经济林木和土地资源资产进行评估，林地使用权价值采用年金资本化法进行价值估算，对企业的森林资产评估做了较全面的分析，选用该案例作为教学案例比较合适。

本案例的评估委托方是 W 林业有限责任公司，该公司位于 Z 县 XS 镇，成立于 2003 年 2 月 8 日，注册资本为 5000 万元，企业类型为有限责任，公司经营范围为植树造林、木材经营、农副产品收购销售。该公司本着诚信、务实、共赢、服务、创新以及追求卓越的经营理念，成立最初几年一直快速发展，并获得该县的"十佳企业"称号。但后来 Z 县出现了多家与之竞争的林业公司，经营业绩明显不如从前，W 林业有限责任公司拟通过森林资产抵押的方式，获得企业发展的资金，所以该公司拟将其拥有的位于 Z 县、Y 县境内的林业基地内所有园林绿化苗木、经济林以及土地使用权进行评估。

# 一、评估的基本事项

## (一) 委托方简要介绍

本案例的评估委托方为 W 林业有限责任公司，成立于 2003 年 2 月 8 日，注册资本为 5000 万元，在职员工 600 人，公司经营范围为植树造林、木材经营、农副产品收购销售。该公司位于 Z 县 XS 镇，交通便利，距离省会城市 203 千米，距 Y 县所在市的市中心 176 千米。全县 12 个乡镇均有班车通达，基本形成以县城为中心四通八达的公路交通网。纳入本次评估范围的 Q 森林资源所在地区，基本木材运输通道网已形成。

## (二) 评估目的

W 林业有限责任公司为解决企业发展资金不足问题，拟将位于 Z 县、Y 县境内的林业基地内所有的园林绿化苗木、经济林以及土地使用权进行抵押，所以本次评估目的是为委托方抵押贷款的资产价值提供参考意见。

## (三) 价值类型

根据 W 林业有限责任公司拟抵押贷款的评估目的，确定本次评估的价值类型为抵押价值类型。

抵押价值是考虑到资产的未来可持续性和当地的市场条件、资产的特征和用途，对资产未来价值的可实现性进行谨慎性评估的结果。

## (四) 评估对象和范围

根据业务约定书，本案例的评估对象为 W 林业有限责任公司拥有的 Q 森林资源资产，具体为位于 Z 县、Y 县境内的林业基地内所有的园林绿化苗木、经济林以及土地使用权。

评估范围为 W 林业有限责任公司位于 Z 县、Y 县境内林业基地内所拥有的园林绿化苗木、杨梅树和茶树，以及这两县林业基地内的土地使用权，林权证号分别为 Y 府县林证字（2008）第 1000001328 号，Y 府县林证字（2008）第 1000001329 号，Y 府县林证字（2008）第 1000001330 号，Y 府县林证字（2008）第 1000001331 号，Z 县林证字（2008）第 0604361832 号，Z 县林证字（2008）第 0604361833 号。

## （五）评估原则

在对委托方指定的资产进行评估的过程中，应依据国家有关的法律法规及规范化要求，严格遵循资产评估的以下原则。

其一，遵循真实性、科学性、可行性的工作原则。

其二，遵循预期收益原则，根据对待估资产的未来获利能力预期来确定待估资产的价值。

其三，遵循供求原则，充分考虑和依据供求规律对商品价格形成的影响来确定待估资产价值。

其四，遵循替代原则，充分考虑与待估资产存在替代性的类似资产的价格来确定其价值。

其五，遵循合法原则，以待估资产的合法使用、合法处分为前提来确定其价值。

其六，遵循最高最佳使用原则，以待估资产的最高最佳使用为前提来确定其价值。

其七，遵循估价日期原则，以评估基准日的市场条件为基础来确定待估资产价值。

其八，评估操作恪守独立、客观、公正、实事求是的原则，维护国家及其他投资主体的合法权益。

## （六）评估基准日

根据委托方意见，本次评估以 2011 年 12 月 31 日为评估基准日。

评估基准日是资产评估价值所对应的时间点，评估值就是在评估基准日时的资产价值，一般采用年月日的时间点来表示。一般而言，评估基准日的确定应该有利于经济行为的发生或者实现，有利于减少资产评估的事项调整，该日期的确定可以由委托方和评估机构共同协商确定。

### （七）评估依据

1. 行为依据

行为依据为委托方 W 林业有限责任公司出具的《委托书》。

2. 法律法规依据

法律法规依据主要包括《中华人民共和国森林法》、国务院 1991 年 91 号令《国有资产评估管理办法》及其实施细则、国资办发〔1996〕23 号文《资产评估操作规范意见（试行）》、原国家国有资源管理局和林业部《森林资源资产评估技术规范（试行）》、2003 年 6 月 25 日《中共中央国务院关于林业发展的决定》、2003 年 8 月《林业标准化管理办法》、财政部颁布的资产评估准则等。

3. 产权证明文件、重大合同协议

委托方出具的林木所有权证、林地租赁合同。

4. 取价标准及参考资料

林业行业税及"两费一金"标准；经调查的小班所在地区的社会经济状况和交通状况以及工资水平；营造林单位面积用工量；有关询价资料及参考资料；评估现场勘察记录；委托方提供的财务资料、造林设计图、租地合同。

### （八）评估过程

根据国家现行的有关评估政策和法规规定，××评估公司组织评估人员，对本次评估的采矿权实施了如下的评估程序。

1. 接受委托和前期准备工作阶段

××评估公司 2011 年 11 月 1 日接受了评估委托，委托人向评估公司阐明了本次评估的目的、评估范围和对象、要求及有关事宜，并将相关资料、产权证明提交给评估公司。评估公司根据资产评估范围与对象进行分组，配置相关专业的评估师和专家，并制订资产评估实施方案。

2. 现场清查阶段

该阶段主要是对委托资产进行了解、核实和鉴定，收集有关资产评估参数资料和价格资料，对评估对象产权的真实性和合法性进行判断，以及了解林木资产价值构成要素。

第一，对委托评估的林木资产产权的真实性和合法性进行核实和查证。此阶段的工作是深入小班实地调查，收集与核对评估范围内林木资产的林木所有权证及租赁合同。

第二，对委托评估的土地使用权及林木面积、林木种类、林木年龄、立木蓄水量、立地条件等因素进行核实和查证。此阶段的工作是通过实地调查了解土地利用状况和地上种植物的林木面积、种类、年龄、立木蓄积量、立地条件。

第三，价值构成的调查。此阶段的工作是根据委托方提供的小班森林资源实物量调查表，在了解委估林木资源的立地条件、面积、树种、年龄、活水木蓄量的基础上，对委估林木资产进行分类，并对影响价值构成的木材销售价格、经营成本等进行调查。

3. 评定估算阶段和汇总分析阶段

第一，依据评估人员资产清查所掌握的资料，遵循《森林资源资产评估技术规范（试行）》和有关评估标准、惯例对小班林木资产按小班进行评定估算。第二，根据各小班林木资产评估结果进行汇总、校对和分析是否存在漏评和重评现象。第三，初步评估结果汇总后，征求委托方及资产占有方对评估结论的意见，同时根据同行业、同地区各小班的区域因素进行对比分析，确认评估结果的合理性。

4. 提交评估报告阶段

按照××评估公司资产评估质量控制制度和遵循《资产评估准则》要求，资产评估结果经汇总后，各分项资产评估人员将编制的相关评估说明提交负责人，按三级审核制度进行审核，审核意见反馈后进行修正，提交正式资产评估报告书。

# 二、资产清查简要说明

受 W 林业有限责任公司委托，T 调查规划研究院派出 13 名技术人员，组成

2 个资产实物量调查小组，在 W 公司相关人员的共同协助下，于 2011 年 11 月 25 日至 2011 年 12 月 4 日对拟评估的森林资产实物量进行了实地核查，为资产评估提供基础数据。调查结果如下：

公司本次委托调查的林（苗）木资源位于 Z 县 DT 乡、TS 乡，Y 县 SK 镇等地，经核查确认，拟评估的林地面积为 2121.80 亩。

## （一）调查内容

苗木调查内容主要包括指定范围苗木基地的位置、面积、权属、苗木种类（树种或品种）、规格（地径、杆径、高度、篷径）以及各品种苗木株数、生长状况、立地条件和相关的社会经济指标等。经济林调查内容主要包括拟评估林地的位置、权属、面积、立地条件、林木生长状况（平均米径、平均高等林分因子）、采运条件和相关的社会经济指标等。

## （二）园林绿化苗木调查

本次苗木调查根据国家森林资源调查标准，结合调查范围内调查对象的特点，根据调查规划研究院编制的《苗木调查技术方法》中的相关规定，对拟评估对象开展了全面调查。

1. 范围与面积调查

调查范围是以委托方提供的《林权证》所附地形图、林地（农地）租赁合同或协议所附地形图或地质说明以及其他有效证明文件进行确定，面积以《林权证》上所标注的面积为准。通过实地核对，图上所标范围应与实地苗木栽植范围一致。

2. 数量调查

根据不同对象，分别采用全面清点和样行（样方）调查方法进行苗木数量调查。对基地内杆径（米径）8 厘米以上的大苗（大树）、株行距规范的小苗（包括一些数量较少、分散种植的苗木）全部采用逐株清点的方法。对于面积较大，株行距不规范的中、小规格苗木，采用抽样调查法，即在有代表性的位置选设 10 米×10 米的样方（一般样方面积占调查面积的 5% ~ 10%），清点样方内苗木株数，然后量测出该品种的育苗面积，推算出苗木数量。

3. 规格调查

园林绿化苗木规格不同，其价格相差很大，为了准确查清基地内各类苗木的规格，在调查过程中根据不同情况分别采用不同调查方法。

（1）全面调查法。对于移栽到基地内的大树（如紫薇、桂花、五谷树等）等采用每株实测米径（杆径）、树高、冠幅（篷径）和分叉数等。

（2）抽样调查法。采用数理统计的原理，对基地内同一树种成片栽植的大、中苗木（如乐昌含笑、樱花、茶花等），在全面清点数量的基础上，采用随机抽取样行的方法，对抽中样行内的树木进行实测米径（杆径）、树高、冠幅（篷径）等（抽取样木数不少于总数的 5%~10%），然后根据测量数据推算出该树种不同规格（径级）的株数；对于采用抽样调查数量的品种，在进行数量调查的过程中，同时也对其杆径（地径）、树高、冠幅（篷径）进行调查，根据调查结果推算出相应规格的数量。具体调查结果如表 7-1 所示。

表 7-1　园林绿化苗木调查结果

| 序号 | 品名 | 地（米）径（厘米） | 苗木数量（株） | 序号 | 品名 | 地（米）径（厘米） | 苗木数量（株） |
|---|---|---|---|---|---|---|---|
| 1 | 茶花 | 10.5~11.4 | 1 | 15 | 桂花 | 14.5~15.4 | 16 |
| 2 | 茶花 | 15.5~16.4 | 1 | 16 | 桂花 | 15.5~16.4 | 26 |
| 3 | 茶花 | 16.5~18.4 | 1 | 17 | 桂花 | 16.5~18.4 | 94 |
| 4 | 桂花 | 1.5~2.4 | 163 | 18 | 桂花 | 18.5~20.4 | 91 |
| 5 | 桂花 | 2.5~3.4 | 654 | 19 | 桂花 | 20.5~22.4 | 83 |
| 6 | 桂花 | 3.5~4.4 | 654 | 20 | 桂花 | 22.5~24.4 | 46 |
| 7 | 桂花 | 4.5~5.4 | 1308 | 21 | 桂花 | 24.5~26.4 | 28 |
| 8 | 桂花 | 5.5~6.4 | 1144 | 22 | 桂花 | 26.5~28.4 | 18 |
| 9 | 桂花 | 6.5~7.4 | 819 | 23 | 桂花 | 28.5~30.4 | 18 |
| 10 | 桂花 | 7.5~8.4 | 1308 | 24 | 桂花 | 30.5~32.4 | 4 |
| 11 | 桂花 | 8.5~9.4 | 327 | 25 | 桂花 | 32.5~34.4 | 6 |
| 12 | 桂花 | 9.5~10.4 | 163 | 26 | 桂花 | 34.5~36.4 | 2 |
| 13 | 桂花 | 12.5~13.4 | 2 | 27 | 桂花 | 36.5~38.4 | 2 |
| 14 | 桂花 | 13.5~14.4 | 4 | 28 | 桂花 | 38.5~40.4 | 1 |

续表

| 序号 | 品名 | 地（米）径（厘米） | 苗木数量（株） | 序号 | 品名 | 地（米）径（厘米） | 苗木数量（株） |
|---|---|---|---|---|---|---|---|
| 29 | 桂花（2分叉） | 8.5~9.4 | 1 | 50 | 紫薇 | 5.5~6.4 | 738 |
| 30 | 桂花（2分叉） | 14.5~15.4 | 3 | 51 | 乐昌含笑 | 7.5~8.4 | 5 |
| 31 | 桂花（2分叉） | 15.5~16.4 | 3 | 52 | 乐昌含笑 | 8.5~9.4 | 14 |
| 32 | 桂花（2分叉） | 16.5~18.4 | 7 | 53 | 乐昌含笑 | 9.5~10.4 | 13 |
| 33 | 桂花（2分叉） | 18.5~20.4 | 1 | 54 | 乐昌含笑 | 10.5~11.4 | 10 |
| 34 | 桂花（3分叉） | 12.5~13.4 | 1 | 55 | 乐昌含笑 | 11.5~12.4 | 13 |
| 35 | 桂花（3分叉） | 13.5~14.4 | 2 | 56 | 乐昌含笑 | 12.5~13.4 | 5 |
| 36 | 红豆杉 | 1.5~2.4 | 34 | 57 | 乐昌含笑 | 13.5~14.4 | 5 |
| 37 | 红豆杉 | 2.5~3.4 | 56 | 58 | 五谷树 | 12.5~13.4 | 1 |
| 38 | 红豆杉 | 3.5~4.4 | 23 | 59 | 五谷树 | 15.5~16.4 | 3 |
| 39 | 红枫 | 2.5~3.4 | 648 | 60 | 五谷树 | 16.5~18.4 | 2 |
| 40 | 红枫 | 3.5~4.4 | 1295 | 61 | 五谷树 | 20.5~22.4 | 1 |
| 41 | 红枫 | 4.5~5.4 | 162 | 62 | 五谷树 | 22.5~24.4 | 2 |
| 42 | 红枫 | 5.5~6.4 | 162 | 63 | 五谷树 | 28.5~30.4 | 1 |
| 43 | 樱花 | 3.5~4.4 | 1834 | 64 | 五谷树 | 32.5~34.4 | 1 |
| 44 | 樱花 | 4.5~5.4 | 4755 | 65 | 银杏 | 19.0 | 1 |
| 45 | 樱花 | 5.5~6.4 | 2502 | 66 | 银杏 | 22.0 | 1 |
| 46 | 樱花 | 6.5~7.4 | 834 | 67 | 银杏 | 24.0 | 2 |
| 47 | 紫薇 | 2.5~3.4 | 635 | 68 | 杨梅树 | 15.0 | 1 |
| 48 | 紫薇 | 3.5~4.4 | 1053 | 69 | 杨梅树 | 22.0 | 1 |
| 49 | 紫薇 | 4.5~5.4 | 3177 | 70 | 紫薇桩 | 8.5~10.4 | 12 |
| 合计 | | | | | | | 25004 |

## （三）杨梅树、茶树资源调查

杨梅树、茶树资源调查根据国家森林资源调查标准，结合调查范围内调查对象的特点，对拟评估对象开展全面调查。

1. 面积、数量调查

根据委托方提供的林权证图等资料到实地核对杨梅树和茶树的种植面积，在外业调查过程中将杨梅树和茶树的实际保存面积勾绘在1：10000的地形图上，内业整理时将勾绘的小班面积输入计算机，经地理信息系统求算，得到杨梅树和茶树的实际保存面积。

在杨梅树和茶树小班内有代表性的地方均匀布置标准地，标准地的设置规格：杨梅树为20米×20米，茶树为4米×4米，实测各标准地内杨梅树和茶树的保存株数，以此推算小班单位面积的平均保存株数，再用求算的单位面积平均保存株数乘以实际保存面积，得到各小班杨梅树和茶树的实际保存数量，标准地设置要求面积不小于小班面积的3%。调查过程中对于成活率低、植株零星分布的杨梅树大树，采用逐株清点的方法统计株数。

2. 规格调查

基地内杨梅树、茶树规格的调查也是采用标准地调查法进行，在标准地调查的过程中，对杨梅树的树高、地径和冠幅（茶树的树高、冠幅）逐一进行测量、记录，采用数理统计方法计算标准地杨梅树的平均树高、地径和冠幅（茶树的树高、冠幅），并以此类推整个小班的树高、地径和冠幅（茶树的树高、冠幅）。

## （四）调查精度

1. 数量调查

米（地）径4厘米以下的小苗，允许最大误差为10%；米（地）径5~10厘米的，允许最大误差为7%；米（地）径11~20厘米的，允许最大误差为4%；米（地）径21~30厘米的，允许最大误差为2%；米（地）径31厘米以上的，不允许有误差。

2. 规格调查

第一，米、地径调查：米、地径10厘米以下的中、小苗，允许最大误差为15%；米、地径11~20厘米的，允许最大误差为10%；米、地径21厘米以上的，最大误差为5%。第二，高度调查：苗高3米以下的中、小苗，允许最大误差为15%；3米以上的小苗，最大误差为10%。第三，篷径调查：篷径50厘米以下的小苗，允许最大误差为20%；篷径51~100厘米的，允许最大误差为15%；篷径101厘米以上的，允许最大误差为10%。具体调查结果如表7-2所示。

表7-2　基地种植及林权证调查情况

| 基地名称 | 面积（亩） | 权属证明编号 | 经营终止日期 | 林种 | 主要树种 | 树种组成 | 品种 | 种植年份 | 株数（株/亩） | 生长状况 |
|---|---|---|---|---|---|---|---|---|---|---|
| Y县基地 | 300 | Y府县林证字（2008）第1000001328号 | 2057.10.24 | 经济林 | 茶树 | 10茶 | 白茶 | 2008 | 1350 | 良好 |
| Y县基地 | 200 | Y府县林证字（2008）第1000001329号 | 2057.10.24 | 经济林 | 茶树 | 10茶 | 龙井 | 2008 | 1350 | 良好 |
| Y县基地 | 129.2 | Y府县林证字（2008）第1000001330号 | 2057.10.24 | 经济林 | 茶树 | 10茶 | 银霜 | 2008 | 1350 | 良好 |
| Y县基地 | 300 | Y府县林证字（2008）第1000001331号 | 2057.10.24 | 经济林 | 茶树 | 10茶 | 金观音 | 2008 | 1350 | 良好 |
| Z县TS林场基地 | 120 | Z县林证字（2008）第0604361832号 | 2058.12.01 | 经济林 | 杨梅树 | 10杨 | 红杨梅树 | 2010 | 29 | 良好 |
| Z县TS林场基地 | 40 | Z县林证字（2008）第0604361832号 | 2058.12.01 | 经济林 | 杨梅树 | 10杨 | 红杨梅树 | 2011 | 23 | 良好 |
| Z县TS林场基地 | 148 | Z县林证字（2008）第0604361833号 | 2058.12.01 | 经济林 | 杨梅树 | 10杨 | 红杨梅树 | 2009 | 23 | 良好 |
| Z县TS林场基地 | 884.6 | Z县林证字（2008）第0604361833号 | 2058.12.01 | 苗木 | — | — | — | — | — | — |
| 合计 | 2121.80 | | | | | | | | | |

### （五）调查结果

根据委托方提供的符合精度要求的 1∶10000 地形图，经现场调查确认，委托方评估的苗木资源位于 Z 县 DT 乡、TS 乡，Y 县 SK 镇调查面积为 2121.80 亩。苗木培育树种主要包括紫薇、桂花、乐昌含笑、樱花、银杏、红豆杉等园林绿化大苗。苗木分布在 TS 乡，面积为 884.6 亩，总株数为 25020 株；杨梅树分布在 TS 乡，面积为 308.00 亩；茶树分布在 Y 县 SK 镇，面积为 929.20 亩。

## 三、评 估 思 路

根据《森林资源资产评估技术规范（试行）》、拟评估资源情况以及持续经营的假设前提下，本案例评估的是 W 林业有限责任公司位于 Z 县、Y 县境内 2121.80 亩林业基地内所有的园林绿化苗木、杨梅树、茶树以及土地使用权的价值。林业基地种植了不同的苗木和经济作物，且他们实现的经济途径存在一定的差异，如园林绿化苗木可以在市场上直接出售，茶树则需要等茶叶生产出来后才能实现价值，土地资源价值需要按照年缴纳租金，所以在评估时，根据不同评估对象的特点选择了不同的方法，经过对每类评估对象的分析，评估人员认为可以采用市场法、重置成本法、收益法对园林绿化苗木、杨梅树、茶树的价值进行评估，而对林地使用权价值则采用年金资本化法进行评定估算。Q 森林资源资产的价值就是园林绿化苗木、杨梅树、茶树评估值之和，再加上需要单独评估的土地使用权的价值，可以得出需要评估的资产价值。具体评估思路如下：

### （一）市场法的评估思路

本案例对园林绿化苗木价值的评估采取的是市场法。首先，应对调查规划研究院调查得出的绿化苗木数量进行核实、确认，并分别列示出各类绿化苗木的具体数量、尺寸等数据。其次，测算出苗木的出圃费用，包括起苗、包装及植物检疫费用等，苗木出圃费用可以查询公司相关的成本费用账簿，并根据查询结果加以调整。再次，根据园林绿化苗木的市场需求状况、质量标准以及同一地区相同或类似苗木的市场价格来确定评估对象苗木的市场价格。最后，按照公式计算出园林绿化苗木的评估价值。其测算公式：

$$E_n = n \cdot (G - G_0)$$

式中，$E_n$ 为苗木资产评估值；n 为苗木数量；G 为苗木的市场价格；$G_0$ 为苗木出圃费用（包括起苗、包装及植物检疫费用等）。

## （二）重置成本法的评估思路

本案例对杨梅树价值评估采取的是重置成本法。应该了解此种方法是按现实工价及生产水平，重新营造一块与被评估杨梅树林木资产相类似的林分所需的成本费用，将其作为杨梅树的评估值。所以，首先，需要确定杨梅树从种植年开始到评估时点为止每一年以现时工价及生产水平为标准计算的生产水平，主要包括各年投入的工资、物质消耗、地租等。其次，确定投资收益率。根据杨梅树资源资产的实际经营状况和收益状况，依据持续经营假设，测算其社会平均的投资及生产成本、社会平均的收益水平，进行动态经济分析来确定。最后，确定经济林林分质量调整系数。由于重置成本多以社会平均成本为基础测算，而对于某块地，由于增加了一些成本或者由于管理水平高、气候条件好，它的实际效果要优于平均水平，这样资产的价格就应比同年的经济林资源资产价格高。并且杨梅树有盛产期和衰产期，随着林木年龄越来越接近经济寿命，它的经济价值会下降，因此经济林资源资产评估就必须根据它的实际效果对原计算的结果进行修正，经济林林分质量调整系数是根据经济林林分的实际生长状况与预定平均效果的差异来确定，常按现实林分平均高、冠幅、株数与同龄参照林分平均高、冠幅、株数的比值来确定。最后求出林分年龄，最后计算出杨梅树的评估值。其计算公式：

$$E_n = K \times \sum_{i=1}^{n} C_i (1+p)^{n-i+1}$$

式中，$E_n$ 为经济林资源资产评估值；K 为经济林林分质量调整系数；$C_i$ 为第 i 年生产成本现值；n 为经济林年龄；p 为投资收益利率。

## （三）收益法的评估思路

本案例对茶树经济林价值的评估采取的是收益法。首先，确定每年的年收入和相应的年营林生产成本，计算出每年平均净收益。其次，测算出经济林林木的经济寿命期和林木年龄。最后，确定恰当的资本化率，并将茶树经济林在未来经营期内各年的净收益按一定折现率折成现值，现值之和就是茶树经济林的价值。以上评估思路可用公式表示：

$$E_n = A_u \times \left[ (1+p)^{u-n} - 1 \right] / \left[ p \times (1+p)^{u-n} \right]$$

式中，$E_n$ 为经济林资源资产评估值；$A_u$ 为盛产期内每年平均净收益值；u 为经济寿命期；n 为经济林林木年龄；p 为利率。

### (四) 年金资本化法的评估思路

本案例中采用年金资本化法对需要单独评估的林地资产价值进行评估。首先，估算出林地的未来平均年净收益，这里是按合同或相关协议确定的年租金。其次，预测适当的折现率，并且确定需要单独计算的园林绿化苗木、杨梅树、茶树等林地价值的年限。最后，将林地的年租金折现为现值，以此作为各自林地资源资产价值。用公式表示：

$$B_u = \frac{A}{P} \times \left[ 1 - \frac{1}{(1+P)^n} \right]$$

式中，$B_u$ 为林地资产评估值；A 为林地净益；n 为林地经营期；P 为利率。

# 四、评估技术说明

## (一) 评估方法的选择

根据《森林资源资产评估技术规范（试行）》、拟评估资源情况以及持续经营的假设前提，确定园林绿化苗木资产价值采用市场法，杨梅树和茶树经济林价值分别采用重置成本法和收益法两种方法进行评估，林地使用权价值采用年金资本化法进行价值估算。

### 1. 市场法

市场法是通过估算被评估苗木资源资产在公开市场上出售能获得的收入，扣除苗木经营所消耗的成本或出圃费用，差额作为林木资源资产评估价值的一种方法。运用该方法需要获得相应苗木的各项成本费用以及能够合理预测其市场价格。园林绿化苗木存在公开市场或公开市场上有类似的交易案例，所以使用市场法对其评估比较合理。

2. 重置成本法

经济林资源资产的重置成本是按现时标准重新营造一块与被评估林木资产相似的林分所需的成本费用。特殊的是，经济林分为产前期、始产期、盛产期和衰产期。在经济林林分盛产时期，林木年龄日趋逼近经济寿命，其经济价值渐渐开始下降。因此，评估经济林资源资产价值需要确定其成新率即林分质量调整系数。

3. 收益法

收益法是从资产的预期获利能力的角度评估资产的价值，符合市场经济条件下的价值观念，从理论上讲，收益法的评估过程和结论更符合市场上投资者的投资理念，该方法评估的资产价值更多体现了评估资产未来的获利情况。运用此方法要能估算出经济林的未来年净收益、折现率和未来获利年限，在本案例中选用此方法评估茶树经济林的价值是可取的。

4. 年金资本化法

年金资本化法是以林地每年的平均纯收入（地租）作为投资的收益额，以当地该行业的平均投资收益率作为投资收益率，来求算其本金的方法。此法在运用中需要一个稳定的年净收益并且资产的投资收益率、未来收益期限可以准确合理地估测。林地使用权使用年限和投资收益率是能够确定的，林地地租较稳定并每年支付，它的年净收益也比较稳定。所以，采用年金资本化法评估林地资源资产的价值也是可取的。

## （二）评估假设

其一，本案例所委托评估的资产在公开市场的条件下可以转让，委托评估的资产未来持续经营持有，其管护水平不低于评估基准日的水平，市场条件和政策环境无重大波动，无重大自然灾害、火灾、虫害、人为的破坏与盗伐。

其中，公开市场是指充分发达与完善的市场条件，是指一个有自愿买方与卖方的竞争性市场，在这个市场下，买方与卖方的地位平等，都有获取足够市场信息的机会和时间，买卖双方的交易都是在自愿的、理智的、非强制性或不受限制的条件下进行。

其二，假设委估资产所在地及我国的社会经济环境、国家宏观经济形势不产生重大的变化，所遵循的国家现行法律、法规、制度及社会政治和经济政策与现实无重大变化，被评估公司所在的行业保持稳定发展态势，行业政策、管理制度及相关规定无重大变化。

其三，在现有存量资产及有关的权利、现有的运作方式和管理水平的基础上，将保持持续经营，并在经营范围、方式上与现时方向保持一致；资产占有方的经营管理行为是科学的，管理者与资产具体使用者无任何行为影响资产的正常运作。

其四，假设国家有关信贷利率、汇率、赋税基准及税率、政策性征收费用等不发生重大变化。

其五，不考虑通货膨胀的影响。

其六，资金的无风险报酬率保持在评估基准日的水平。

其七，假设无其他人力不可抗拒因素及不可预见因素造成对企业重大不利影响。

其八，假设委托方及被评估单位所提供的有关企业经营的一般资料、产权资料、政策文件等相关材料真实、有效。

其九，假设评估对象所涉及资产的购置、取得、建造过程均符合国家有关法律法规规定。

# 五、评估测算过程

## （一）主要技术经济指标

### 1. 园林绿化苗木市场价格

当时园林绿化苗木市场价格各地差异较大，同一树种相同规格的苗木，不同地区的市场价格相差最大的可达 10 倍以上。因此，为获得一个较合理的市场价格，对省内外苗木市场进行了大量调查，同时，参考《××建设工程造价信息》中公布的苗木价格。将通过各种渠道调查收集到的苗木价格进行分析比较并做适当调整后，并依据《林木价格认定规则》确定各类苗木的综合市场单价。园林绿化苗木市场价格确定的结果如表 7-3 所示。

表 7-3　园林绿化苗木市场价格

| 序号 | 品名 | 地（米）径<br>（厘米） | 单价<br>（元） | 序号 | 品名 | 地（米）径<br>（厘米） | 单价<br>（元） |
|---|---|---|---|---|---|---|---|
| 1 | 茶花 | 10.5~11.4 | 4455 | 27 | 桂花 | 36.5~38.4 | 119738 |
| 2 | 茶花 | 15.5~16.4 | 14940 | 28 | 桂花 | 38.5~40.4 | 129698 |
| 3 | 茶花 | 16.5~18.4 | 19889 | 29 | 桂花（2分叉） | 8.5~9.4 | 1966 |
| 4 | 桂花 | 1.5~2.4 | 25 | 30 | 桂花（2分叉） | 14.5~15.4 | 12802 |
| 5 | 桂花 | 2.5~3.4 | 44 | 31 | 桂花（2分叉） | 15.5~16.4 | 15776 |
| 6 | 桂花 | 3.5~4.4 | 71 | 32 | 桂花（2分叉） | 16.5~18.4 | 19718 |
| 7 | 桂花 | 4.5~5.4 | 108 | 33 | 桂花（2分叉） | 18.5~20.4 | 23679 |
| 8 | 桂花 | 5.5~6.4 | 186 | 34 | 桂花（3分叉） | 12.5~13.4 | 11895 |
| 9 | 桂花 | 6.5~7.4 | 252 | 35 | 桂花（3分叉） | 13.5~14.4 | 14869 |
| 10 | 桂花 | 7.5~8.4 | 500 | 36 | 红豆杉 | 1.5~2.4 | 34 |
| 11 | 桂花 | 8.5~9.4 | 794 | 37 | 红豆杉 | 2.5~3.4 | 54 |
| 12 | 桂花 | 9.5~10.4 | 1185 | 38 | 红豆杉 | 3.5~4.4 | 89 |
| 13 | 桂花 | 12.5~13.4 | 3559 | 39 | 红枫 | 2.5~3.4 | 69 |
| 14 | 桂花 | 13.5~14.4 | 4748 | 40 | 红枫 | 3.5~4.4 | 89 |
| 15 | 桂花 | 14.5~15.4 | 5940 | 41 | 红枫 | 4.5~5.4 | 265 |
| 16 | 桂花 | 15.5~16.4 | 7445 | 42 | 红枫 | 5.5~6.4 | 481 |
| 17 | 桂花 | 16.5~18.4 | 8871 | 43 | 樱花 | 3.5~4.4 | 99 |
| 18 | 桂花 | 18.5~20.4 | 14869 | 44 | 樱花 | 4.5~5.4 | 157 |
| 19 | 桂花 | 20.5~22.4 | 23831 | 45 | 樱花 | 5.5~6.4 | 226 |
| 20 | 桂花 | 22.5~24.4 | 35827 | 46 | 樱花 | 6.5~7.4 | 383 |
| 21 | 桂花 | 24.5~26.4 | 47828 | 47 | 紫薇 | 2.5~3.4 | 40 |
| 22 | 桂花 | 26.5~28.4 | 59788 | 48 | 紫薇 | 3.5~4.4 | 69 |
| 23 | 桂花 | 28.5~30.4 | 71774 | 49 | 紫薇 | 4.5~5.4 | 157 |
| 24 | 桂花 | 30.5~32.4 | 85776 | 50 | 紫薇 | 5.5~6.4 | 284 |
| 25 | 桂花 | 32.5~34.4 | 97732 | 51 | 乐昌含笑 | 7.5~8.4 | 116 |
| 26 | 桂花 | 34.5~36.4 | 109738 | 52 | 乐昌含笑 | 8.5~9.4 | 173 |

续表

| 序号 | 品名 | 地（米）径（厘米） | 单价（元） | 序号 | 品名 | 地（米）径（厘米） | 单价（元） |
|---|---|---|---|---|---|---|---|
| 53 | 乐昌含笑 | 9.5～10.4 | 328 | 62 | 五谷树 | 22.5～24.4 | 7873 |
| 54 | 乐昌含笑 | 10.5～11.4 | 504 | 63 | 五谷树 | 28.5～30.4 | 8357 |
| 55 | 乐昌含笑 | 11.5～12.4 | 645 | 64 | 五谷树 | 32.5～34.4 | 11794 |
| 56 | 乐昌含笑 | 12.5～13.4 | 786 | 65 | 银杏 | 19.0 | 8962 |
| 57 | 乐昌含笑 | 13.5～14.4 | 978 | 66 | 银杏 | 22.0 | 11966 |
| 58 | 五谷树 | 12.5～13.4 | 4919 | 67 | 银杏 | 24.0 | 15948 |
| 59 | 五谷树 | 15.5～16.4 | 5897 | 68 | 杨梅 | 15.0 | 3952 |
| 60 | 五谷树 | 16.5～18.4 | 6875 | 69 | 杨梅 | 22.0 | 6411 |
| 61 | 五谷树 | 20.5～22.4 | 7379 | 70 | 紫薇桩 | 8.5～10.4 | 3929 |

2. 各种费用

经调查了解，园林绿化苗木出售时较多的成本是由购买方承担，如运输成本等，为了谨慎起见，本次评估考虑了一定比例的费用，其中当地临时工工价一般为80元/工日，按照每人每天取20株测算，人工成本为4元/株；道路维修养护费用为1元/株；短途运输成本为2元/株；销售费用及运费根据现行销售行情，客观合理的销售费用本次估价取2元/株；管理费用及财务费用为1元/株；不可预见费为0.4元/株。包装材料主要为稻草和草绳，可直接在当地农村购买，平均分摊为0.6元/株。根据以上工价标准确定各种规格苗木的起苗、包装及其他费用。

3. 园林绿化苗木税收与林业育林基金

根据有关规定，省园林绿化苗木已取消农业特产税，即苗木销售不需缴纳任何税收，同时也不计征育林基金等林业规费。植物检疫费按销售价格的8‰计征。

4. 林地使用年限的确定

根据委托方提供的《林权证》确定。

5. 杨梅树新造林第 1 年成本

挖穴整地费用为 1150.0 元/亩，施基肥费用为 1650.0 元/亩，苗木费为 500.0 元/亩，栽植费为 165.0 元/亩。第 2 年抚育、管护、施肥、农药等费用为 1800 元/亩，第 3 年以后抚育、管护、施肥、农药等费用均为 1200 元/亩。

6. 茶树主要品种相关价格及费用（见表 7-4）

表 7-4　茶树主要品种相关价格及费用

| 茶树品种 | 鲜叶产量<br>（千克/亩） | 鲜叶单价<br>（元/千克） | 采摘成本<br>（元/千克） | 经营管理费<br>（元/亩·年） |
|---|---|---|---|---|
| 白茶 | 40 | 150 | 50 | 1400 |
| 龙井 | 70 | 130 | 50 | 2800 |
| 银霜 | 40 | 150 | 50 | 1600 |
| 金观音 | 40 | 130 | 50 | 1600 |

7. 林地年净收益的确定

苗木林地年净收益的确定按当地苗木种植平均林地年租金计算，即 120 元/亩·年；杨梅树、茶树林地地租根据×县及周边县经济林林地地租的平均水平，综合确定经济林林地地租为 30 元/亩·年。

8. 折现率的确定

折现率是指将预期收益折算成现值的比率。折现率采用无风险报酬率加风险报酬率，其中包含了社会平均投资收益率。无风险报酬率即安全报酬率，通常可以参考政府发行的中长期国债利率或同期银行存款利率来确定。风险报酬率是指在风险投资中取得的报酬与其投资额的比率。

参照我国中长期贷款利率以及林地使用权的年限，确定本次折现率为 6%。

## （二）评估计算过程

1. 园林绿化苗木资源评估

根据园林绿化苗木的数量、单价、起苗及包装等费用和植物检疫费，可以测算出各类园林绿化苗木的价值，具体测算如表7-5所示。

表7-5 园林绿化苗木资源评估结果

| 序号 | 品名 | 地（米）径<br>（厘米） | 单价<br>（元/株） | 数量<br>（株） | 费用<br>（元/株） | 植物检疫费率<br>（%） | 评估值 |
|---|---|---|---|---|---|---|---|
| 1 | 茶花 | 10.5~11.4 | 4455 | 1 | 11 | 0.8 | 4408.36 |
| 2 | 茶花 | 15.5~16.4 | 14940 | 1 | 11 | 0.8 | 14809 |
| 3 | 茶花 | 16.5~18.4 | 19889 | 1 | 11 | 0.8 | 19719 |
| 4 | 桂花 | 1.5~2.4 | 25 | 163 | 11 | 0.8 | 2282 |
| 5 | 桂花 | 2.5~3.4 | 44 | 654 | 11 | 0.8 | 21582 |
| 6 | 桂花 | 3.5~4.4 | 71 | 654 | 11 | 0.8 | 38586 |
| 7 | 桂花 | 4.5~5.4 | 108 | 1308 | 11 | 0.8 | 125568 |
| 8 | 桂花 | 5.5~6.4 | 186 | 1144 | 11 | 0.8 | 199056 |
| 9 | 桂花 | 6.5~7.4 | 252 | 819 | 11 | 0.8 | 195741 |
| 10 | 桂花 | 7.5~8.4 | 500 | 1308 | 11 | 0.8 | 634380 |
| 11 | 桂花 | 8.5~9.4 | 794 | 327 | 11 | 0.8 | 254079 |
| 12 | 桂花 | 9.5~10.4 | 1185 | 163 | 11 | 0.8 | 189895 |
| 13 | 桂花 | 12.5~13.4 | 3559 | 2 | 11 | 0.8 | 7040 |
| 14 | 桂花 | 13.5~14.4 | 4748 | 4 | 11 | 0.8 | 18796 |
| 15 | 桂花 | 14.5~15.4 | 5940 | 16 | 11 | 0.8 | 94096 |
| 16 | 桂花 | 15.5~16.4 | 7445 | 26 | 11 | 0.8 | 191724 |
| 17 | 桂花 | 16.5~18.4 | 8871 | 94 | 11 | 0.8 | 826166 |
| 18 | 桂花 | 18.5~20.4 | 14869 | 91 | 11 | 0.8 | 1341249 |
| 19 | 桂花 | 20.5~22.4 | 23831 | 83 | 11 | 0.8 | 1961207 |
| 20 | 桂花 | 22.5~24.4 | 35827 | 46 | 11 | 0.8 | 1634334 |
| 21 | 桂花 | 24.5~26.4 | 47828 | 28 | 11 | 0.8 | 1328152 |
| 22 | 桂花 | 26.5~28.4 | 59788 | 18 | 11 | 0.8 | 1067382 |
| 23 | 桂花 | 28.5~30.4 | 71774 | 18 | 11 | 0.8 | 1281402 |
| 24 | 桂花 | 30.5~32.4 | 85776 | 4 | 11 | 0.8 | 340316 |

续表

| 序号 | 品名 | 地（米）径（厘米） | 单价（元/株） | 数量（株） | 费用（元/株） | 植物检疫费率（%） | 评估值 |
|---|---|---|---|---|---|---|---|
| 25 | 桂花 | 32.5~34.4 | 97732 | 6 | 11 | 0.8 | 581634 |
| 26 | 桂花 | 34.5~36.4 | 109738 | 2 | 11 | 0.8 | 217698 |
| 27 | 桂花 | 36.5~38.4 | 119738 | 2 | 11 | 0.8 | 237538 |
| 28 | 桂花 | 38.5~40.4 | 129698 | 1 | 11 | 0.8 | 128649 |
| 29 | 桂花（2分叉） | 8.5~9.4 | 1966 | 1 | 11 | 0.8 | 1939 |
| 30 | 桂花（2分叉） | 14.5~15.4 | 12802 | 3 | 11 | 0.8 | 38067 |
| 31 | 桂花（2分叉） | 15.5~16.4 | 15776 | 3 | 11 | 0.8 | 46917 |
| 32 | 桂花（2分叉） | 16.5~18.4 | 19718 | 7 | 11 | 0.8 | 136843 |
| 33 | 桂花（2分叉） | 18.5~20.4 | 23679 | 1 | 11 | 0.8 | 23479 |
| 34 | 桂花（3分叉） | 12.5~13.4 | 11895 | 1 | 11 | 0.8 | 11789 |
| 35 | 桂花（3分叉） | 13.5~14.4 | 14869 | 2 | 11 | 0.8 | 29478 |
| 36 | 红豆杉 | 1.5~2.4 | 34 | 34 | 11 | 0.8 | 782 |
| 37 | 红豆杉 | 2.5~3.4 | 54 | 56 | 11 | 0.8 | 2408 |
| 38 | 红豆杉 | 3.5~4.4 | 89 | 23 | 11 | 0.8 | 1771 |
| 39 | 红枫 | 2.5~3.4 | 69 | 648 | 11 | 0.8 | 36936 |
| 40 | 红枫 | 3.5~4.4 | 89 | 1295 | 11 | 0.8 | 99715 |
| 41 | 红枫 | 4.5~5.4 | 265 | 162 | 11 | 0.8 | 40824 |
| 42 | 红枫 | 5.5~6.4 | 481 | 162 | 11 | 0.8 | 75492 |
| 43 | 樱花 | 3.5~4.4 | 99 | 1834 | 11 | 0.8 | 159558 |
| 44 | 樱花 | 4.5~5.4 | 157 | 4755 | 11 | 0.8 | 689475 |
| 45 | 樱花 | 5.5~6.4 | 226 | 2502 | 11 | 0.8 | 532926 |
| 46 | 樱花 | 6.5~7.4 | 383 | 834 | 11 | 0.8 | 307746 |
| 47 | 紫薇 | 2.5~3.4 | 40 | 635 | 11 | 0.8 | 18415 |
| 48 | 紫薇 | 3.5~4.4 | 69 | 1053 | 11 | 0.8 | 60021 |
| 49 | 紫薇 | 4.5~5.4 | 157 | 3177 | 11 | 0.8 | 460665 |
| 50 | 紫薇 | 5.5~6.4 | 284 | 738 | 11 | 0.8 | 199998 |

续表

| 序号 | 品名 | 地（米）径（厘米） | 单价（元/株） | 数量（株） | 费用（元/株） | 植物检疫费率（%） | 评估值 |
|---|---|---|---|---|---|---|---|
| 51 | 乐昌含笑 | 7.5~8.4 | 116 | 5 | 11 | 0.8 | 520 |
| 52 | 乐昌含笑 | 8.5~9.4 | 173 | 14 | 11 | 0.8 | 2254 |
| 53 | 乐昌含笑 | 9.5~10.4 | 328 | 13 | 11 | 0.8 | 4082 |
| 54 | 乐昌含笑 | 10.5~11.4 | 504 | 10 | 11 | 0.8 | 4890 |
| 55 | 乐昌含笑 | 11.5~12.4 | 645 | 13 | 11 | 0.8 | 8177 |
| 56 | 乐昌含笑 | 12.5~13.4 | 786 | 5 | 11 | 0.8 | 3845 |
| 57 | 乐昌含笑 | 13.5~14.4 | 978 | 5 | 11 | 0.8 | 4795 |
| 58 | 五谷树 | 12.5~13.4 | 4919 | 1 | 11 | 0.8 | 4869 |
| 59 | 五谷树 | 15.5~16.4 | 5897 | 3 | 11 | 0.8 | 17517 |
| 60 | 五谷树 | 16.5~18.4 | 6875 | 2 | 11 | 0.8 | 13618 |
| 61 | 五谷树 | 20.5~22.4 | 7379 | 1 | 11 | 0.8 | 7309 |
| 62 | 五谷树 | 22.5~24.4 | 7873 | 2 | 11 | 0.8 | 15598 |
| 63 | 五谷树 | 28.5~30.4 | 8357 | 1 | 11 | 0.8 | 8279 |
| 64 | 五谷树 | 32.5~34.4 | 11794 | 1 | 11 | 0.8 | 11689 |
| 65 | 银杏 | 19.0 | 8962 | 1 | 11 | 0.8 | 8879 |
| 66 | 银杏 | 22.0 | 11966 | 1 | 11 | 0.8 | 11859 |
| 67 | 银杏 | 24.0 | 15948 | 2 | 11 | 0.8 | 31618 |
| 68 | 杨梅 | 15.0 | 3952 | 1 | 11 | 0.8 | 3909 |
| 69 | 杨梅 | 22.0 | 6411 | 1 | 11 | 0.8 | 6349 |
| 70 | 紫薇桩 | 8.5~10.4 | 3929 | 12 | 11 | 0.8 | 46644 |
| 合计 | | | | | | | 16149432.36 |

例如桂花苗木，规格为（米径）7.5~8.4厘米，株数为1308株。

根据市场调查信息，规格为米径7.5~8.4厘米的桂花苗出圃价为500元/株，起苗及包装等费用为11.0元/株，植物检疫费率为出圃价的0.8%。

单株桂花苗价值：$E_0 = 500 - 11 - 500 \times 0.008 = 485$元

规格为米径7.5~8.4厘米的桂花苗价值：

$$E = 1308 \times 485 = 634380 \text{ （元）}$$

经过类似测算，园林绿化苗木资源的价值为 16149432.36 元。

2. 杨梅树价值计算过程

杨梅树基地分为 5 个小班，采用成本法测算其价值。杨梅树和土地使用权分开测算，杨梅树的测算是将所投入的成本进行累加，在考虑利率的基础上测算其在评估基准日的价值。土地使用权根据从新取得类似土地所花费的成本，将未来剩余年限的土地使用权年租金折现到评估基准日，求和后作为评估基准日的价值。

杨梅树的计算公式：

$$E_n = K \times \sum_{i=1}^{n} C_i \, (1+p)^{n-i+1}$$

土地使用权计算公式：

$$B_u = \frac{A}{P} \times \left[ 1 - \frac{1}{(1+P)^n} \right]$$

具体结果如表 7-6 所示。

表 7-6    TS 基地杨梅及土地资源评估结果

| 班号 | 面积（亩） | 造林年份 | 林地使用剩余年限（年） | 第一年造林成本（元） | 第二年造林成本（元） | 第三年造林成本（元） | 杨梅树评估值 | 林地使用权评估值 | 小班资产评估值 |
|---|---|---|---|---|---|---|---|---|---|
| TS 基地 1 号小班 | 120 | 2010 | 46 | 3465 | 1250 | 0 | 438335 | 55888 | 494223 |
| TS 基地 2 号小班 | 40 | 2011 | 47 | 3465 | 0 | 0 | 109012 | 18629 | 127641 |
| TS 基地 3 号小班 | 148 | 2009 | 45 | 3465 | 1250 | 850 | 540613 | 68928 | 609541 |
| TS 基地 4 号小班（苗木用地） | 884.6 | 0 | 47 | 0 | 0 | 0 | 0 | 413702 | |
| 合计 | | | | | | | 1087960 | 557147 | 1231405 |

例如 TS 基地 2 号小班杨梅树，面积为 40.0 亩，造林年份为 2011 年，林地使用剩余年限为 47 年（至 2058 年 12 月 1 日），林地地租为 30 元/亩，杨梅树设计造林密度为 33 株/亩，现保存株数为 23 株/亩，杨梅树苗高 40.0 厘米。造林成本：第一年挖穴整地费用为 1150 元/亩，施基肥费用为 1650 元/亩，苗木费为 500 元/亩，栽植费为 165 元/亩。第二年施肥费用为 1250 元/亩。第三年施肥费用为 850 元/亩。

林分质量调整系数（K 值）确定，该小班保存杨梅树苗长势良好，故林分质量调整系数主要根据保存密度与造林设计密度之比进行确定，经计算确定 K 值为 0.7。

根据公式，计算过程如下：

（1）杨梅树资源资产价值。

$C_1 = 40 \times (1150 + 1650 + 500 + 165) = 138600$（元）

$E_n = 0.7 \times 138600.0 \times (1 + 0.06)^{(1-1+1)} = 109012$（元）

（2）林地资产价值。

本小班林地剩余使用年限为 47 年，故林地价值：

$B_u = 40 \times (30/0.06) \times (1 - (1/(1.06^{47}))) = 18629$（元）

（3）小班资产总值。

$E_{总} = E_n + B_u = 109012 + 18629 = 127641$（元）

经过测算，杨梅树和 TS 基地土地使用权的价值为 1231405 元。

3. 茶树价值计算过程

茶树有四个品种，分别为白茶、龙井、银霜和金观音，种植面积分别为 300 亩、200 亩、129.20 亩和 300 亩，茶树的评估采用收益法进行测算，即将各种茶树在未来经济年龄的期间内，测算各种茶树能够带来的收益，再对收益进行折现，求和后作为茶树的评估值。对剩余年限的土地使用权，采用与杨梅基地土地使用权类似的评估方法测算其价值。

茶树的计算公式：

$$E_n = A_u \times [(1+p)^{u-n} - 1]/[p \times (1+p)^{u-n}]$$

土地使用权计算公式：

$$B_u = \frac{A}{P} \times \left[1 - \frac{1}{(1+P)^n}\right]$$

具体价值测算结果如表 7-7 所示。

### 表 7-7 茶树及土地资源评估结果

| 茶树品种 | 面积（亩） | 收益年限 | 鲜叶产量（千克/亩） | 鲜叶单价（元/千克） | 采摘成本（元/千克） | 经营管理费（元/亩·年） | 年收益 | 茶树评估值 | 土地剩余年限 | 土地剩余年限评估值 | 小班资产评估值 |
|---|---|---|---|---|---|---|---|---|---|---|---|
| 白茶 | 300 | 26 | 40 | 150 | 50 | 1400 | 780000 | 10142470 | 20 | 22691 | 10165161 |
| 龙井 | 200 | 26 | 70 | 130 | 50 | 2800 | 560000 | 7281773 | 20 | 15127 | 7296900 |
| 银霜 | 129.2 | 26 | 40 | 150 | 50 | 1600 | 310080 | 4032022 | 20 | 9772 | 4041794 |
| 金观音 | 300 | 27 | 40 | 130 | 50 | 1600 | 480000 | 6241520 | 19 | 22691 | 6264211 |
| 合计 | | | | | | | | 27697784 | | 70281 | 27768066 |

例如 Z 基地龙井种植面积为 200 亩，种植年份为 2008 年，林地剩余使用年限为 46 年，林地地租为 30.0 元/亩，盛产期年产茶树鲜叶 70.0 千克/亩，茶树鲜叶单价为 150.0 元/千克，采摘成本为 50.0 元/千克，盛产期每亩茶树经营管理费用（包括抚育、施肥、病虫害防治、管护等）为 2800.0 元/亩。

茶树盛产期年龄为第 4~30 年，本例中白茶经济年龄为 4 年，处于盛产初期，故 $u=30$，$n=4$。

（1）茶树资源资产价值。

$A_u = 200 \times \{[70 \times (150-50)] - 2800\} = 840000$（元）

$E_n = 840000 \times [(1+0.06)^{(30-4)} - 1] / [0.06 \times (1+0.06)^{(30-4)}] = 10922659.6$（元）

（2）林地资产价值。

林地剩余使用年限为 46 年，其中 26 年为茶树盛产期，另有 20 年单独计算林地价值：

$B_u = 200×(30/0.06)×\{1-[1/(1.06^{20})]\}/[1/(1.06^{26})] = 15127.22$（元）

（3）小班资产总值。

$E_总 = E_n + B_u = 10922659.6 + 68819.5 = 10991479.1$（元）

经过测算，茶树和 Y 县基地土地使用权的价值为 27768066 元。

故 Q 森林资源资产的价值=园林绿化苗木价值+杨梅树及 TS 基地使用权价值+茶树及 Y 县基地土地使用权价值

= 16149432 + 1231405 + 27768066

= 45562605（元）

取整数为 4556 万元。

# 六、评估结论

经评定估算，在持续集约经营前提下，W 林业有限责任公司位于 X 县、Z 县境内 2121.80 亩基地的园林绿化苗木、杨梅树和茶树及林地资产在评估基准日的评估价值为 4556 万元，其中园林绿化苗木资产评估价值约为 1615 万元，杨梅树及 TS 基地使用权价值约为 123 万元，茶树及 Y 县基地土地使用权价值约为 2777 万元。具体评估结果如表 7-8 所示。

表 7-8　森林资源资产评估结果

| 基地名称 | 面积（亩） | 品种 | 苗木（经济林）资产（元） | 林地资产（元） | 评估价值（元） |
|---|---|---|---|---|---|
| Y 县基地 | 300 | 白茶 | 10142470 | 22691 | 10165161 |
| Y 县基地 | 200 | 龙井 | 7281773 | 15127 | 7296900 |
| Y 县基地 | 129.2 | 银霜 | 4032022 | 9772 | 4041794 |
| Y 县基地 | 300 | 金观音 | 6241520 | 22691 | 6264211 |
| Z 县 TS 林场基地 | 120 | 红杨梅树 | 438335 | 55888 | 494223 |
| Z 县 TS 林场基地 | 40 | 红杨梅树 | 109012 | 18629 | 127641 |
| Z 县 TS 林场基地 | 148 | 红杨梅树 | 540613 | 68928 | 609541 |
| Z 县 TS 林场基地 | 884.6 | 桂花等苗木 | 16149432 | 413702 | 16563134 |
| 合计 | 2121.8 | | 44935177 | 627428 | 45562605 |

# 附录7  案例使用说明

## 一、教学目的与用途

### 1. 适用课程

本案例主要适用于资产评估案例分析课程，也适用于森林资源资产评估、农作物资源价值评估等课程。

### 2. 适用对象

资产评估专业学位硕士研究生、普通本科生及专科生，也适用于其他专业资产评估相关人员的学习。

### 3. 教学目的

通过此案例的教学，使学生对森林资源资产评估有一个基本的了解，对涉及森林资源资产评估的目的、价值类型、评估对象和范围、评估基准日、评估方法、评估假设等评估基本事项有一个较全面的认识，懂得在具体情况下如何确定这些基本评估事项。同时，对市场法、重置成本法、收益法、年金资本化法在森林资源资产评估中的运用有大致的了解，体会森林资源资产评估的思路，提高学生在森林资源资产评估中分析问题和解决问题的能力。

## 二、启发思考

（1）本案例的评估对象为 W 林业有限责任公司位于 X 县、Z 县境内的森林资产，请说明森林资产的具体种类有哪些？森林资产与景观资产、地址公园、草场资产等资产有怎样的不同，对森林资产通常采用什么方法进行评估，这些方法适合本案例的评估吗？

（2）对森林资产进行评估时，具体的评估对象是指什么？评估对象需要在业务委托书中明确列示吗？为什么？在评估林业资源时，需要对土地使用权进行评估吗？如果需要评估，又该如何进行评估？如果不需要评估，请说明理由。

（3）对森林资源进行评估时，有时需要评估的苗木数量比较庞大、经济林成片出现，且株数、尺寸、年龄、种类等存在较大的差异，资产评估师需要请专业的林业调查队进行统计吗？如果需要请专业机构提供帮助，资产评估师需要关注什么问题？如何保证专业机构提供资料的合理性和可靠性？评估师在此过程中承担的责任如何划分？

（4）对森林资源进行评估时，其评估的依据与企业价值评估、房地产评估以及专利商标评估存在哪些方面的差异？产生这些差异的原因是什么？

（5）在森林资源的评估中，需要对森林的年龄做细分吗？比如分为产前期、始产期、盛产期、衰产期四个阶段，这种划分对评估方法会产生怎样的影响？还有其他的划分方法吗？谈谈你对这几种划分的认识。

## 三、分析思路

本案例需要评估的资产有园林绿化苗木、杨梅树、茶树以及土地使用权，这些资产分布在不同的地方，且林木之间的差别比较大，主要体现在苗木的种类多样，经济林处在不同的年龄阶段，土地使用权到期时间比较长等。为此，需要对资产进行归类，每一类资产需要根据资产的特点采用评估方法。这里根据资产的特点将需要评估的资产分为四类：园林绿化苗木、杨梅树、茶树以及土地使用权，分别对这四类资产进行分析。

1. 对园林绿化苗木的评估

园林绿化苗木有桂花树、茶花、红豆杉、樱花、紫薇、五谷树、红枫、银杏等树种，种植规模较大，数量较多，而且这些苗木市场的需求者存在较大的差异，不同的树种都可以随时出售，因此，可以将不同树种根据价格相差不大、树种相同、尺寸相近的原则进行归类，再采用市场法进行评估。首先，查询相关资料确定种植苗木时的苗木数量，并将其与苗木的存活率相乘估算出现有园林绿化苗木的数量。其次，计算出苗木的出圃费用，苗木出圃费用可以查询公司相关的成本费用账簿，并根据查询结果加以调整。再次，根据园林绿化苗木的市场需求状况、质量标准以及同一地区相同或类似苗木的市场价格来确定评估对象苗木的市场价格。最后，用现有园林绿化苗木数量乘以每株苗木市场价格与出圃费之差来计算出园林绿化苗木的评估价值。

2. 对杨梅树林木价值评估

杨梅树林造林年份离评估基准日的时间较短，只有 2~3 年时间，尚处于幼林期，造林的成本比较容易确定，因此可以采用重置成本法评估杨梅树林的价值。首先，确定杨梅树从种植年开始到评估基准日为止，每一年以现时工价及生产水平为标准计算的生产水平（主要包括各年投入的工资、物质消耗、地租等）；其次，确定投资收益率，根据杨梅树林木资源资产的实际经营状况和收益状况，依据持续经营假设，测算其社会平均投资收益水平；再次，确定经济林林分质量调整系数、林分年龄等；最后，将过去各年以现时标准计算的生产成本按恰当的投资收益率计算到评估基准日，即为杨梅树林木的价值。

3. 对茶树经济林价值的评估

茶树经济林种植了白茶、龙井、银霜和金观音茶树，这些茶树都处于产生收益的阶段，因此，可以采用收益法对茶树经济林进行评估。首先，收集并验证与茶树经济林未来预期收益有关的数据资料，包括经营前景、市场状况、经营风险等，综合分析确定茶树经济林每年的年收入或用市价售价类比法、成本市价法等求年收入，并求出相应的年营林生产成本，计算出每年平均净收益。其次，按照一定的森林经营要求标准估测出茶树林的经济寿命期和林木年龄。最后，确定恰当的资本化率，并将茶树经济林在未来经营期内各年的净收益按一定折现率折成现值，现值之和为茶树经济林的价值。

4. 对林地资产价值的评估

林地资产价值的评估实质上是林地土地使用权的评估，林地土地使用权需要分析林地的剩余使用年限和土地的取得成本，林地的剩余使用年限可以根据土地使用权证的使用年限，综合考虑已经使用年限来确定，土地的取得成本需要结合当地的农用地的租金水平确定。对杨梅林采用的是重置成本法，所以在土地使用权测算时，也需要采用重新取得该类土地的成本来测算，即取得剩余年限土地使用权的价值所花费的成本，对茶树林采用的是收益法，且茶树林的收益期限较长，被评估的茶树林价值已经包含了对应的林地资产的价值，在测算土地使用权价值时，就不需要对该林地评估，即当林地的使用年限大于林木经济寿命时，仅需要对剩余使用年限内的林地单独评估。苗木采用的是市场法，即苗木在评估基准日市场上可以出售，评估时该苗木已经出售完毕，其土地使用权的价值只需要根据剩余年限来确定。

所以土地使用权的价值评估采用年金折现法，即根据租赁合同可以求出林地资产每亩的年租金，根据土地的面积可以求出它们各自的年租金。然后，预测适当的折现率并分别确定园林绿化苗木、杨梅树、茶树各自林地的使用年限，再扣除计算相应林木资产时已经包含了林地价值的年限，得出需要单独评估的林地年限。最后，将林地每年的年租金折现为现值，以此作为各自林地资源资产价值。

将所有的园林绿化苗木、杨梅树、茶树经济林评估值和单独计算的林地资源资产评估值相加，最终的结果就是 Q 森林资源资产的评估值。

## 四、理论依据与分析

### 1. 预期收益原则

预期收益原则是以技术原则的形式概括出资产及其资产价值的最基本决定因素。资产之所以有价值是因为它能为其拥有者或控制者带来未来经济利益，资产价值的高低主要取决于它能为其所有者或者使用者带来预期收益量的多少。收益法符合市场经济条件下的价值观念，从理论上讲，收益法的评估过程和结论更符合市场上投资者的投资理念，该方法评估的资产价值更多地体现了待评估资产未来的获利情况。

本案例评估茶树经济林时采用了收益法，收益法评估时需要测算三个参数：被评估资产的预期收益、折现率或资本化率、评估资产取得预期收益的持续时间。本案例的茶树经济林未来预期收益可以预测并可以用货币衡量，W 林业有限责任公司获得此预期收益所承担的风险也可以合理预测并能用货币衡量，茶树经济林预期获利年限可以预测，符合收益法运用前提。

### 2. 地租理论

地租理论是土地利用规划的重要理论，随着有组织的土地利用和土地所有权的出现就产生了地租。任何社会只要存在土地所有者和不占有土地的直接生产者，生产者在土地利用中的剩余生产物为土地占有者所占有，就存在产生地租的经济基础。马克思依据其产生的原因和条件，提出级差地租、绝对地租和垄断地租三种形态。所谓级差地租，就是利用较好生产条件土地的超额利润，级差地租Ⅰ是由于土地的肥沃程度和土地位置的不同而产生的；级差地租Ⅱ是由于在同块土地上连续投入等量资本所产生的生产率差别而形成的。绝对地租是指由于土地所有权的存在，租种任何土地都必须缴纳的地租，其实是农产品价值超过社会生产价格以上的那部分超额利润，即土地所有者凭借土地使用权的垄断所取得的地租。垄断地租不是任何土地都能产生的，它只产生于具有某种独特自然条件的土地。马克思在批判地继承古典政治经济学地价理论的基础上，提出了以劳动价值论为基础的地价理论，指出土地价格是虚幻形式的价格，称土地价格为"虚幻的价格",土地价格无非是出租土地的资本化收入。"土地价格是地租的资本化,即土地价格-地租/利息率"。

### 3. 替代原则

替代原则是指同一市场上相同或相近的物品具有相同或相近的价值。根据市场运行规律,在同一商品市场中,商品或提供服务的效用相同或大致相似时,价格最低者吸引最大需求,即有两个以上互有替代性的商品或服务同时存在时,商品或服务的价格是经过相互影响与比较之后才决定的,资产评估值也就是购买者愿意支付的价格。因此,评估人员应从购买者的角度进行资产评估。

本案例在预测园林绿化苗木的市场价格时考虑了替代原则,根据市场上类似资产的价格或相同资产最近几年的市场价格间接估算出园林绿化苗木的市场价格。

### 4. 生产费用理论

生产费用理论认为商品的价值是由生产成本决定的,即商品价值是由工资、费用、利润、地租等必要的生产成本构成,它是生产商品必要的投入,构成了商品的生产费用。从生产者的角度来看,生产者为了获得某种商品,需要租借土地、付给劳动者工资、购买必要的生产资料,另外还需要获取一定的利润,这些也构成了商品的价值。

在本案例中,种植杨梅林需要租借土地,购买树种、投入劳动力栽种和维护杨梅林、后期的施肥管理等都是为获得杨梅所必要的投入,将这些投入相加构成了杨梅林的生产成本,即杨梅林的价值。

## 五、案例分析的关键点

### 1. 对评估对象的认识

本案例的评估对象是 W 林业有限责任公司拥有的位于 Z 县、Y 县境内的森林资源资产,评估这类资源型资产时,需要注意其存在的特点,如资源性资产价值的形成时间较长,存在一定的生长周期;森林资源性资产价值与土地使用权价值存在密切的联系,评估林木、苗木价值时,必须考虑土地使用权的价值;森林资源型资产的价值是使用权的价值,一般受当地资源的价格影响较大;森林资源性资产评估需要考虑多种因素的影响,林木、苗木的品种、种植面积、种植成本、产品市场价格等是评估师需要关注的问题。

2. 评估方法的选择

本案例的评估对象包括园林绿化苗木、杨梅树、茶树以及土地使用权，评估时需要区分不同资产类型的特点、市场状况，根据资料收集情况等选择相应的评估方法对其进行评估。

园林绿化苗木有桂花树、茶花、红豆杉、樱花、紫薇、五谷树、红枫、银杏等树种，种植规模较大，数量较多，而且这些苗木市场的需求者存在较大差异，不同树种都可以随时出售，可以将不同树种根据价格相差不大、树种相同、尺寸相近的原则进行归类，采用市场法进行评估。杨梅树林造林年份离评估基准日的时间较短，处于幼林期，造林的成本比较容易确定，可以采用重置成本法评估杨梅树林的价值。茶树经济林种植了白茶、龙井、银霜和金观音茶树，这些茶树都处于产生收益的阶段，可以采用收益法对茶树经济林进行评估。土地使用权需要分析林地的剩余使用年限和土地的取得成本，林地的剩余使用年限可以根据土地使用权证的使用年限，综合考虑已经使用年限来确定，土地取得成本需要结合当地农用地的租金水平确定，所以土地使用权的价值评估采用年金折现法。需要注意的是，被评估的林木、苗木价值已经包含了对应林地资产的价值，在测算土地使用权价值时，就不需要对该林地评估，如果林地的使用年限大于林木经济寿命时，仅需要对剩余使用年限内的林地单独评估。

3. 折现率的确定

折现率是一种期望投资报酬率，是投资者在投资风险一定的情况下对投资所期望的回报率。折现率就其构成而言，是由无风险报酬率和风险报酬率组成的。无风险报酬率即安全报酬率，通常可以参考政府发行的中长期国债利率或同期银行存款利率来确定，风险报酬率是指在风险投资中取得的报酬与其投资额的比率，林木种植也面临着很多风险，主要有行业风险、财务风险、自然灾害风险、病虫害风险等。根据有关森林资源资产评估的规定，并参照我国中长期贷款利率以及林地使用权的年限，确定本次折现率为 6.0%。

4. 林木、苗木资产的分析

林木、苗木资产的分析是对森林资产评估的基础，特别是大片种植的经济林、用材林和花卉苗木的统计分析，是该类资产评估的关键点之一。

苗木调查重点是调查范围和面积的确定，苗木数量、各类苗木的规格等内容，具体包括指定范围苗木基地的位置、面积、权属、苗木种类（树种或品种）、规格（地径、杆径、高度、篷径）以及各品种苗木株数、生长状况、立地条件和相关的社会经济指标等。经济林调查内容主要包括拟评估林地的位置、权属、面积、立地条件、林木生长状况（平均米径、平均高等林分因子）、采运条件和相关的社会经济指标等。

对经济林杨梅、茶叶资源调查根据国家森林资源调查标准，结合调查范围内调查对象的特点，对拟评估对象开展全面调查。具体包括经济林的面积、数量调查、规格调查，在杨梅和茶叶小班内有代表性的地方均匀布置标准地，实测各标准地内杨梅和茶叶的保存株数，以此推算小班单位面积的平均保存株数，再用求算的单位面积平均保存株数乘以实际保存面积，得到各小班杨梅和茶叶的实际保存数量，对杨梅的树高、地径和冠幅（茶叶的树高、冠幅）逐一进行测量、记录，采用数理统计方法计算标准地杨梅的平均树高、地径和冠幅（茶叶的树高、冠幅），并以此类推整个小班的树高、地径和冠幅（茶叶的树高、冠幅）。

5. 林分质量调整系数与出圃费用的确定

在林木资产评估中，林分质量调整系数是一个重要的参数，影响林分质量的因子较多，主要有现实林分生长状态因子、立地质量因子和地利因子三大类。林分生长状态主要由林分的平均树高、平均胸径、单位面积株数、单位面积蓄积等生长指标构成。在不同的年龄阶段各指标构成不同，在不同的年龄阶段各指标的重要性不同。立地质量因子分为不同等级，确定立地质量等级通常按地位指数级、地位级或立地类型来划分，这些等级通常是通过树高因子或用林分的环境因子来确定的。对林木资产价值起决定作用的是立木的单位面积蓄积量。也只有用蓄积量为测算基础的调整系数才能与林木的价值直接挂钩，可以直接用来调整森林资产的价格。地利因子主要反映了不同地点林地林木获利能力的差别。影响林木获利能力的主要因子包括木材采伐成本、集材成本、运输成本、销售成本（含仓储成本）、税金以及成本利润，其中木材采伐成本、销售成本、税金相对比较稳定，变化较大的是集材成本和运输成本。

苗木出圃费用包括起苗、分级、包装和运输过程中的费用。每一类费用在保证苗木成活的情况下，都有一定的规定和要求，需要根据不同苗木要求综合确定，在本案例评估时，需要根据苗木种类、树径、深度等指标，参考当地的工资标准、材料耗费价格综合确定。

## 六、建议课堂计划

1. 课时安排

本案例总共安排4课时。第1课时进行案例介绍讲解，第2课时、第3课时进行小组讨论，第 4 课时进行总结。

2. 黑板板书布置

黑板板书分三部分，左边是提出的问题，包括评估思路、评估方法、参数选择、评估基本事项确定等。中间是小组针对上述问题讨论的结果。右边是对小组讨论结果的点评，当然，也可以采用其他的板书方式。

3. 案例背景了解

在案例教学开始时就需要学生掌握案例背景，有关的材料可以在第 1 课时让学生熟悉，边讲解边解答学生的疑问。

4. 小组分组

本案例以 20 人左右的班级为宜，分为 4 个小组，每个小组 5 人。

5. 小组讨论内容

（1）市场法、重置成本法、收益法各自的特点，本案例的评估方法如何选择以及这些评估方法的运用前提条件和使用范围各是什么。

（2）运用收益法评估茶树经济林时，如何选取年平均净收益、折现率、收益期限。

（3）运用重置成本法时，经济林林分质量调整系数 K 如何确定及理由。

（4）园林绿化苗木的出圃费用如何计算？具体包括哪些内容？

（5）如何对农用地土地使用权的价值进行评估？评估参数如何确定？

（6）案例评估时，需要借助哪些方面的专家？如何借助这些专家的力量为评估服务。

（7）引用其他咨询机构的报告需要关注哪些方面的问题，评估时在引用这些咨询报告时需要承担怎样的责任？

6. 案例开场白和结束总结

（1）开场白。本案例是评估实务中的真实案例，描述的是对 W 林业有限责任公司位于 Z 县、Y 县境内 2121.80 亩基地内所有的园林绿化苗木、杨梅树、茶树及土地使用权的价值评估，本次评估是为委托方拟抵押贷款提供价值参考。由于园林绿化苗木、杨梅树和茶树在评估过程中各有自身的特点，所以按照相应的标准和要求对园林绿化苗木、杨梅树、茶树分别依次采用市场法、重置成本法、收益值法进行评估，对林地资产则采用年金资本化法评估。最后，把上述评估结果相加得出被评估对象森林资源资产的价值。这里较全面介绍了本案例的整个事项，要求按照完整的评估报告撰写报告书，关键是阐明评估技术路线、评估步骤、需关注的问题等。

（2）结束总结。本案例主要介绍了对森林资源资产评估的过程，在评估之前需要聘请专家对被评估对象进行现场勘察并对种植基地的位置、面积、权属、种类、规格以及生长状况、立地条件等相关指标进行调查。然后通过分析各类资产的特征，选择相应的评估方法测算其价值。园林绿化苗木采用市场法进行评估，杨梅树林采用重置成本法进行评估，茶树经济林采用收益法进行评估，土地使用权采用年金折现法进行评估。

同时本案例还涉及了评估目的、评估对象和范围、价值类型、评估假设、评估基准日、评估方法等评估基本事项，需要系统掌握评估森林资源资产的步骤和过程。最后，对各小组的表现进行点评，指出在案例分析过程中的优点和不足之处，对不合理的地方提出建议以避免在今后的评估实务中带来困扰。

7. 案例的组织引导

在案例开场白之后，对案例的起始和相关背景进行简单的介绍，有利于帮助学生更快地进入状态，对评估对象有一个初步的了解。其次，围绕案例的基本评估思路进行讨论，明确评估的技术路线，对森林资源资产的调查报告和收集的具体材料进行分析，通过小组讨论的形式确定评估方法，并要求比较各种方法的适用条件。然后，就评估的有关事项进行小组讨论，如评估步骤、评估基准日、评估对象和范围、假设和限制条件、评估参数确定等，对于像评估参数确定这样的关键点可以让学生充分讨论，提出自己的观点，再进行综合比较点评。最后，按照标准评估报告要求，将评估报告和工作底稿拆分为若干部分，每个小组完成一部分，要求学生在本部分首页注明本部分的重点。

## 七、案例的后续进展

案例经过讨论后，需要各小组在课余时间单独完成评估报告的内容，也可以每个小组完成评估报告的一部分。单独完成的评估报告必须是完整的报告，应该包含资产评估的各项基本要素，分组完成评估报告的同学需要说明评估方法、评估参数、评估需要的变量等选择的理由。规定一个期限收集评估报告内容，并进行批阅和点评。

本案例虽然是真实的评估案例，但也有不足之处，在后面的教学过程中，将针对案例的不足之处进行改进，比如折现率和林分质量调整系数的确定没有给出具体的测算过程，对国家宏观经济和产业政策的分析需要加强，个别评估参数的选择确定依据有待进一步补充等。

## 八、其他教学支持材料

1. 计算机支持

计算机要能够接通互联网，具备供至少 6 个小组同时上网的接线工具。

2. 技术支持

参与案例小组的学生能够熟练使用 Word、Excel 等常用办公软件，能够熟练掌握查询各类资源的方法。

3. 查询功能支持

教学单位具备上网查阅 Wind 金融数据库或者是巨灵金融服务平台有关信息的条件，并准备案例教学使用的相关电子资源。

4. 多媒体教学设施设备支持

可以通过 PPT 等形式播放案例的背景资料、启发性问题等内容，增进学生对案例材料的理解。